普通高等院校应用型“十三五”重点规划教材

物流管理

主　编　饶阳春　黄继磊　王海伦

合肥工業大學出版社

责任编辑　王　磊
封面设计　张　争

图书在版编目(CIP)数据
物流管理/饶阳春,黄继磊,王海伦主编．—合肥:合肥工业大学出版社,2018.8
ISBN 978-7-5650-4100-6

Ⅰ.物…　Ⅱ.①饶…②黄…③王…　Ⅲ.物流管理　Ⅳ.F252

中国版本图书馆CIP数据核字(2018)第196743号

物流管理

主　编　饶阳春　黄继磊　王海伦

出　版	合肥工业大学出版社	版　次	2018年8月第1版
地　址	合肥市屯溪路193号	印　次	2018年8月第1次印刷
邮　编	230009	开　本	787毫米×1092毫米　1/16
电　话	编　辑　部:0551-62903120	印　张	13.25
	市场营销部:0551-62903188	字　数	347千字
网　址	www.hfutpress.com.cn	印　刷	安徽昶颉包装印务有限责任公司
E-mail	hfutpress@163.com	发　行	全国新华书店

ISBN 978-7-5650-4100-6　　定价:36.00元

前言

物流作为一种实现经济高效运行的先进管理技术与组织方式，是社会主义市场经济建设的必然需要。随着科学技术的迅猛发展和经济全球化趋势的增强，世界各国经济发展面临着前所未有的机遇与挑战。现代物流作为现代经济的重要组成部分，在国民经济和社会发展中发挥着重要作用。随着新经济时代的到来、市场竞争的加剧、管理观念的更新、政府和社会对物流的重视，企业物流、第三方物流企业正在蓬勃兴起，国际物流也更趋活跃。物流作为增强市场竞争能力、增强企业核心竞争力的重要手段，已经成为人们新的共识。

本书围绕着物流管理应知和应会的核心内容，运用现代管理原理，从新的视角阐述了物流运作与管理的工作任务和技术方法，并通过对大量案例的分析，力求扩展学生的思维空间，增强学生的自主学习能力；在编写方法上打破了传统教材过于注重“系统性”的倾向，精炼理论，突出实用技能，注重现实社会发展和就业需求，有针对性地培养学生的职业技能。该书的特点是引用案例较多，每个情境前有知识目标、技术目标、能力目标、通过工作任务展开课程内容，课后有基本训练、思考与练习，使得读者容易掌握重点，便于理解和复习。

本书是高等院校物流管理专业系列教材之一，主要供物流管理专业的学生使用，同时对于有志于开拓物流业务的工商企业的业务和管理人员与交通运输、仓储等公司的物流从业人员，以及相关企业人员来说，也是一本可以丰富物流专业知识的参考书。

本书共分七个情境，由南昌职业学院饶阳春老师、江西应用科技学院黄继磊老师、南昌职业学院王海伦老师担任主编。

由于本书编写人员学术水平和实践经验有限，时间仓促，书中难免有不妥之处，敬请读者批评指正。

编　者

2018 年 8 月

目　录

情境1　物流与物流系统

学习目标

知识目标:通过本情境的学习,熟悉物流基础知识,了解商流与物流的相互关系,了解现代物流发展的过程和发展趋势;掌握物流的基本概念、物流系统的基本功能与增值功能,掌握物流标准化相关知识;理解物流网络及物流结点的作用,理解物流的基本构成要素。

技术目标:掌握物流发展变化趋势及对企业价值的贡献。能分析物流网络、物流结点、物流标准化建设中应注意的关键问题。能分析当地物流基本构成要素对区域物流的影响。

能力目标:通过对物流的了解,学生能提高对物流行业发展的认识,并能规划未来的职业生涯。

任务1.1　物流基本任务

1.1.1　任务导入

江西出版集团:"腾笼换鸟"迈向现代物流港

整洁的厂区绿草茵茵,如山的货物堆放得整整齐齐,装满货物的大小货车进进出出,呈现出一派忙碌景象……走进江西出版集团子集团江西新华发行集团京东物流中心,一个现代化的企业进入了我们的视野。

江西新华发行集团京东物流中心占地54亩,建有1.5万平方米现销大楼、2.5万平方米仓储大楼以及附属用房,将商流、物流、信息流、资金流数据全部整合在一个平台上,实现四流合一的整体操作,每年可处理30亿码洋、20万流转品种的出版物。

新建的璜溪基地园正在施工中,4座1万多平方米的大库房已经拔地而起,到时候,这里将打造成江西首家5A级物流企业。

物流产业是公司产业战略规划的重要组成部分和"十二五"期间的重点发展产业。公司将立足全省、面向全国,在省内建立南昌、上饶等地的物流中心,在省外合作建立北京、武汉等地的物流基地,逐步建立辐射全国的物流网络布局。公司建设现代出版物流港动用的募集资金将达到6.7亿元。

何为现代物流港?建现代物流港的目的是什么?该项目由赣东物流中心、赣西物流中心、赣南物流中心、赣北物流中心和南昌现代出版物流港总部(璜溪物流中心)5个子项目组成。公司以出版物物流为基础,以第三方物流业务为核心,依托新华书店的品牌和资金优势,进一步融入当地的社会经济发展,创新产业发展模式,形成集文化、科技、商务、服务于一体的区域物流中心和区域公共物流信息交易中心。项目建成后,将从整体上提高公司物流产业的核心竞争力,通过建设江西区域内东、西、南、北物流中心,发挥其辐射周边新华书店的协同效应,降低公司的物流成本，并通过为当地产业园区的其他企业提供物流配送服务，形成更大的物流市场的竞争优势，打造江西区域内首家5A级物流企业。

京东物流中心2011年销售净收入突破40亿元，利润突破3亿元。这些成绩的取得，得益于江西新华人的开拓创新。江西新华发行集团京东物流中心的变迁，无不浸透着江西出版人超前的经营理念和长远的战略眼光。

问题：

1. 现代物流为企业的发展注入哪些活力？
2. 如何理解新华书店现代物流港建设的长远的战略眼光。

1.1.2 工作任务 物流及发展

1. 早期的物流

物流一词最早出现于美国，1915年阿奇·萧在《市场流通中的若干问题》中指出，“物流是与创造需要不同的一个问题”，“物资经过时间或空间的转移，会产生附加价值”。在物流发展早期阶段，人们主要是从有利于商品销售的目标出发，探讨怎样加强“物资分布过程”管理，有效地进行“物资配给”。

(1)“后勤学”理论

二战期间，美国军队围绕战时物资供应问题，建立了“后勤学”理论，将战时物资的采购、生产、运输、分拨、配给等活动作为一个整体进行统一部署，以求战略物资补给的速度更快、质量更好、成本更低。“后勤学”逐渐成为单独学科，并演变为“后勤工程学”、“后勤管理学”等。

(2)商业后勤学

战后军事后勤学的理论方法被引入到商业领域，被称为“商业后勤学”，其含义为“包括原材料的流通、产品分配、运输、购买与库存控制、用户服务等业务活动”。这是一个范围更为广泛的物流概念，包括供应物流、生产物流和销售物流。

(3)物流学

在物流的发展过程中，许多机构及专家学者从不同角度以各自的理解与表述方法给出物流的定义。

1963年，世界上第一个物流专业组织——美国物资流通管理协会对物流管理下了定义(简称“63定义”)：物流管理是为了计划、执行和控制原材料、在制品库存及制成品从起源地到消费地的有效率的流动而进行的两种或多种活动的集成。这些活动可能包括但不仅仅限于顾客服务、需求预测、交通、库存控制、物料搬运、订货处理、零件及服务支持、工厂及仓库选址、采购、包装、退货处理、废弃物回收、运输、仓储管理。

从1963年到2003年，美国对物流的定义进行了五次更新(即63定义、86定义、98定义、02定义、03定义)。

2003年，美国物流管理协会(CLM)对物流的定义为：物流是供应链管理的一部分，是对货物、服务及相关信息从起源地到消费地的有效率、有效益的正向和反向流动及储存进行的计划、执行和控制，以满足顾客要求。

从美国物流协会2003年对物流的重新定义中，我们可以看出物流被包括在供应链管理范围之内，是供应链管理的一部分。物流活动一般包括进向和去向的运输管理、车队管理、仓储、物料搬运、订单履行、物流网络设计、库存管理、供应、需求规划、第三方物流服务商管理。在不同程度上，物流活动也包括采购、生产计划与排程、包装与装配、客户服务。

从2005年1月1日起，美国物流协会已正式更名为美国供应链管理专业协会(CSCMP)。这意味着在美国物流已全部融入了供应链管理，供应链管理在企业的地位日益提高，供应链管理人士的活动范围日益广泛，对企业价值的贡献得到了公认。

日本日通综合研究所对物流的定义为：物流是物质资料从供给者向需要者的物理性移动，是创造时间性、场所性价值的经济活动。

中国关于物流术语的国家标准(GB/T18354－2001)对物流的定义是：物品是从供应地向接收地的实物流动过程，根据需要，将运输、储存、装卸、搬运、包装、流通加工、配送、信息处理等基本功能实施有机结合。

对物流的表述方法虽然有所不同，但这些描述有以下共同要点：

① 物流的研究对象是贯穿于生产领域和流通领域的一切产品流及有关的信息流，研究的目的是对其进行科学的计划、管理与控制。

② 物流的作用是将产品由供给主体向需求主体转移(包括物品的废弃与还原)，在这一转移过程中创造空间价值和时间价值。

③ 物流活动包括运输、仓储、装卸搬运、包装、流通加工、配送及信息服务等主要功能活动。

1.1.3　工作任务　商流与物流

物流存在于不同的领域，生产领域、军事领域、生活领域、流通领域。我们这里研究的是指流通领域的物流。

1. 流通的内容

商品流通是指以货币为媒介的商品交换过程。从远古社会到现代社会，人类为了满足生产和生活的需要，不断消费着各式各样的商品，同时工厂也不断生产人们所需要的商品，正是由于资金与商品的不断循环，才推动着社会的不断进步。现代社会经济活动是一个极为庞大的活动，在生产与消费之间存在三种间隔(如图1－1－1所示)，即社会间隔，指生产者与消费者不同；场所间隔，指生产的场所与消费的场所不同；时间间隔，指生产的时期与消费的时期不同。在自给自足的情况下，这些间隔很小；随着社会分工的细化、专业化，这些间隔逐渐增大。正是流通使原材料的供应、商品递送等环节连接起来，把需求和供给、生产和消费之间结合起来。

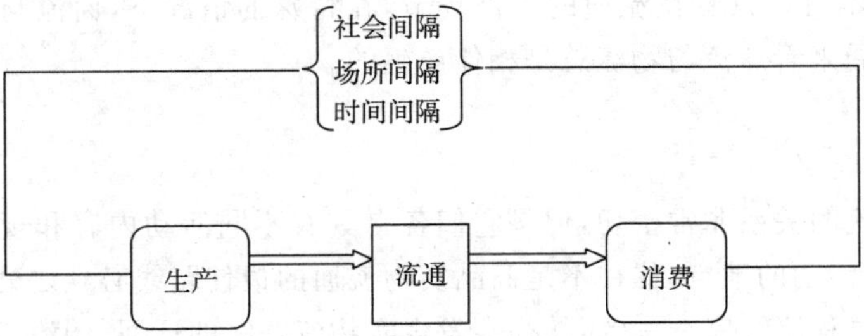

图1－1－1　流通的经济机制

流通活动是由商品交易活动和物的流通两个基本活动领域组成的。使商品的所有权进行转移，解决所有权更迭问题的活动是商流。商品通过交易活动由供给方转让给需求方，这种转让是按价值规律进行的。商流的研究内容是商品交换的全过程，具体包括商品的订货、签订合同、供销衔接、计价结算和商品信息活动。

物流是实物从供给方向需求方的转移，这种转移既要通过运输和搬运来解决空间位置的变化，又要通过储存保管来调节双方在时间节奏方面的差别。物流过程包括商品的运输、存储、装卸、流通加工、包装和物流信息活动。

如上所述，流通就是通过买卖消除社会间隔，通过运输消除空间间隔，通过仓储消除时间间隔，以实施所有权和物品的转移（如图 1－1－2 所示）。

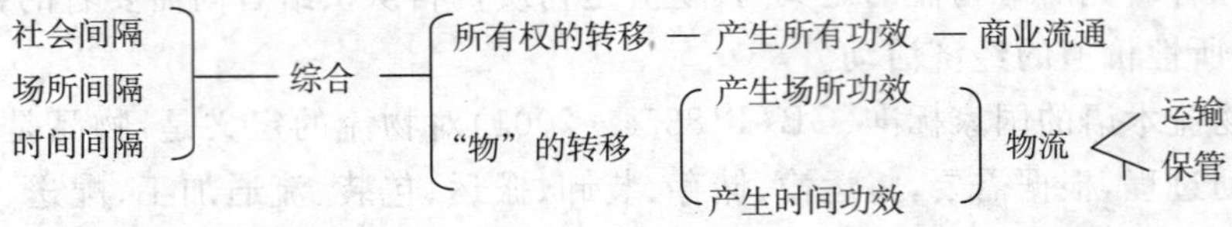

图 1－1－2 流通的构成与机制

2. 物流与商流的关系

通过前面的介绍可以知道，商流与物流虽然是流通内容，但是许多方面各有特点，如表 1－1－1 所列。

表 1－1－1 商流与物流的区别

商 流	物 流
商业流通的简称	实物流通的简称
商品的买卖活动 解决生产者和消费者之间的分离； 实现商品所有权的转移； 实现商品的价值； 包括商品订货、签订合同、供销衔接、计价结算和商流信息等活动。	商品的物流活动 解决生产和消费之间的时空转移； 实现商品空间位置的转移，并克服商品在生产和消费间的时间差异； 实现商品的使用价值，包括商品的运输、存储、装卸、流通加工、包装和物流信息活动。

在实际中，物流与商流两者相结合才能有效地实现商品由供方向需方的转移过程，商流与物流关系密切，相辅相成。

一般在商流发生后，即所有权的转移达成交易后，货物必然要根据新货主的需要进行转移，这就导致相应的物流活动出现。物流是产生商流的物质基础，商流是物流的先导，两者相辅相成，密切配合，缺一不可。只有在流通的局部环节，在特殊的情况下，商流与物流才可能独立发生，一般而言，从全局来看商流与物流总是相伴产生的。

3. 商物分离

（1）商物分离的含义

尽管商流和物流的关系非常密切，但是它们各自具有不同活动内容和规律。在现实经济生活中，进行商品交易活动的地点，往往不是商品实物流通的最佳路线必经之处。如果商品的交易过程和实物的运动过程路线完全一致，往往会发生实物流路线的迂回、倒流、重复等不合理现象，造成资源与运力的浪费。商流一般要经过一定的经营环节来进行业务活动；而物流则不受经营环境的限制。物流可以根据商品的种类、数量、交货要求、运输条件等，使商品尽可能由产地通过最少环节的限制，它可以根据商品的种类、数量、交货要求、运输条件等，使商品尽可能由产地通过最少环节，以最短的物流路线，按时保质地送到用户手中，以达到降低物流费用、提高经济效益的目的。

（2）商物分离的特点与优点

商物分离模式的特点是：

① 保管。取消公司总部仓库和门店营业仓库分散保管方式而代之配送中心集中保管。

② 运输。原先是从供应商仓库到公司总部仓库,再到零售店,是商物合一的两段输送。

③ 原是分别向各零售店送货,现改成回路配送。

④ 信息系统。不再由公司总部、供应商、门店分头处理,而是以信息中心集中处理的方式,用现代化通信系统进行各环节的控制。

商物分离的优点可列举如下:

① 为了营业方便,公司总部可设在繁华地段,但配送中心可设在郊区,以降低成本。

② 配送中心的仓库规模大,物流作业集中。同一地点处理的物流量大,便于机械化。

③ 配送中心实行回路配送,以提高运输设备的利用率,降低运输费用。

④ 商物分离使各部门的职能单纯化,可以提高工作效率。

(3)商物分离的方式

商物分离的方式主要有:订货活动与配送活动相互分离,把自备卡车与委托运输或共同运输联系在一起,降低运输费用,并压缩固定费用开支,在同一系统内负责一定范围的物流据点合并,加强物流管理一元化,以压缩流通库存,减少交叉运输,便于供应商大规模运货,提高物流工作效率;减少物流中间环节,流通路线可以实施从供应商仓库流经配送中心再到门店,可以大大提高效率。

1.1.4　工作任务　现代物流的发展过程

1. 物流活动的发展阶段

物流发展也反映经济社会的发展,是人们在不同时期对物流认识程度的反映。物流的发展过程,大体上经历了三个不同的阶段,即分拨阶段、转型阶段和现代物流阶段。

(1)物流分拨阶段

物流分拨阶段是指20世纪50年代前后的一段时间。例如,日本在第二次世界大战后的国民经济恢复初期,物流尚未被人们认识,运输、储存、包装等物流环节在流通过程中基本上是分散管理,而生产过程中的物流活动,更未引起重视。为此,日本组织考察团去美国进行实地考察,引进物流管理技术,并将“物资分拨”起名为“物流”。

(2)物流开发阶段

物流开发阶段的标志是经济学界和实业界对物流的重要性有了较为深刻的认识,并推动整个经济社会的物流开发。这一阶段大体上在20世纪60年代至70年代。在20世纪70年代中期出现的经济衰退,迫使企业更加重视降低成本,以提高商品的竞争力,但其着眼点是从生产领域转向了流通领域,通过流通开发、改进对顾客的服务以及降低运输费用、存储费用用来增加利润。

(3)物流现代化阶段

这一阶段,在物流研究和管理方面的特点是把物流各项职能作为一个系统进行研究,从整体上进行开发。在美国,加强物流系统的管理被视为美国“再工业化”的重要因素。日本设立了专门机构来统筹全国的物流活动,使物流系统化、综合化、协调化有了很大的发展,物流现代化水平明显提高。

2. 我国物流的发展

我国物流的发展与我国的经济发展水平、经济结构、技术发展状况有关,并且与我国的经济体制变革有关,自新中国成立以来,我国的物流发展大体也可分为四个阶段。

(1)第一阶段:初期发展阶段(1949 至 1965 年)

这一时期,新中国成立时间不长,国民经济尚处在恢复发展时期,工农业生产水平较低,经济基础较薄弱,并且出现了重生产、轻流通的倾向。这一时期的物流处于起步阶段,表现为:在生产和流通部门建立了为数不多的储运公司和功能单一的仓库;运输业处于恢复和初步发展时期;搬运和仓储环节比较落后。

(2)第二阶段:停滞阶段(1966 至 1977 年)

1966 年开始的"文革",给国家经济、政治及其他方面造成了严重破坏,物流的发展也遇到了同样情况,物流理论的研究和物流实践基本处于停滞状态。

(3)第三阶段:较快发展阶段(1978 至 1990 年)

党的十一届三中全会以来,随着改革开放步伐的加快,我国开始从计划经济向市场经济过渡,国民经济特别是物流业得到了较快发展,运输业、仓储业、包装业的发展较快,新建了大量的铁路、公路、港口、码头、仓库、机场等,尤其是有关物流的学术团体在此期间都相继成立,积极有效地组织开展国内国际物流学术交流活动,了解和学习国外物流管理的先进经验。中国物资流通学会于 1989 年 5 月在北京成功地承办了第八届国际物流会议,对我国的物流发展起了促进作用,一些物流学的专著和译著也出版发行,人们在观念上逐步改变了孤立地对待包装、装卸、运输、保管、信息情报等功能,开始以系统的观点对它们的作用进行研究。

(4)第四阶段:高速发展阶段(1991 年后)

1991 年以后,我国国民经济进入高速发展时期,科学技术的迅速发展和信息技术的普及应用,消费需求个性化趋势的增强和竞争机制的建立,使得我国的工商企业特别是中外合资企业,为了提高竞争力,不断提出了新的物流需求,我国经济界开始把发展物流业提到了重要议事日程。在此期间,我国加快了物流系统的建设,促使其向标准化、国际化方向发展。

1.1.5 工作任务 物流产业发展的趋势

1. 物流业整合

(1)物流功能的整合

物流的服务范围不断扩大,物流企业不仅要为货主提供优质的服务,而且要具备运输、仓储、进出口贸易等一系列知识,深入研究货主企业的生产经营;一体化配送中心也不单单是提供仓储和运输服务,还必须开展配货、配送和各种提高附加值的流通加工服务项目以及提供客户需要的其他服务。因此,单一的运输、仓储等功能简单叠加已不能满足需要,物流功能的整合是物流业的发展方向。

同时也应看到,尽管物流企业经营向着综合化、集约化方向发展,但多数企业仍保持了其专业化特点,具有突出的主业物流的特点。事实上,综合化与专业化并不矛盾,为了适应市场,企业会选择综合化发展方向;为了保持其所擅长领域的领先地位,甚至是统治地位,企业会突出主业,选择专业化发展方向。这从营销学的角度看,即产生了"多元化"、"细分化"两种市场经营战略。

企业追求的是全面、系统的综合物流效果,而不是单一的、局部的物流效益。物流功能整合后的供应链系统,完全适应了流通业的经营理念,使未来的产业分工更加精细,产销分工日趋专业化,大大提高了社会的整体生产力和经济效益,使流通业成为整个国民经济的中心。

(2)物流资源和市场的整合

物流服务的全球化是今后发展的趋势,作为全球化的生产企业要在世界范围内寻找原材料、零部件来源,就需要选择一个适应全球分销的物流中心及集散仓库,随即将第三方物流网络带入全球市场。国际运输企业之间开始形成的战略联盟，使全球物流能更便捷地进行，全球范围内的物流设施得到充分的利用，有效地降低了运输成本，从而实现物流资源和市场的整合。

2. 物流联盟

物流联盟是指两个或多个物流企业为实现特定的目标，比单独从事物流活动的效果更好，而形成的基于长期互利协定关系的、相互信任的物流伙伴关系，它是21世纪物流业的主要经营形式。

(1)纵向联盟

纵向联盟是指物流业务系统中的企业，因不存在同类业务的市场竞争，而与上游或下游物流企业之间形成的分工合作关系。纵向合作经营的基础是物流业务互补前提下的资源共享。纵向物流合作经营最典型的模式是专门从事运输业务的企业与专门从事仓储业务的物流企业之间的合作。纵向合作经营使社会物流资源得以整合，物流企业分工更专业化。

(2)横向联盟

横向联盟是指彼此相互独立地从事相同物流业务的物流企业之间的合作经营关系。横向合作经营的基础是地域市场划分前提下的资源共享。是将不同产业的企业生产经营的商品集中起来，通过物流或配送中心达成企业间物流管理的协调与规模效益，如建立物流园区。

(3)网络化联盟

网络化联盟是指物流企业间既有纵向合作、也有横向合作的全方位合作经营模式。网络化合作经营有着纵向和横向合作各自的特点，是最常见的合作经营方式，一般不完全资产型物流企业都采用这种合作方式。

当前，现代物流业在我国正处于快速发展的新时期，这既给国民经济带来新的效益增长点，又给我们带来了新的挑战，物流时代这种发展态势一定会使我国在经济、技术、文化等各个方面出现更大的进步。

3. 物流管理的职业领域

物流管理的职业领域涉及许多现有的行业及领域，按照我国的产业结构特点和我国现行的职业划分进行分类，我们可将目前被大众接受的职业进行划分，见表1-1-2所列。

表1-1-2 我国物流从业基本类型(职业领域)及能力要求

序号	项目	职业类型	能力要求	学历要求
1	操作人员	包装员、驾驶员、分拣员、验货员、仓管员、装卸搬运人员等	驾驶证等相关资格证书	高中(中职)或以上文化程度
2	国际物流人员	报关员、报检员、国际货代员、单证员、外销员等	报关员证书或其他相关资格证书	大专、高职或以上文化程度
3	物流管理人员	物流经理、高级物流师等	物流师或企业经理资格证书	大学本科或以上文化程度
4	物流工程人员	配送工程师、包装工程师、机械工程师等	工程师或其他相关中级专业技术职务资格证书	大学本科或以上文化程度
5	物流信息技术人员	软件开发人员、软件维护人员等	软件、网络工程师或技师资格证书	大专、高职或以上文化程度

（续表）

序号	项目	职业类型	能力要求	学历要求
6	物流规划人员	物流规划师、交通规划师、物流系统分析师等	物流规划师、经济师或其他中级以上专业技术职务证书	大学本科或以上文化程度
7	物流教育及咨询人员	物流教师、物流咨询师、物流策划师等	物流专业讲师、经济师、工程师或其他中级以上专业技术职务证书	大学本科或以上文化程度

1.1.6 任务处理

任务处理如表 1-1-3 所列。

表 1-1-3 任务安排

任务内容	观看物流小电影
任务目标	了解国内外物流发展状况；加深学生对中外物流企业的认知
任务安排	登录“物流基础”精品课程网，播放国内外著名物流企业作业录像，时间为 30 分钟
活动考核	1. 在班级组织一次以小组为单位的讨论——如果步入物流行业，应具备哪些专业知识及职业素质？ 2. 教师根据学生在交流与讨论中的表现给予评分

1.1.7 任务评估

表 1-1-4 任务评估

<table>
<tr><td>交流 1</td><td colspan="3">记录各小组陈述</td></tr>
<tr><td colspan="4">交流人：
交流内容：</td></tr>
<tr><td colspan="4">评估 2 指导教师的分析及综合意见记录</td></tr>
<tr><td>基本概念</td><td>技能掌握</td><td>语言描述</td><td>综合得分</td></tr>
<tr><td></td><td></td><td></td><td></td></tr>
</table>

任务 1.2 现代物流业

1.2.1 任务导入

美国物流业的规模和进展

据统计，2008 年美国物流业规模为 13 000 亿美元，占美国 GDP 的 9.4％以上。

这些年，美国的物流产业发生了三个显著变化：电子商务应用、供应链软件集成、作为中间市场的第三方物流业务的发展。变化的根本原因在于电子商务的大行其道。根据美国第15个年度物流报告，美国具有竞争性的物流企业达到1 650家，市场规模在769亿美元左右，企业平均市场份额为4 660.6万美元，是中国的近50倍。

问题：

1. 比较中美物流业发展的历程，指出产生差距的原因。

2. 发展现代物流业应具备的条件有哪些？

1.2.2　工作任务　现代物流业

当今，物流业已经成为促进世界经济发展的主体行业，物流是国民经济的基础之一，物流通过不断输送各种物质产品，使生产者不断获得原材料、燃料以保证生产过程的正常进行，同时不断将产品运送给不同的需要者，以使这些需要者的生产、生活得以正常进行。20世纪90年代以后，物流在国民经济中越来越多地表现为一个独立的、综合的业种——现代物流业。

社会经济领域中的物流活动无处不在，对于各个领域的物流，虽然其基本要素都存在且相同，但由于物流对象、物流目的和物流范围、范畴的不同，形成了不同的物流类型。这些类型的划分为我们开展物流研究提供了较大的方便，主要分类方法如表1-2-1所列。

表1-2-1　物流的分类

分类标准	物流类别
按层次和作用分类	供应物流 生产物流 销售物流 回收物流 废弃物流
物流活动范围	国际物流 区域物流 城市物流 企业物流
物流作业对象	专项物流 综合物流

1.2.3　工作任务　物流构成要素

物流过程，可以抽象出流体、载体、流向、流量、流程、流速共6项最基本的构成要素，见图1-2-1。

1. 流体

流体是指物流中的物流实体。流体具有自然属性和社会属性两类不同的属性。自然属性是指流体的物理、化学、生物学属性，物流管理的任务之一和物流服务质量的重要体现就是流体的自然属性不受损坏，因此在物流过程中应根据流体的自然属性合理安排运输、仓储、装卸、配送等物流作业，组织进行流体的检验及养护。社会属性是指流体所具有的价值属性，以及产品的生产者、采购者、物流业者、销售者之间的各种关系。单位体积或质量流体的价值量越大，物流过程组织越要精心，越要追求提高物流效率。物流活动的目的是实现物流由供应者向需求者的流动，尽管在这一过程中，部分流体可能不止一次地处于仓储状态，从流动的意义上说，仓储过程是流速为零的一种流动形式，因此可以说，液体总是处于不断流动的过程中的。

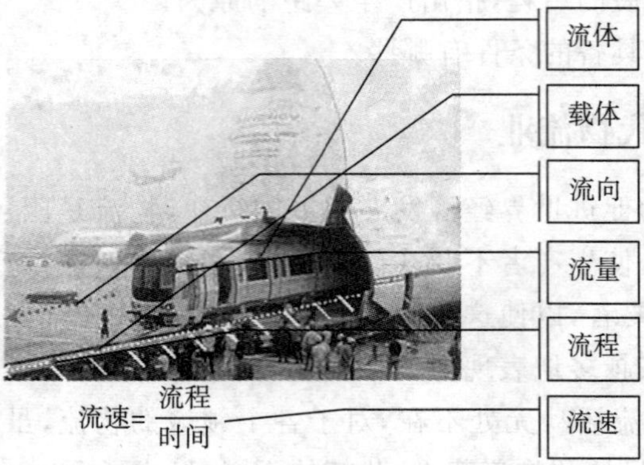

图 1-2-1 物流的基本构成要素

2. **载体**

载体是指物流过程中流体借以实现流动的设施和设备。物流载体可以分成两大类。

第一类载体指物流基础设施，主要指各类固定基础设施，如铁路车辆、公路路线、水运航道、港口码头、货运场站、机场等；第二类载体指以各种固定设施为基础，直接承载运送流体的各种设备、集装器具、包装、加工、加工机械设备等。

3. **流向**

流向是指流体从起点到终点的流动方向。物流流向通常可以分为以下 4 种。

(1)自然流向——根据产销关系所确定的商品的流向。商品从其产地流向销地，表明对该产品的客观需要。

(2)计划流向——根据流体经营者的商品经济计划而形成的商品流向，即商品从供应地流向需求地。

(3)市场流向——根据市场供求关系和价值规律所确定的商品流向。

(4)实际流向——在物流过程中流体实际发生的流向。在物流运作过程中，上述几种流向有可能相互重叠，但由于主客观多种因素的影响，也可能导致流体的实际流向与其他流向发生偏离。物流科学通过对产销关系、供求关系的研究，深刻认识和准确把握流向的变化规律，提高物流组织的管理水平，努力做到实际流向与计划流向、市场流向及自然流向相一致，以达到优化配置物流资源、合理规划物流流向、提高物流运作效率、降低物流成本的目的。

4. **流量**

流量是指流体在一定流向上通过载体的数量表现。物流流量与流向是紧密相关、不可分割的两大要素，每一流向都有一定的流量与之相对应，因此，可参照流向的分类方法对流量进行分类，即分为自然流量、计划流量、市场流量和实际流量 4 类。此外，根据流量自身的特点，还可按实际流量和理论流量对流量进行分类。实际流量是指物流过程实际发生的物流产量，按不同分类标准又可细分为很多种。其中最基本的为 6 种：其一是按照流体类别统计的流量；其二是按照载体统计的流量；其三是按照流向统计的流量；其四是按照流程统计的流量；其五是按照发运人统计的流量；其六是按照承运人统计的流量。此外，还有按流体价值系数、按流速要求统计的流量，以及由上述各种分类方法相组合进行复合统计的更多种类的流量。

5. 流程

流程是指流体通过载体在一定流向实现空间位移的数量表现。流量的大小对物流成本水平及物流载体形式的选择等有重要影响。与流量的分类方法相同，流程可以分为自然流程、计划流程、市场流程与实际流程，也可分为理论流程和实际流程。理论流程通常为可运行路径中的最短路；实际路径又可分为按流体统计、按载体统计、按流向统计、按发运人统计的4种基本类型以及通过不同组合进行复合统计的更多种类的流程。

6. 流速

流速是指流体通过载体在一定流程上的速度表现。流速与流向、流量、流程是构成物流的四大量化要素，是衡量物流效率和效益的重要指标。

上述物流六大要素之间存在紧密的相互联系，在一定的物流系统规划和组织物流流动活动中，要注意分析和处理好这些要素之间的关系，以提升物流服务水平，降低物流成本，提高物流效率和效益。

1.2.4　任务处理

任务处理如表1-2-2所列：

表1-2-2　任务处理

任务内容	现场参观物流企业或参观物流实训室
任务目标	理解物流构成要素
任务安排	参观物流园区，了解当地物流流体、载体、流向、流量、流程、流速等要素。
活动考核	1. 在班级组织一次以小组为单位的讨论——你眼中的物流 2. 教师根据学生在交流与讨论中的表现给予评分

1.2.5　任务评估

表1-2-3　任务评估

<table>
<tr><td>交流1</td><td colspan="3">记录各小组陈述</td></tr>
<tr><td colspan="4">交流人：
交流内容：</td></tr>
<tr><td colspan="4">评估2　指导教师的分析及综合意见记录</td></tr>
<tr><td>基本概念</td><td>技能掌握</td><td>语言描述</td><td>综合得分</td></tr>
</table>

任务 1.3 物流系统

1.3.1 任务导入

深圳福田保税区——跨国物流系统的实验基地

随着越来越多跨国物流企业的入驻,深圳福田保税区发展成为华南地区重要的跨国物流系统的实验基地,许多在这一带投资设厂的跨国公司都借助深圳福田保税区开展物料配送和产品分拨业务,其中世界500强企业就有三四十家,包括IBM、索尼、三星、松下、欧姆龙、美能达等国外集团公司。自1993年深圳深九国际物流有限公司在福田保税区设立首家以"物流"命名的企业以来,目前该保税区已引进仓储物流企业近90家,包括日本通运、美国伯灵顿等著名跨国物流企业。在深圳福田保税区,物流不再是简单的仓储、运输概念,而是以系统的形式出现,呈现出物流系统的整体优势。20世纪90年代后期,IBM把美国戴尔电脑公司的现代物流概念"配送"引入深圳福田保税区,IBM合资企业长城国际电脑公司与福田保税区内的海福公司合作,开展工厂"零库存"配送业务。长城国际电脑公司在深圳的两家工厂不再设备料仓库,其分布在东南亚和欧美地区的70多家供应商把7 600多种不同品种规格的电子料件集中到海福公司的仓库,海福公司借助联网电脑,根据生产厂当日流水线的需求,实现配送中心与生产线的"门到门"服务。这种模式使长城国际电脑公司节省物流成本达12%,同时降低了大量库存带来的费用和风险。如今,深圳福田保税区的物流企业已成为华南地区产品生产、出口的重要环节。

1.3.2 工作任务 物流系统

1. 系统与物流系统

(1)系统

"系统"这个词来源于古希腊语 System,有"共同"和"给以位置"的含义。

日本学者菊池康也认为系统是"为有效地达到某种目的的一种机制",也就是为了达成某一目的,把人力、物力、金钱、信息等资源作为指令输入使它产生某种结果的功能。因此,物流系统可以认为是"有效达成物流目的的机制",物流的目的是"追求以低物流成本向顾客提供优质物流服务"的机制。

(2)物流系统

物流系统是同运输、储存、包装、装卸、搬运、配送、流通加工、信息处理等基本功能要素构成的各个基本环节所组成的,在这里输送、储存、搬运、装卸、包装、物流情报等是外部环境向系统提供的"输入"过程;系统对这些输入的内容进行处理转化,而后将其送至客户手中,变成全系统的输出,即物流服务。

值得一提的是单一的运输或单一的包装等不能称为物流,只有基本的功能要素组合在一起才能称之为物流和物流系统。

物流系统输入的是输送、储存、搬运、装卸、包装、物流情报、流通加工等环节所消耗的劳务、设备、材料等资源,经过处理转化,变成全系统的输出,即物流服务。整体优化的目的就是要使输入最少,即物流成本最低、消耗的资源最少,而作为输出的物流服务效果最佳。

(3)物流系统服务性的衡量标准

① 对用户的订货能很快地进行配送;

② 接受用户订货时商品的在库率高；

③ 在运送中交通事故、货物损伤、丢失和发送错误少；

④ 保管中变质、丢失、破损现象少；

⑤ 具有能很好地实现运送、保管功能的包装；

⑥ 装卸搬运功能满足运送和保管的要求；

⑦ 能提供保障物流活动流畅进行的物流信息系统，能够及时反馈信息；

⑧ 合理的流通加工，以保证生产费用、物流费用最少。

2. 物流系统的基本功能与增值服务功能

(1)物流系统的基本功能内容

① 运输

运输又可以细分为运输与配送。运输的主要业务包括集货、运输方式和运输工具的选择，路线和行程规划，车辆调度，商品组配、送达，分拣、拣选、配送方式等。运输的一般特点表现为：干线、中间运输、中长距离、少品种、大批量、少批次、长周期、功能单一；而配送虽然业务与运输有许多相同之处，但其特点几乎与运输特点相悖，表现为：支线、前端或者末端运输、短距离、多品种、小批量、多批次、短周期、功能综合。

② 储存

储存又可分为仓储管理与库存控制。储存的主要业务包括收货、检验、分拣、保管、拣选、出货，以及对库存品种、数量、金额、地区、方式、时间等结构的控制等。仓储管理的一般特点主要是对确定的库存进行动态和静态的储存管理；而库存控制则主要是进行库存决策，确定储存用什么组合，有多少组合，什么时候组合，在哪里组合等。

③ 装卸

装卸包括装上、卸下和搬运。装卸的主要业务包括：装上是将流体装入载体，与发送相联系；卸下是将流体从载体中卸出，与到货相联系；而搬运则是将流体从甲地搬往乙地(短距离)，与载体的换装或者转移相联系。

④ 包装

包装包括工业包装、销售包装以及物流包装。工业包装主要业务有：按照生产和销售需求规格用不同于产品的材料将产品包装起来，使之成为一个完整的产品，其特点是方便批量生产；销售包装的主要业务有：按照市场需求规格，用印有必要产品信息的包装材料将一定数量的商品进行包装，促进销售，主要是为了方便使用和销售；而物流包装的主要业务有：按照物流运作的要求，用具有足够强度、印有必要物流信息的包装材料，将一定数量的商品进行包装，以及包装加固、打包，以方便物流运作。

⑤ 流通加工

流通加工包括生产型加工、促销型加工和物流型加工。生产型加工主要业务有：剪切、预制、装袋、组装、贴标签、洗净、搅拌、喷漆、染色，是在流通过程中进行的生产性活动，目的是完成生产过程；促销型加工主要业务有：烹调、分级、贴条形码、分装、拼装、换装、分割、称量，是在商品销售过程中进行的生产活动，目的是便于促销；而物流型加工的主要业务是：预冷、冷冻、冷藏、理货、拆解、贴物流标签、添加防虫防腐剂，这些工作有利于物流，能达到保护商品的目的。

⑥ 物流信息

物流信息包括要素信息、管理信息、运作信息和外部信息。要素信息包括流体、载体、流向、流量、流程五个要素，涉及物流的全局；管理信息包括物流企业或者企业物流部门人、财、物等信息，涉及物流组织内部的各种信息；运作信息包括功能、资源、网络、市场、客户、供应商信息等，涉及物流过程市场的信息；外部信息则包括政策、法律、技术等涉及物流环境的信息。

(2)物流系统的增值服务功能内容

物流增值服务是在物流基本服务基础上的延伸。增值性服务的内容主要有以下几点：

① 增加便利性服务

便利性服务主要是简化操作程序、简化交易手续和简化消费者付费环节等。

② 快速的信息传递服务与快递的物流服务

快速反应是物流增值服务的核心，它比一般的运输业或仓储业效率要高，更能吸引客户，使客户在享受服务中，得到增值。

③ 降低成本服务

我们所说的物流是第三利润源就在于"物流，特别是完善的物流系统是第三利润源"，其实质就是在为客户降低成本的同时，物流企业也在降低生产成本，实现企业与客户的双赢。

④ 延伸服务

通过物流供应链以及完善的信息系统，可以对其上游和下游进行延伸，如提供上游企业在原材料供给、配送、开发等方面的服务，还可以提供像税收、报关、教育培训、物流方案设计等。

1.3.3 工作任务 物流网络和物流结点

1. 物流网络和物流结点的内容

(1)物流网络

物流的过程，如果按其运动的程度即相对位移大小观察，它是由许多运动过程和许多相对停顿过程组成的。一般情况下，两种不同形式的运动过程或相同形式的两次运动过程中都要有暂时的停顿，而一次暂时停顿也往往联结两次不同的运动。物流过程便是这种多次的运动—停顿—运动—停顿所组成。

与这种运动形式相呼应，物流网络结构也是由执行运动使命的线路和执行停顿使命的结点两种基本元素所组成。线路与结点的相互关系、相对配置以及其结构、组成、联系方式不同，形成了不同的物流网络，物流网络的水平高低、功能强弱则取决于网络中两个基本元素的配置和两个基本元素本身。

(2)线路和结点

全部物流活动是在线路和结点上进行的。其中，在线路上进行的活动主要是运输，包括集货运输、干线运输、配送运输等。物流功能要素中的其他所有功能要素，如包装、装卸、保管、分货、配货、流通加工等，都是在结点上完成的。所以，从这个意义讲，物流结点是物流系统中非常重要的部分。实际上，物流线路上的活动也是靠结点组织和联系的，如果离开结点，物流线路上的运动必然陷入瘫痪。

2. 物流网络构造

物流网络构造有两个主要组成部分，即线路和结点。

(1)物流线路

物流线路广义指所有可以行驶的和航行的陆上、水上、空中线路，狭义仅指已经开辟的、可以按规定进行物流运营的路线和航线。在物流管理领域，线路一般指后者。

物流线路有以下几种类型：

① 铁路线路 铁路线路对于物流的运作主要有双轨线路、单轨线路、宽轨线路、标准轨线

路、窄轨线路、普通线路、快运线路等。不同线路有不同的运营要求，所能够承担的物流服务要求和服务水平也不相同。

② 公路线路 公路线路的种类是线路面最多、最复杂的。可以区分以下很多类：国道、省道、城市道路，高速公路、快速公路、一般公路，货运线路、非货运线路，干线公路、支线公路、连接线公路等。不同公路能够提供的汽车运行条件不同，对车辆的通过能力和管理方式也不同。

③ 海运线路 海运线路又可分成远洋海运线路、近海海运线路和沿海海运线路三种，三种线路航运条件不同，航运设备也不同，虽然都是海上的线路，但是他们的功能和作用是有区别的。

④ 空运线路 已经开辟的能够进行管制、导航、通信等管理的空中航线。

(2)物流结点

物流结点是物流网络中连接物流线路的结节之处，所以又称物流结结点。物流结点的种类很多，在不同线路上结点的名称也各异，这是受物流学科形成之前交通运输、外贸、商业等领域各自发展的影响而形成的行业性叫法。

在铁路运输领域，结点的称谓有货运站、专用线货站、货场、转运站、编组站等；在公路运输领域，结点的称谓有货场、车站、转运站、枢纽等；在航空运输领域，结点的称谓有货运机场、航空港等；在商贸领域，结点的称谓有流通仓库、储备仓库、转运仓库、配送中心、分货中心等。

3. 物流结点

(1)物流结点的内容

现代物流网络中的物流结点对优化整个物流网络起着重要的作用，从发展来看，它不仅执行一般的物流职能，而且越来越多地执行指挥调度、信息等神经中枢的职能，是整个物流网络的灵魂所在，因而更加受到人们的重视。所以，在有的场合也称之为物流据点，对于特别重要、具有中枢功能作用的物流结点又称物流中枢或物流枢纽。

物流结点是现代物流中具有较重要地位的组成部分，这是因为物流学形成初期，学者和实业家都比较偏重于研究物流的若干基本工作内容，如运输、储存、包装等，而对结点的认识不足。物流系统化的观念越是增强，就越是强调总体的协调、顺畅，强调总体的最优，而结点正是处在能联结系统的位置上，总体的水平往往通过结点体现，所以物流结点的研究是随现代物流的发展而发展的，也是现代物流学研究不同于以往之处。

(2)物流结点功能的内容

① 衔接功能

物流结点将各个物流线路联结成一个系统，使各个线路通过结点变得更为贯通而不是互不相干，这种作用称为衔接作用。

在物流形成系统化之前，不同线路的衔接有很大困难，例如轮船的大量输送线和短途汽车的小量输送线，两者输送形态、输送装备都不相同，再加上运量的巨大差异，所以往往只能在两者之间有长时间的中断后再逐渐实现转换，这就使两者不能贯通。物流结点利用各种技术的、管理的方法可以有效地起衔接作用，将中断转化为通畅。

物流结点的衔接作用可以通过多种方法实现；通过转换运输方式衔接不同的运输手段；通过加工，衔接干线物流及配送物流；通过储存，衔接不同时间的供应物流和需求物流；通过集装箱、托盘等集装处理，衔接整个“门到门”的运输，使之成为一体。

② 信息功能

物流结点是整个物流系统或与结点相接的物流信息传递、收集、处理、发送的集中地，这种信息功能在现代物流系统中起着重要的作用，也是将复杂的物流诸单元能联结成有机整体的重要保证。

在现代物流系统中，每一个结点都是物流信息的一个点，若干个这种类型的信息点和物流系统的信息中心结合起来，形成了指挥、管理、调度整个物流系统的信息网络，这是一个物流系统建立的前提条件。

③ 管理功能

物流系统的管理设施和指挥机构往往集中设置于物流结点中，实际上，物流结点大都是集管理、指挥、调度、信息、衔接及货物处理于一体的物流综合设施。整个物流系统运转的有序化和正常化，整个物流系统的效率和水平取决于物流结点管理职能的实现情况。

4. 物流结点的种类

现代物流发展了若干类型的结点，在不同领域起着不同的作用。按结点的主要功能可以分类如下。

(1)转运型结点

这是以连接不同运输方式为主要职能的结点，是处于运输线上的结点。铁道运输线的货站、编组站、车站，不同运输方式之间的转动站、终点站，水运线上的港口、码头，空运中的空港等都属于此类结点。一般而言，由于这种结点处于运输线上，又以转运为主，所以货物在这种结点上停滞的时间较短。

(2)储存型结点

这以存放货物为主要职能的结点，货物在这种结点上停滞的时间较长。在物流系统中，储备仓库、营业仓库、中转仓库、货栈等都属此种类型的结点。尽管不少发达国家的仓库职能在近代发生了很大变化，一大部分仓库转化成不以储备为主要职能的流通仓库甚至流通中心，但是，在现代世界上任何一个有一定经济规模的国家，为了保证国民经济的正常运行、保证企业经营的正常开展、保证市场的流转，以仓库为储备的形式仍是不可缺乏的，总还是有一大批仓库仍会以储备为主要职能存在，这种类型的仓库还占主要成分。虽然各种类型的物流结点中，仓库都是基本的设施，但是在储存型物流结点中，仓库几乎是唯一的设施。

(3)流通型结点

这是以组织物流为主要职能的结点。现代物流中常提到的物流基地、物流中心、流通仓库、流通中心、配送中心就属于这类结点。

需要说明的是，在各种以主要功能分类的结点中，都可以承担其他职能而不完全排除其他职能。如转运型结点中，往往设置了储存货物的货场或站库，从而具有一定的储存功能，但是，由于其所处的位置及其主要职能是转运，所以按其主要功能归入到转运型结点之中。

(4)综合性结点

综合性结点是在物流系统中集中于一个结点中全面实现两种以上主要功能，并且在结点中并非独立完成各自功能，而是将若干功能有机地结合于一体，是具有完善设施、有效衔接和协调工艺的集约型结点。这种结点是适应物流大量化和复杂化，适应物流更为精密准确、在一个结点中要求实现多种转化而使物流系统简化、高效的要求出现的，是现代物流系统中结点发展的方向之一。

5. 三个层次的物流结点

一个完善的物流网络，只要这个网络覆盖的地域比较广泛，网络比较复杂，都需要由物流结点来联结各种不同的物流线路。物流结点在网络中的作用也不相同，有的影响到整个物流网络，有的只是在局部网络范围中起作用。完整的物流系统一般有三个层次的物流结点，即物流基地、物流中心、配送中心。

(1)物流基地、物流中心、配送中心的工作任务界定

① 规模不同 一般而言,物流基地是超大规模的,物流中心是大规模和中等规模的,配送中心则依据专业化配送和市场大小而确定,虽然有的规模较大,但一般而言规模较小。

② 综合程度不同 物流基地必定是综合性的物流设施,物流中心带有一定的综合性,配送中心一般而言是专业化的或者是局部范围的。

③ 服务对象不同 物流基地是综合性的基础服务设施,面向全社会,物流中心则在局部领域进行经营服务,配送中心则是面向特定用户和特定市场。

④ 功能不同 物流基地具有综合运输、多式联运、干线终端等大规模处理货物和提供服务的功能,物流中心则主要是分销功能,配送中心则是向最终用户提供送货服务的功能。

⑤ 运作方式不同 物流基地、物流中心这种大规模的物流设施,带有基础性的公众性,虽然也不排除在未来经济发展中巨型物流企业拥有相应的物流基地或者物流中心,但是,在我国国民经济中必然是以国家为主体、企业进行运作的形式,而配送中心的主体归属是企业,其运作也是由企业进行。

(2)物流基地、物流中心、配送中心的层次关系

物流基地、物流中心、配送中心组成了典型的结点网络。一般而言,物流基地是综合性的、大规模的结点,在物流基地之间进行快速、直达、大量干线运输,尤其是多式联运的干线运输;物流中心则是某一专业范畴的综合性大型物流结点,可以与干线运输相衔接,也可从物流基地转运;配送中心则是面向最终用户末端运输的专业清晰、规模适应于需求的专业性物流结点。

(3)三种物流结点的配置

在城市和地区范围内,一般按照层次关系规划和配置物流基地、物流中心、配送中心。

一般而言,大城市尤其是位于国土中部的大城市,在单向物流辐射方向需要配置一个物流基地;中心城市,则有可能在相对的方向配置两个或多个物流基地。考虑到城市的扩展和物流基地的寿命周期,如果物流基地离城市过近,近期的物流成本会大幅度降低,但是随着城市的扩展,物流基地的寿命周期会比较短,鉴于物流基地的规模很大、投资很高,过短的寿命周期也是不适宜的。一般而言,超大规模的物流基地,应该按照50年左右的寿命周期来定位置。而物流中心则需要考虑有20年以上的寿命周期,配送中心规模较小,如果运营得当,效益较高,比较效益不亚于其他产业,因此城市的扩展对其寿命不形成制约。但是,由于配送中心的特殊运作方式,一般而言,在经济发展到一定高度以后,配送中心需要大量实现日配,而这项工作一般都需要在深夜或凌晨进行,存在扰民问题和交通问题。

1.3.4 工作任务 物流标准化

1. 物流标准化的内容

物流标准化是指以物流为一个大系统,制定系统内部设施、机械装备、专用工具等各个分系统的技术标准;制定系统内各分领域如包装、装卸、运输等方面的各类作业标准,以及作为现代物流突出特征的物流信息标准,并形成全国以及和国际接轨的标准化体系。

物流标准根据工作内容分为物流软件标准和物流硬件标准。具体而言,软件标准包括物流用语的统一、单位标准化、钱票收据标准化、应用条形码标准化和包装尺寸标准化;硬件标准包括托盘标准化、集装箱和叉车标准化、拖车载重量标准化、保管设施标准化以及其他物流设备标准化。

2. **物流标准化的基点**

(1)集装是物流标准化的基点

物流是一个非常复杂的系统,涉及的面很广泛。过去,构成物流这个大系统的许多组成部分也并非完全没有搞标准化,但是,这往往只形成局部标准化或与物流某一局部有关的横向系统的标准化。从物流系统来看,这些互相缺乏配合性,不能形成纵向的标准化体系。所以,要形成整个物流体系的标准化,必须在这个局部中寻找一个共同的基点,这个基点能贯穿物流的全过程,形成物流标准化工作的核心,这个基点的标准化成了衡量物流全系统的基准,为各个局部标准化的准绳。

为了确定这个基点,人们将进入物流领域的产品(货物)分为三类,即零杂货物、散装货物与集装系统。这三类的标准化难易程度是不同的。

零杂货物及散装货物在物流的“结点”上(例如在换载、装卸时)都必然发生组合数量及包装形式的变化。因此,要想在这些“结点”上实现以集装体为基本单位,其包装形式在装卸、输送及保管的各个阶段基本上不会发生变化,也就是说,集装货物在结点上容易实现标准化的处理。至于零杂货物的未来,一部分可向集装靠拢,向标准包装尺寸靠拢;另一部分还会保持其多样化的形态而难以实现标准化。所以,不论是国际物流还是国内物流,都可以肯定地说:集装系统是使物流全过程贯通而形成体系的核心,是保持物流各环节上使用的设备、装置及机械之间整体性及配合性的核心。所以,集装系统是使物流过程连贯而建立标准化体系的基点。

(2)物流全系统标准化取决于和集装的配合性

具体来讲,集装系统为物流标准化的基点,这个基点的作用之一,就是以此为准来解决全面的标准化。因此,必须实现集装与物流其他各个环节之间的配合。

① 集装与包装的配合性。包装尺寸和集装尺寸的关系应当是:集装是包装尺寸的倍数系列,而包装是集装尺寸的分割系列。

② 集装与装卸机具、装卸场所、装卸小工具(如吊索、跳板等)的配合性。

③ 集装与仓库站台、货架、搬运机械、保管设施乃至仓库建筑(净高度、门高、门宽、通路宽度等)的配合性。

④ 集装与保管条件、工具、操作方式的配合性。

⑤ 集装与运输设备、设施(如运输设备的载重、有效空间尺寸等)的配合性。如果形成了倍数系列的尺寸关系,就能提高装运的密度,形成坚实的货垛。

⑥ 集装与末端物流的配合性。一般来说,占消费者中大多数的零星消费者的要求是逆规格化方向而行的,消费者追求多样化,这就使多样化的末端物流与简单化的主体物流(集装系统)的配合性出现困难,集装物流转变为末端物流,要对简单性的集装进行多样化的分割,以解决集装的简单化与末端物流多样化要求的矛盾。衔接消费者的“分割系列”与衔接生产者的“倍数系列”有时是有矛盾的,标准化要解决的就是要选择最优。

⑦ 集装与国际物流的配合性。我国集装标准化要与国际标准接轨,这可以使国际海运集装箱通过我国的铁路和公路运输直达内地,从而充分发挥集装箱联运“门到门”的优势。

3. **物流标准种类**

(1)大系统配合性、统一性标准

① 基础编码标准

基础编码标准是对物流对象物编码,并且按物流过程的要求,转化成条形码,这是物流大系统能够实现衔接、配合的最基本的标准,也是采用信息技术对物流进行管理和组织、控制的技术标准。在这个标准之上，才可能实现电子信息传递、远程数据交换、统计、核算等物流活动。

② 物流基础模数尺寸标准

物流基础模数尺寸是指标准化的共同单位尺寸，或系统各标准尺寸的最大公约尺寸。在基础模数尺寸确定之后，各个具体的尺寸标准，都要以基础模数尺寸为依据，选取其整数倍数为规定的尺寸标准。由于基础模数尺寸的确定，只需在倍数系列内进行标准尺寸的选择，确定其他的尺寸标准，这就大大减少了尺寸的复杂性。物流基础模数尺寸的确定不但要考虑国内物流系统，而且要考虑到与国际物流系统的衔接，具有一定的难度和复杂性。

③ 物流建筑基础模数尺寸

主要是物流系统中各种建筑物所使用的基础模数，它是以物流基础模数尺寸为依据确定的，也可选择共同的模数尺寸。该尺寸是设计建筑物长、宽、高等尺寸以及门窗尺寸、建筑物柱间距、跨度及进深等尺寸的依据。

④ 集装模数尺寸

集装模数尺寸是在物流基础模数尺寸基础上推导出的各种集装设备的基础尺寸，以此尺寸作为设计集装设备三向尺寸的依据。在物流系统中，由于集装是起贯穿作用的，集装尺寸必须与各环节物流设施、设备、机具相配合，因此，整个物流系统设计时往往以集装尺寸为核心，然后，在满足其他要求的前提下决定各设计尺寸。因此，集装模数尺寸影响和决定着与其有关的各环节标准化。

⑤ 物流专业名词标准

为了使大系统有效配合和统一，尤其是在建立系统的情报信息网络之后，要求信息传递异常准确，这首先便要求专用语言及所代表的含义实现标准化，如果同一个指令在不同的环节有不同的理解，这不仅会造成工作的混乱，而且容易出现大的损失。物流专业名词标准包括物流用语的统一化及定义的统一。

⑥ 物流单据、票证的标准化

物流单据、票证的标准化，可以实现信息的录入和采集，将管理工作规范化和标准化，也是应用计算机和通信网络进行数据交换和传递的基础标准。它可用于物流核算、统计的规范化，是建立系统情报网、对系统进行统一管理的重要前提条件，也是对系统进行宏观控制与微观监测的必要前提。

⑦ 标志、图示和识别标准

物流中的物品、工具、机具都是在不断运动中，因此，识别和区分便十分重要，对于物流中的物流对象，需要有易于识别又易于区分的标志，有时需要自动识别，这就可以用复杂的条形码来代替用肉眼识别的标志。

⑧ 专业计量单位标准

除国家公布的统一计量标准外，物流系统还有许多专业的计量问题，必须在国家及国际标准的基础上，确定本身专门的标准；同时，由于物流的国际性很突出，专业计量标准需要考虑国际计量方式的不一致性，还要考虑国际习惯用法，不能完全以国家统一计量标准为唯一依据。

(2)分系统技术标准

分系统技术标准主要有：运输车船标准、作业车辆标准、传输机具标准，以及仓库技术标准：包装、托盘、集装箱标准，包装、托盘、集装系列尺寸标准，包装物标准、货架储罐标准等。

4. 物流标准化的方法

目前，物流体系的标准化工作在各个国家都处于初始阶段，标准化的重点在于通过制定标准规格尺寸来实现全物流系统的贯通，取得提高物流效率的初步成果。因此，物流标准化的方法，主要指初步规格化的方法，具体包括以下内容：

(1)确定物流基础模数尺寸

物流标准化的基础是物流基础模数尺寸，它的作用和建筑模数尺寸的作用大体相同，考虑的基点主要是简单化。基础模数尺寸一旦确定，设备的制造、设施的建设、物流系统中各个环节的配合协调、物流系统与其他系统的配合就有了依据。目前国际标准化组织(ISO)制定的物流基础尺寸的标准为：物流基础模数尺寸为 600 mm×400 mm；物流集装基础模数尺寸以 1 200 mm ×1 000 mm 为主，也允许 1 200 mm×800 mm 和 1 200 mm×1 100mm 的规格。

(2)如何确定基础模数

模数是指一个基本的度量单位、一种基准尺寸。这一术语最初用于建筑。为使房屋建筑的内面积能被充分利用，或建筑物内部便于分割与处理，规定一种基准的度量单位，建筑的长与宽都按这一基准的整数倍进行设计，称为模数。如日本通常就以一张 3 尺×6 尺的草垫尺寸这个模数设计建筑的尺寸。ISO 组织对模数的定义为：能引出运输系统各构成要素尺寸的一个标准值。

模数化就是在确定基础模数尺寸后，将相互联系的事物均按基础模数尺寸形成“倍数系列”和“分割系列”，以便相互配套。

由于物流标准化系统较之其他标准系统建立较晚，所以确立基础模数尺寸主要是考虑了目前对物流系统影响最大而又最难改变的设备，即输送设备。采取“逆推法”，由输送设备的尺寸来推算最佳的基础模数。当然，在确定基础模数尺寸时也应考虑到现在已通行的包装模数和已使用的集装设备，并从行为科学的角度研究人及社会的影响，从其与人的关系看，基础模数尺寸是适合人体操作的最高限尺寸。

(3)确定物流模数

物流模数即集装单元基础模数尺寸(即最小的集装尺寸)，集装模数尺寸影响和决定着与其有关的各个环节的标准化。

集装单元基础模数尺寸，可以从 600 mm×400 mm 按倍数系列推导出来，也可以在满足 600 mm×400 mm 的基础模数的前提下，从载货车或大型集装箱的“分割系列”推导出来。物流基础模数尺寸与集装单元基础模数尺寸的配合关系，可用集装单元基础模数尺寸的 1 200 mm×1 000 mm 为例说明，见图 1－3－1。从图 1－3－1 可以看出，集装单元基础模数尺寸可以由 5 个物流基础模数尺寸组成。

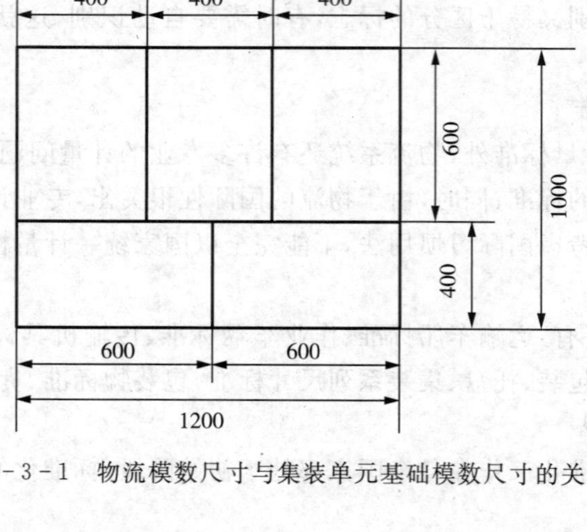

图 1－3－1　物流模数尺寸与集装单元基础模数尺寸的关系图

物流模数作为物流系统各环节标准化的核心，是形成系列化的基础。可依据物流模数确定有关系列的大小及尺寸，再从中选择全部或部分，作为定型的生产制造尺寸。由物流模数体系可以确定包装容器、运输装卸设备、保管器具等系列尺寸。图1-3-2为物流模数体系构成图，根据图中所示关系，可以确定各环节的系列尺寸。这就是以1 200 mm×1 000 mm推算的最小尺寸为200 mm×200 mm的整数分割系列尺寸确定的。

例如，英国、美国、加拿大、日本等国都已打算放弃国内原来使用的模数尺寸，而改用国际的模数尺寸。日本等一些国家在用1 200 mm×1 000 mm的模数尺寸系列的同时，还发展了1 100 mm×1 100 mm正方形的集装模数，并已形成本国的物流模数系列。

我国已经制定了一些分系统的标准，其中汽车、叉车、吊车等已全部实现了标准化，对包装模数及包装尺寸、联运平托盘也制定了国家标准。参照国际标准，我国还制定了运输包装部位的标示方法国家标准。其中，联运平托盘外部尺寸系列规定优先选用两种尺寸：TP2－800 mm×1 200 mm，TP3－1 000 mm×1 200 mm；还可选用一种尺寸为TP1－800 mm×1 000 mm。托盘高度基本尺寸为100 mm与70 mm两种。

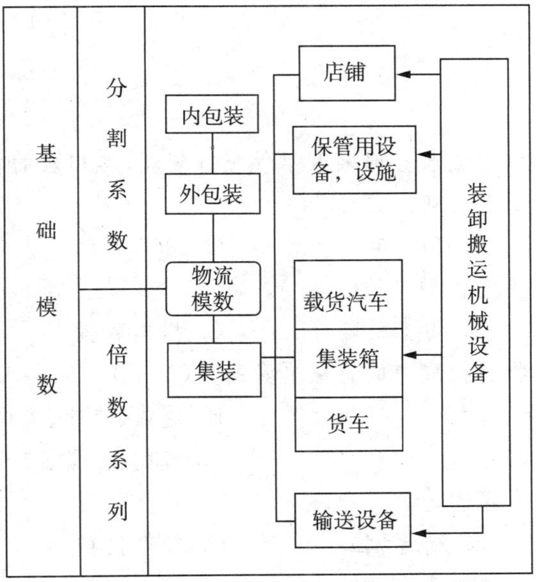

图1-3-2　物流模数体系构成图

1.3.5　任务处理

任务处理如表1-3-1所列。

表1-3-1　任务安排

任务内容	物流网络、结点、物流标准化建设对物流业发展的作用
任务目标	理解物流网络、结点、物流标准化建设内容
任务安排	根据远成物流企业网站的相关业务，展开物流网络、结点、物流标准化建设的讨论
活动考核	1. 在班级组织一次以小组为单位的讨论——你眼中的物流 2. 教师根据学生在交流与讨论中的表现给予评分

1.3.6 任务评估

表 1-3-2 任务评估

交流 1	记录各小组陈述		
交流人： 交流内容：			
评估 2 指导教师的分析及综合意见记录			
基本概念	技能掌握	语言描述	综合得分

基本训练

一、单项选择题

1. 从(　　)起，在美国，物流已全部融入了供应链管理，其相应的供应链管理人士活动对企业价值的贡献也得到了公认。

A. 2003 年　　B. 1963 年　　C. 2005 年　　D. 2000 年

2. 21 世纪物流业的主要经营形式是(　　)。

A. 纵向联盟　　B. 物流联盟　　C. 横向联盟　　D. 网络化联盟

3. 以下几种要素属于物流构成中的量化要素的是(　　)。

A. 流速、流向、流量、流程　　B. 流体、流速、流向、流量

C. 流速、流向、载体、流体　　C. 流向、流量、流程、载体

4. 属于物流增值服务内容的是(　　)。

A. 运输　　B. 流通加工　　C. 管理信息　　D. 延伸服务

5. 配送中心是物流结点中的哪一种(　　)。

A. 转动型结点　　B. 流通型结点　　C. 储存型结点　　D. 综合性结点

二、多项选择题

1. 流通领域中的物流在生产和消费之间存在几种间隔，他们是(　　)。

A. 社会间隔　　B. 场所间隔　　C. 时间间隔　　D. 流通间隔

2. 现代物流的发展大体经历了以下(　　)阶段。

A. 物流分拨阶段　　B. 物流停滞阶段　　C. 物流转型阶段　　D. 现代物流阶段

3. 现代物流的物流活动范围主要有(　　)。

A. 国际物流　　B. 区域物流　　C. 城市物流　　D. 企业物流

4. 物流系统的基本功能主要有(　　)。

A. 配送　　B. 包装　　C. 装卸　　D. 物流信息

5. 物流网络构造由的组成部分是(　　)。

A. 线路　　B. 配送　　C. 结点　　D. 运输

三、简答题

1. 如何理解物流概念的内涵？

2. 什么是商流？描述商流和物流的关系？

3. 说明一下物流的基本构成要素。

4. 物流结点的主要功能有哪些？

5 如何理解物流标准化？

情境 2　物流活动构成

学习目标

知识目标：通过本情境的学习，了解物流功能要素的基本内容，理解运输、保管储存、包装、装卸、流通加工、物流信息等要素的基本工作任务、工作流程等；理解各个工作任务之间的有机联系及协调关系；知道各个工作任务所涵盖的内容及在具体物流实践中如何应用等。

技术目标：了解物流基本活动的工作任务内容。学会包装、装卸搬运、流通加工、保管与储存、运输与配送、物流信息相关工作任务内容及工作流程。

能力目标：能够掌握物流活动构成的工作任务，具备将所学到的知识进行物流活动实务初步操作的能力。

任务 2.1　物流活动的工作流程

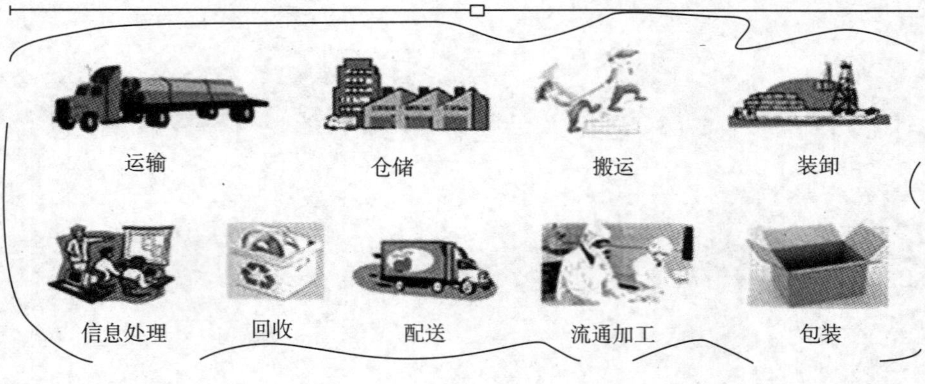

任务 2.2　包　装

2.2.1　任务导入

说起可口可乐的玻璃瓶包装，至今仍为人们所称道。1898 年鲁特玻璃公司一位年轻的工人亚历山大·山姆森在同女友约会中，发现女友穿着一套筒形连衣裙，显得臀部突出，腰部和腿部纤细，非常好看。

约会结束后，他突发灵感，根据女友穿着这套裙子的形象设计出一个玻璃瓶。经过反复的修改，亚历山大·山姆森不仅将瓶子设计得非常美观，很像一位亭亭玉立的少女，他还把瓶子的容量设计成刚好装一杯水的大小。瓶子试制出来之后，获得大众交口称赞。当时，可口可乐的坎德勒在市场上看到了亚历山大·山姆森设计的玻璃瓶后，认为非常适合作为可口可乐的包装。于是他主动向亚历山大·山姆森提出购买这个瓶子的专利。可口可乐以600万美元的天价买下此专利。

采用亚历山大·山姆森设计的玻璃瓶作为可口可乐的包装以后，可口可乐的销量飞速增长，在两年的时间内，销量翻了一倍。从此采用山姆森玻璃瓶作为包装的可口可乐开始畅销美国，并迅速风靡世界。600万美元的投资，为可口可乐带来了数以亿计的回报。

问题：

1. 改变包装给可口可乐带来了市场变化吗？
2. 描述改变你消费习惯的产品包装。

2.2.2　工作任务　包装

1. 包装工作的内容

我国的国家标准《物流术语》对包装作的定义是：包装是指为在流通过程中保护产品、方便储运、促进销售，按一定技术方法而采用的容器、材料及辅助物等的总体名称；也指为了达到上述目的在采用容器、材料和辅助物的过程中施加一定技术方法等的操作活动。

2. 包装的功能

(1)保护物品的功能

防止物品在运输、装卸中受到冲击、震动、压缩、摩擦等外力损害；防止物品在运输尤其是在保管过程中发生受潮、发霉、生锈、变质等化学变化；防止有害生物对物品的破坏。

(2)单位集中的功能

在物流过程中，商品包装的单元化问题显得至关重要。商品的搬运单位大，可以发挥机械的效能，提高工作效率，从而做到搬运方便，灵活性好；负载大小的均匀，有利于实现作业标准化，避免物品在搬运作业中受到损伤。

(3)促进销售的功能

包装具有美化、宣传产品的作用。良好的包装往往能引起消费者的注目，激发购买欲望。

(4)便利功能

便利功能是指包装的商品便于实施运输、搬动或保管等物流作业，便于生产废弃物的处理。

3. 包装的类型

(1)工业包装(运输包装或外包装)

工业包装基于运输的目的，起着保护商品、方便运输、方便装卸搬运及储存的作用，根据需要对包装容器有缓冲、防震、固定、保温、防水的技术措施的要求，例如集合包装、箱装、桶装、袋装、罐装和坛装等。

(2)单个包装(销售包装或小包装)

单个包装是物品送到使用者手中的最小单位，直接与商品接触，在生产中与商品配成一个整体，并且印有作为商品的标记或说明等信息资料。单个包装以销售为目的，一般随同商品销售给顾客。单个包装起直接保护、美化、宣传商品和促进商品销售的作用。

(3)商业包装(中包装)

中包装是介于单个包装与外包装之间的中间包装。中包装起着进一步保护商品及单个包装、方便使用和销售、方便商品分拨、便于销售时点数和计量、方便包装组合等作用。

4. 包装材料与包装容器

(1)包装材料

① 纸和纸板 纸和纸板是支柱性的包装材料,应用范围十分广泛。定量在 $250g/m^2$ 以下或厚度在 0.1 mm 以下称为纸,在此以上的称为纸板。由于纸无法形成固定形状的容器,常用来做裹包衬垫和口袋,而纸板常用来制成各种包装容器。

② 塑料 塑料是一类多性能、多品种的合成材料,具有物理性能优越、化学稳定性好、轻便、易加工成型的特点。但塑料作为包装材料强度不如钢铁,耐热性不如玻璃,易老化,易产生静电。

③ 木质材料 木质材料是传统的运输包装的材料,包括天然木材和人造板材,具有特殊的耐压、耐冲击性能,加工方便,是大型和重型商品运输包装的重要材料。人造板材有胶合板和纤维板两种。

④ 金属材料 金属材料牢固结实,密封性、阻隔性好,延展性强,易加工成型;金属表面有特殊的光泽,便于进行表面装潢。但金属材料成本高,生产能耗大,化学稳定性差,易锈蚀,所以金属材料包装的应用受到限制。

⑤ 玻璃 玻璃是以硅酸盐为主要成分的无机性材料,其特点是透明、清洁、美观,有良好的机械性能和化学稳定性,价格便宜,可多次周转使用。但玻璃耐冲击性低,自身质量大,运输成本高。

⑥ 复合包装材料 复合包装材料是将两种或两种以上的材料紧密复合在一起而制成的包装材料,如塑料与纸、塑料与铝箔等。它使包装材料具有更加良好的机械性能、气密性、防水、防油、耐热或耐寒性,是现代包装材料的一个发展方向,特别适用于休闲食品、复杂调味品、冷冻食品等食品商品的包装。

(2)包装容器

包装容器是包装材料和造型结合的产物。常用的运输包装容器有包装袋、包装盒、包装箱、包装瓶、包装罐五大类。

5. 包装标准化

商品包装标准化是针对商品包装的质量和有关包装质量的各个方面,由一定的权威所发布的统一规定。这种包装标准一经正式颁布,就具有了权威性和法律性。一般来说,这些商品的包装标准的制定都是根据当前包装科学的理论与实践,通过权衡商品流通的整个过程,经过有关部门的充分协商和讨论,对包装的材料、尺寸、规格、造型、容量以及标志等所制定的技术性法规。所谓商品包装的标准化就是制定、贯彻和修改商品包装标准的整个过程。

商品包装标准化对于现代企业具有重要的意义。通过商品包装的标准化,可以大大减少包装的规格型号,从而提高包装的生产效率,便于商品的识别与计量。商品包装的标准化可以提高包装的质量,节省包装的材料,节省流通费用,而且也便于专用运输设备的的应用,使商品包装能够定型化、规格化、系列化和最优化,从而通过实践推动商品包装标准的进一步完善。

6. 包装材料与包装容器应用实例

(1)包装材料应用实例一

卡板箱是一体式卡板箱,又称托盘箱,是以底部托盘加上部箱体而成。其材料分类为塑料、木料和金属材料等,结构分类为一体式样、组合式样和折叠型式样。

(2)包装材料应用实例二

钢带木箱具有连接可靠、外形美观、可重复使用、轻量化、便于装卸等一系列优点,在国外被广泛使用,常用于出口产品的包装。将其折叠后储运,极大地降低了运输成本。钢带木箱较适合用于包装重量在两吨以下的工件。

(3)包装材料应用实例三

① 真空铝箔包装的应用

真空包装也称减压包装，是将包装容器内的空气全部抽出密封，使得容器内处于高度减压状态，空气稀少相当于低氧效果，微生物没有生存条件，因而无病腐现象发生。

铝箔具有银白色光泽，直接在铝箔上印刷透明油墨，可以有特有金属光泽。铝箔有良好的遮光性、阻气性、阻湿性，有良好的导热性、电磁屏蔽性。其中最为突出的是铝箔的阻隔性能，在铝箔厚度足够的前提下，可以完全阻隔气体和水分。

所谓真空镀铝是指在高真空度下，铝一旦液化立即汽化，然后将其冷却堆积在塑料薄膜表面，形成一层具有良好的金属光泽、厚度约为 300～600 埃的镀铝层。

② PP 打包带包装技术的应用

PP 打包带，学名聚丙烯，是常见塑料中较轻的一种，PP 打包带的主要材料是聚丙烯拉丝树脂，因其具有可塑性好、断裂拉力强、耐弯曲、比重轻、使用方便等优点，被加工成的捆扎带已在各领域中广泛应用。

7. 包装技术及其应用

(1)包装技法

包装作业时采用的技术和方法简称包装技法。一般包装技法的要求如下：

① 对包装容器内装物的合理置放、固定和加固，其目的是缩小体积、节省材料、减少损失。

②对松泡产品进行压缩体积，比较有效的方法是真空包装。

③ 合理选择外包装形状和尺寸，要避免过高、过扁、过大、过重等。

④ 合理选择内包装(盒)形状尺寸，要与包装模数吻合。

⑤ 包装物外部的捆扎是将单个物件或数个物件捆紧，以便于运输、储存和装卸。

(2)包装技术类型

① 防震保护技术　防震包装又称缓冲包装，它是为减缓内装物受到冲击和震动、保护其免受损坏所采取的具有一定防护措施的包装，分为全面防震包装方法、部分防震包装方法和悬浮式防震包装方法。

② 防破损保护技术　可以使用的技术有：捆扎及裹紧技术、集装技术、选择高强保护材料和缓冲包装。

③ 防锈包装技术　常用的技术有防锈油防锈蚀包装技术和气相防锈包装技术。

④ 防霉腐包装技术　冷冻包装、真空包装和高温灭菌方法是最常用的防霉包装技术。

⑤ 防虫包装技术　防虫包装技术，常用的是驱虫剂，即在包装容器中放入有一定毒性和臭味的药物，利用药物在包装容器中挥发气体杀灭和驱除各种害虫。也可采用真空包装、充气包装、脱氧包装等技术，使害虫无生存环境，从而防治虫害。

⑥ 危险品包装技术　对危险品进行包装时需要在包装盒上注明危险品种类，如有毒物品、放射性物品等。对有腐蚀性的商品，要注意商品和包装容器的材质发生化学变化。

2.2.3　任务处理

任务处理见表 2-2-1 所列。

表 2-2-1 任务安排

任务内容	观看物流包装小电影
任务目标	了解国内外物流包装的方式、包装的技术、包装材料的应用,加深学生对包装知识的认知。
任务安排	认知家电、服装等包装材料、包装方式、包装标准化的应用。
活动考核	1. 在班级组织一次以小组为单位的讨论。 2. 教师根据学生在交流与讨论中的表现给予评分。

2.2.4 任务评估

表 2-2-2 任务评估

交流 1	记录各小组陈述		
交流人: 交流内容:			
评估 2 指导教师的分析及综合意见记录			
基本概念	技能掌握	语言描述	综合得分

任务 2.3 装卸搬运

2.3.1 任务导入

青岛港集装箱装卸

青岛港,前湾三期集装箱码头"地中海伊凡娜"安静地停泊在青岛港前湾三期码头 81 号泊位,这条长 363.57 米的超级大货轮,吃水 15.6 米,载重逾 13 万吨,可搭载 11 660 个标准集装箱。目前,青岛港与世界上 130 多个国家和地区的 450 多个港口有贸易往来,大量的货轮从各个国家和地区来到这里,又前往世界各地。

系缆工将直径 10 余厘米的粗缆,合力套在码头粗大的铁桩上,等待卸货,一辆辆拖车陆续开了过来,各装上一个集装箱,有序离开。港口有配套的物流设施,会将货物短时间内分运到全国各地。

货轮都是各公司租赁的,青岛港集装箱装卸承诺,10 小时完船保班,从轮船靠岸到装卸集装箱后离港,青岛港是世界上唯一一个承诺能在 10 小时内完成的港口。这个承诺的背后,是青岛港工作"一吊准"、"无声响操作"等先进桥吊技术的支撑,青岛港集装箱装卸效率、铁矿石卸船效率世界第一。

不远处的一个泊位上,一艘写着"COSCO"的货轮正在靠岸,寻找合适的停泊位置,然后驰向世界各地。

问题：

1. 先进的装卸搬运技术为青岛港的发展注入哪些活力？

2. 如何理解装卸搬运技术对物流效率提高的重要性？

2.3.2　工作任务　装卸工作内容

1. 装卸

装卸是在同一地域(地点)范围内(如工厂、车站、机场、码头、货场、仓库内部等)，以改变“物”的存放地点或支承状态为目的的活动。装卸的工作内容：货物在指定地点以人力或机械装入运输设备或卸下。

2. 搬运

以改变“物”的空间位置(通常指短距离)为目的的活动。搬运的工作内容：搬运是在同一场所内对货物进行水平移动为主的物流作业。

3. 装卸搬运的构成

①堆码拆垛作业；②分拣配货作业；③搬送移送作业。

4. 装卸搬运的方法

装卸搬运的方法分为单件作业法、托盘作业法、重力法、集装箱作业法、货捆作业法、网袋作业法、挂车作业法、倾翻法、机械法、气力输送法和框架作业法等十多种，见表 2－3－1 所列。

表 2－3－1　各种装卸作业方法

作业名		说明
堆垛拆垛作业	堆放作业	把货物从预先放置的场所，移动到卡车之类的货物装运设备或仓库之类的固定设备的指定位置，再按要求的位置和形态放置货物的作业
	拆垛作业	堆放作业的逆作业
	高垛作业	主要是指在仓库等固定设施的入库作业中堆垛高度在 2 米以上的作业，这样的堆垛状态叫高垛堆垛、拆垛作业
	高垛取货作业	高垛作业的逆作业
分拣配货作业	分拣作业	在堆垛、拆垛作业的前后或在配货作业之前发生的作业，把货物按品种、出入先后、货物分类(分拣分类)，再分别放到规定位置的作业
	配货作业	向卡车等输送设备装货作业前和从仓库等保管设施出库装卸前发生的作业，把货物从所定的位置，按品种、下一步作业种类、发货对象分类(配货分类)所进行的拆垛、堆放作业。这一作业又分成把分拣作业拣出的货物，按规定的配货分类集中起来的作业(选取方式或挑选方式)和以一定批量移动到一端的分拣场所，分别送到指定位置的作业(选种方式或分拣方式)两类
搬运移送作业	搬运作业	为了进行上述作业而发生的、以进行这些作业为主要目的的移动作业。搬运包括水平、垂直、斜行搬运以及几种组合的搬运
	移送作业	在搬送作业中，从设备、距离、成本等方面衡量，移动作业的比重较高

5. 装卸搬运合理化原则

①防止无效搬运；②提高装卸搬运的连续性；③提高搬运活性；④集装单元化；⑤机械化；⑥利用重力；⑦系统化。

为提高搬运活性，应当把待运物品整理归堆，或者包装成单件放在托盘上，或者装在车上，或者放在输送机上。

6. 搬运活性

物料或货物平时存放的状态是各式各样的，可能是散放在地上的，也可能是装箱放在地上，或放在托盘上等。由于存放的状态不同，物料的搬运难易程度也不一样。人们把物料和货物的存放状态对装卸搬运作业的难易程度称为搬运活性。

搬运活性指数是用来表示各种状态下的物品的搬运难度。活性指数共分 0～4 共 5 个等级(见表 2-3-2)。

表 2-3-2 活性的区分和活性指数

搬运活性指数	物品状态	作业说明	作业种类			
			集中	搬起	升起	运走
0	散落在地上	集中、搬起、升起、运走	要	要	要	要
1	集装箱中	搬起、升起、运走	否	要	要	要
2	托盘上	升起、运走	否	否	要	要
3	车中	运走	否	否	否	要
4	运动着的物品	不要	否	否	否	否

0 级：散乱堆放在地面上的货物；

1 级：包装好或捆扎好放置于地面上的货物；

2 级：放于集装箱或托盘内，或已组合成捆、进行预垫或预挂便于搬运机械操作的货物；

3 级：放于搬运车、台车或其他可移动挂车上的货物。

4 级：预置在动力车辆或传送带上，即刻进入运动状态或已处于运动状态中的货物。

由于搬运是在物流过程中反复进行的，因而其速度可能决定整个物流速度，每次搬运时间的缩短，多次搬运的累计效果则十分可观。因此，提高搬运的灵活性对合理化搬运是很重要的因素。

7. 装卸搬运设备的分类

装卸搬运设备可按主要用途分类、按装卸搬运货物的种类分类以及按作业性质分类。

① 按用途分类，主要有起重机械，是指那些升降货物(或人)的机械设备的总称；

② 按动作多少分为单动作和复杂动作；

③ 按其结构、性能分为轻小型起重设备、桥式起重机、臂架起重机及升降机。

8. 装卸搬运作业方式

装卸搬运作业方式的分类也多种多样：

① 以物流设施、设备为对象进行装卸搬运的作业方式可以分为仓库装卸、铁路装卸、港口装卸、汽车装卸。

② 按运动方向和作业性质装卸搬运的作业方式可分为“吊上吊下”方式、“叉上叉下”方式、“滚上滚下”方式、“移上移下”方式和“散装散卸”方式。

③ 按连续性和移动性划分的装卸搬运作业方式可分为连续装卸与间歇装卸。

连续装卸：同种大批量散装或小件杂货通过连续输送机械，连续不断地进行作业，中间无停顿，货间无间隔。在装卸量较大、装卸对象固定、货物对象不易形成大包装的情况下适合采取这一方式。

间歇装卸：有较强的机动性，装卸地点可在较大范围内变动，主要适用于货流不固定的各种货物，尤其适用于包装货物、大件货物，散粒货物也可采取此种方式。

2.3.3　工作任务　装卸搬运作业应用

1. 散装货物装卸搬运作业

散装物料由于其零散性，一般使用泵、铲、传送带等或利用物体重力进行装卸。为了进一步销售和运输，必须确定在物流系统的某一环节将散装材料装入较小的容器内，其中包括泥浆喷射系统和干散货物的装卸系统。

2. 散装货物的装卸搬运机械

(1)谷物的装卸搬运

散装粮食主要采用汽车、火车、船舶运送。散运汽车类型多样。

(2)煤炭的装卸搬运

来自煤矿坑口的原煤运出后经过洗选加工过程生成成品煤，然后通过各种运输方式(主要指铁路运输、水路运输和公路运输以及管道运输)流向用户。

3. 特种货物的装卸搬运作业

(1)特种货物的装卸搬运作业具体内容包括危险货物、长大货物、鲜活货物和贵重货物的装卸搬运作业等。

(2)特种货物物流的特点包括：①货物本身的特殊性；②载运工具的专用性；③储运过程的安全性；④监控过程的完整性；⑤人员素质的综合性。

(3)超长、超限、集重货物装卸与搬运：所谓重大件指的是超过 150 吨的设备。航空运输中超重货物一般是指每件超过 150 千克的货物。根据不同的物件选择不同的设备。

4. 危险货物装卸搬运

危险货物是指具有爆炸、易燃、毒害、腐蚀、放射性等特性，在水路运输、港口装卸和储存等过程中，容易造成人身伤亡和财产毁损而需要特别防护的货物。

5. 贵重货物装卸搬运

贵重货物包括黄金、钻石、法定银行钞票以及毛重每千克超过(或等于)1 000 美元的任何货物等。贵重物品的装卸运输需严格遵守有关规定，如有需要，可让武警和保安武装押送。

6. 鲜活易腐货物装卸搬运

鲜活易腐货物是指在一般运输条件下易于死亡或变质腐烂的货物，如虾蟹类、肉类、花卉、水果和蔬菜等，运输途中可采用特别措施以保证其质量，如冷藏、保温等。

2.3.4　任务处理

任务处理如表 2-3-3 所列。

表 2-3-3 任务安排

任务内容	观看物流公司的装卸搬运活动
任务目标	了解传统装卸搬运的操作,现代化的装卸搬运的设备及应用,以加深学生对装卸搬运重要性的认知。
任务安排	认知传统装卸搬运与现代装卸搬运操作的效率区别。
活动考核	1. 在班级组织一次以小组为单位的讨论。 2. 教师根据学生在交流与讨论中的表现给予评分。

2.3.5 任务评估

表 2-3-4 任务评估

交流 1	记录各小组陈述		
交流人: 交流内容:			
评估 2 指导教师的分析及综合意见记录			
基本概念	技能掌握	语言描述	综合得分

任务 2.4 运 输

2.4.1 任务导入

海尔集团的运输策略

中国著名的海尔集团自 1999 年开始进行以"市场链"为纽带的业务流程再造,以订单信息流为中心,带动物流、商流、资金流的运作。海尔集团一手抓住用户的需求,一手抓住可以满足用户需求的全球供应链,这两种能力的结合,就形成海尔集团的企业核心竞争力,使其成为中国最具价值的品牌。而这一切的基础之一正是海尔集团构建起的运输网络。

问题:

1. 利用网络资料,了解海尔集团的运输体系的特点。
2. 科学的运输网络,为什么能形成企业的核心竞争力?

2.4.2 工作任务 运输

1. 运输

(1)运输的工作内容

运输是用设备和工具,将物品从一地点向另一地点运送的物流活动(我国国家标准《物流术语》)。

运输流程:接受订单—订单确认—拣货—装车—运输—卸货。

狭义的运输是在不同地点之间、以改变“物”的空间位置为目的的活动，是对“物”进行空间位移。相比于搬运，运输过程中物体发生的位移相对更大。

广义的运输经营活动还包括货物集散、装卸搬运、中转仓储、干线运输、配送等一系列操作。这一系列过程中可利用对运输网络的规划与管理来降低成本，提高利润，因而运输成了受到企业重视的第三利润源。

(2)运输的作用

运输的成本占物流总成本的 35%至 50%左右，所以运输成本的减少对物流总成本的节约具有举足轻重的作用。

① 运输是物流系统功能的核心

物流系统具有创造物品的空间效用、时间效用、形式效用三大效用。时间效用主要由仓储活动来实现，形式效用由流通加工业务来实现，而空间效用正是通过运输来实现。

② 运输费用在物流费用中占的比重大

在物流过程中，直接费用主要来自于运输费、保管费、包装费、装卸搬运费和物流过程中的损耗。其中运输费用所占的比重最大，所以对运输的优化是降低物流费用、提高物流速度、发挥物流系统整体功能的中心环节。

③ 运输合理化是物流系统合理化的关键

物流合理化是指在各物流子系统合理化的基础上形成的最优物流系统的总体功能。即系统以尽可能低的成本创造更多的空间效用、时间效用、形质效用。而运输是各功能的基础与核心，直接影响着物流子系统，所以只有运输合理化，才能使物流结构更加合理，总体功能更优。

2. 运输的基本方式及特点

货物运输方式主要有六大种类：铁路货物运输、公路货物运输、水路货物运输、航空货物运输、管道运输和电子运输。

(1)铁路货物运输

铁路货物运输是在相对固定的列车线路上利用铁路设施、设备运送货物的一种运输方式。它可以承担长距离、大数量的货运，是在干线运输中起主力运输作用的运输形式。

① 铁路运输的货物一般是距离长、运输速度慢的原材料。钢、煤、木、油四大类能源和原材料物资就占铁路货运总量的 3/4，特别是煤炭运输，占铁路货运量的 40%以上。

② 铁路也承担着价值低的制成品的运输，且较多地运输至少一整车皮的批量货物。

③ 铁路服务还向托运人提供从散货运输到需要特殊设备的冷冻产品和新汽车的运输。

④ 铁路是港口集疏运系统的骨干，可深入内陆广大腹地，而且具有运量大、速度快、全天候、成本低等优势，与港口吞吐的大宗散货、集装箱等主要货类相匹配。

⑤ 铁路运输还提供其他运输服务，如保证一定时间内运到的快递服务、各种中途装卸服务、上门取货和送货服务、变更卸货地和再托运服务等。

(2)铁路货物运输的应用

根据发货人托运的货物数量、性质、体积、状态等条件，铁路货物运输办理种别，可以分为整车、零担和大吨位集装箱运输。

整车运输是托运一批次货物至少占用一节货车车皮的铁路运输。

零担运输是一张货物运单(一批)托运的货物重量或容积不够装一节货车车皮的货物运输。

铁路集装箱运输是使用集装箱装载货物、然后通过一种或几种交通运输工具的联合进行货物运输的一种先进运输方式。

根据物流企业提供的服务方式(以远成集团公司为例),有五定班列、行李车、集装箱运输、行包快运、特快行邮等。

① 五定班列　是国家铁道部推出的新型快运方式,目前主要采用 P62 型(该车内部长为 15.49 米,宽为 2.82 米,高为 2.76 米,车门宽为 3 米,高为 2.6 米),车皮的核定载重为 60 吨,装载容积 120 立方,主要用于大宗货物的远途运输。五定班列的"五定"是指定时、定点、定线、定价、定车次。定时指班列运行时间固定;定点是指班列装车和卸车的站点固定;定线是指班列全程运输线路固定;定价是指班列全程运输价格固定;定车次是指班列车次固定。(图 2-4-1)

② 集装箱运输　是为客户提供铁路集装箱运输服务(见图 2-4-2 和表 2-4-1)。整箱、拼箱、集装箱租赁是提供短期、长期、灵活的集装箱租赁服务。集装箱服务有以下特色:

安全保障:全封闭运输、货物以箱为单位进行搬移;

门到门:充分照顾买卖双方的交易安全、快捷,减少中间人,责任界定清晰;

装卸效率高:标准化的装卸效率提高;

快速:形成班列后的快速服务;

货损货差少:搬运过程不直接接触货物;

包装成本低:箱体对货物的保护,可以减少包装成本;

国际多式联运:运输过程海陆一体,可更好地为经济全球化服务。

图 2-4-1　五定班列

图 2-4-2　集装箱

表 2-4-1　集装箱参数

类型	容积	载重 t	车体(长×宽×高)m	车门(宽×高)m
干货箱	20 英尺	21	5.925　2.34　2.379	2.286　2.276
	40 英尺	27	12.043　2.34　2.379	2.286　2.276
时速	5 日到达目的站/日行最少 600km			
货物要求	以不超过集装箱的内壁尺寸为宜,不能超重			

③ 铁路行李车　是提供国内城际的行李、包裹、邮件的铁路运输服务(见图 2-4-3)。铁路行李车的线路贯通全国主要城市。其服务特点是:依托于旅客列车为载体的运输工具;准时、准点、安全、快捷;适合高附加值的零担货物的快速运输。

④ 行包快运　利用铁路行包的高时效、高安全性为客户提供快捷、安全、方便、优质的物流服务,是最有效的物流业务模式之一(见图 2-4-4 和表 2-4-2)。

其服务特色是:最大载重量为 40 吨;最大装载容积 135 立方米;运行速度为 80—120 千米/小时;具有长距离、大批量、多批次、全天候的服务优势;安全、环保。

图 2-4-3　行包车

图 2-4-4　行包车

表 2-4-2　行包车参数

类型	容积	载重 t	车体(长×宽×高)m	车门(宽×高)m
棚车	135 m^3	40	15.4　2.8　3.1	2.8　2.5
时速	80/120 km/小时			
货物要求	单件货物不得超过 1 吨、2 立方米、5 米长。			

⑤ 特快行邮　特快行邮专列属于中国最快的铁路货运列车，时速每小时达 160 千米，按直达特快客运列车等级运行(见图 2-4-5 和表 2-4-3)。主要为高附加值产品提供直达快运服务，为客户提高产品生命周期及加快资金流运转，为客户创造价值。其服务特色是：快捷、安全、准时，基地化管理模式；具有长距离、大批量、全天候服务优势。

图 2-4-5　行邮火车

表 2-4-3　行邮车参数

类型	容积 m^3	载重 t	车体(长×宽×高)m	车门(宽×高)m
棚车	160	23	26.6　2.4　2.4	2.1　1.9
冷藏车	115	15	26.6　2.4　2.4	2.1　1.76
时速	160 km/小时			
货物要求	单件货物不超过 300 千克、4 立方米、单边不超过 5 米			

(3)公路货物运输

① 公路货物运输的工作内容

公路货物运输是主要使用汽车、也使用其他车辆(如人、畜力车)在公路上进行客货运输的一种方式。其灵活性很强,主要承担近距离、小批量的货运以及水运、铁路货物运输难以到达地区的长途大批量货运。

② 公路货物运输的作用

公路货物运输具有以下作用:

a. 公路货物运输满足于短途运输的需要。它可以将两种或多种运输方式衔接起来,实现多种运输方式联合运输,做到货物运输的"门到门"服务。

b. 公路运输在综合运输体系中发挥着"微血管"和"大动脉"的双重作用。公路运输具有覆盖广、通达深的优势,其触角可延伸至社会各个角落,恰似综合运输体系中的"微血管"。通过高速公路,公路运输还担负起城市间、区域间的大规模直达运输,形成新的运输"大动脉"。

③ 公路运输的应用

在市场经济条件下,公路运输的组织形式一般有以下几种类别。

a. 自营运输:工厂、企业、机关自置汽车,专为运送自己的物资和产品,一般不对外营业。

b. 契约运输:按照承托双方签订的运输契约运送货物。

c. 公共运输:运输商专业经营汽车货物运输业务并以整个社会为服务对象。

d. 汽车货运代理:企业本身既不掌握货源也不掌握运输工具,他们以中间人的身份一面向货主揽货,一面向运输公司托运,借此收取手续费用和佣金。

物流企业推出的个性公路运输业务(以德邦物流公司为例),大力发展汽运服务,充分运用各式运输车辆为客户提供全方位、灵活的干线运输服务。为区域性连锁、门到门、特殊性、专业性客户提供联动服务。

一是精准卡航,限时送达:快速、安全、实惠,网络通达全国 180 多个城市。

二是精准城运,准点送达。全国各地大力铺开,实现全面贯通,连接全国重要的物流结点城市,形成覆盖全国公路网络的态势,实现珠三角、长三角、京津唐三大经济圈和山东、辽宁、川渝区域城市之间快速送达,准点到达,准点派送。

三是精准汽运,无处不达。网络横贯东西,纵穿南北,遍布全中国;每日准点发车,专线通达全国。

(4)水路货物运输

① 水路货物运输的工作内容

水路运输是指利用船舶、排筏和其他浮运工具,在江、河、湖泊、人工水道以及海洋上运送旅客和货物的一种运输方式。水运主要承担大数量、长距离的运输,是在干线运输中起主力作用的运输形式。在内河及沿海,水运也常作为小型运输工具使用,担任补充及衔接大批量干线运输的任务。

② 水路运输的作用

水路运输具有以下作用:

a. 水运的基础为江河湖海等"天然航道",投资少、能耗省、条件便利、通航能力限制小。以内河运输为例,其成本仅为公路运输的 1/3。

b. 在开展国际贸易中具有不可替代的位置,从古至今都是沿海国家经济往来的主要载体。

③ 水路运输的方式

水路运输主要有以下几种方式:

a. 近海运输　是使用船舶通过大陆邻近国家海上航道运送客货的一种运输形式，视航程可使用中型船舶，也可使用小型船舶。

b. 远洋运输　是使用船舶跨大洋的长途运输形式，主要依靠运量大的大型船舶。目前远洋运输主要以集装箱船舶运输、大型散货船运输和大型油轮运输为主。

c. 内河运输　是使用船舶在陆地内的江、河、湖、川等水道进行运输的一种方式，主要使用中小型船舶。内河运输常见的运输形式主要有拖船运输和单船运输。

(5)航空货物运输

① 航空货物运输的工作内容

航空运输是使用飞机或其他航空器进行运输的一种形式。航空运输最大的优势是速度快，在国内长途旅客运输和国际旅客运输中担任重要角色。航空也适合承担运量较少、距离大、对时间要求紧、运费负担能力较强的任务。

② 航空运输的作用

a. 航空货物运输比其他运输方式更快，可以使进出口货物能够抢行市，卖出好价钱，增强商品的竞争能力。

b. 航空货物运输适合于鲜活易腐和季节性强的商品运输，既可保鲜成活，又有利于开辟远距离的市场，这是其他运输方式无法相比的。

c. 航空运输是国际多式联运的重要组成部分。为了充分发挥航空运输的特长，在不能以航空运输直达的地方，也可以采用联合运输的方式，如常用的陆空联运、海空联运、陆空陆联运，甚至陆海空联运等，与其他运输方式配合，使各种运输方式各显其长，相得益彰。

③ 航空货物运输方式

航空运输有以下几种方式：

a. 班机运输方式。班机是指定期开航、定航线、定始发站、定目的港、定途经站的飞机。

b. 包机运输方式。包机运输可分为整架包机和部分包机两种。整架包机是将整架飞机租给租机人、从一个或几个航空站装运货物至指定目的地的运输方式；部分包机是指几家航空货运代理公司(或发货人)联合包租一架飞机。

c. 集中托运方式　集中托运方式是指航空货运代理公司把若干批单独发运的货物组成一整批，向航空公司办理托运，采用一份总运单集中发运到同一到站，或者运到某一预定的到站，由航空货运代理公司在目的地指定的代理收货，然后再报关并分拨给各实际收货人的运输方式。

d. 联合运输方式　联合运输方式是包括空运在内的两种以上运输方式的联合运输。具体的做法有陆空联运、陆空陆联运等。

e. 航空快件传送　航空快件传送是目前国际航空运输中最快捷的运输方式。它是派专人以最快的速度在货主、机场、用户之间运输和交接货物。

(6)管道货物运输

① 管道运输的工作内容

管道运输是利用管道输送气体、液体和粉状固体的一种运输方式。其运输形式是靠物体在管道内顺着压力方向循序移动实现的。管道运输的优点有：其一，低噪音、低维护；其二，结构紧凑、无活动件、体积小；其三，配置标准管件，安装方便。

现代管道运输始于19世纪中叶，1865年美国宾夕法尼亚州建成第一条原油输送管道。然而它的进一步发展则是从20世纪开始的。随着第二次世界大战后石油工业的发展，管道的建设进入了一个新的阶段，各产油国竞相开始兴建大量石油及油气管道。20世纪60年代开始，输油

管道的发展趋于采用大管径、长距离，并逐渐建成成品油输送的管网系统。同时，开始了用管道输送煤浆的尝试

② 管道运输的作用

管道运输不仅运输量大、连续、迅速、经济、安全、可靠、平稳以及投资少、占地少、费用低，并可实现自动控制。管道运输可省去水运或陆运的中转环节，缩短运输周期，降低运输成本，提高运输效率，而保护环境和运输量大是管道运输的主要优势。

③ 管道运输的应用

管道运输按货物性能可分为固体管道(固体粉碎后加水成浆状)、气体管道、液体管道。

按货物种类可分为原油管道、成品油管道、天然气管道、二氧化碳气管道、液化气管道、煤浆和其他矿浆管道等。

a. 原油管道　世界上的原油总运量中约有 85%～95%是用管道外运的。原油管道分为海底原油运输管道和陆上原油运输管道。

b. 成品油管道　可以是运送一种油品，也可以是运送多种油品，主要是由炼油厂通往化工厂、电厂、化肥厂、商业成品油库及其他用户。

c. 天然气管道　是输送气田天然气和油田伴生气的输气管道，由开采地或处理厂输送到城市配气中心，是陆地上大量运输天然气的唯一方式。

2.4.3 任务处理

任务处理如表 2-4-4 所列。

表 2-4-4 任务安排

任务内容	理解物流企业运输载体
任务目标	了解铁路运输载体的运行特点及适用性；了解公路运输载体类型及装载规则。加深学生对运输方式选择的认知。
任务安排	调查铁路、公路运输载体的特点及相关技术参数。
活动考核	1. 在班级组织一次以小组为单位的讨论。 2. 教师根据学生在交流与讨论中的表现给予评分。

2.4.4 任务评估

表 2-4-5 任务评估

交流 1	记录各小组陈述		
交流人： 交流内容：			
评估 2　指导教师的分析及综合意见记录			
基本概念	技能掌握	语言描述	综合得分

任务2.5　保管与储存控制

2.5.1　任务导入

好易仓:连锁私人仓储的生意有多大?

随着浑水公司的名声大噪,其创始人 Carson Block(卡森·布洛克)在中国的另一个公司——提供私人仓储服务(self storage)的 Love Box 生意也日益红火起来。

李薇(化名)之前一直为一个家传的木桶而心烦:既不能扔掉,放在家里又觉得碍眼。不过,她最近终于为这只木桶找到了"安身之处":租了一个文件柜大小的私人仓储空间,每月只需支付几十块钱的租金,就可以独自掌控这个空间了。

李薇所尝试的就是私人仓储服务。

上海好易仓储有限公司(以下简称"好易仓")是一个成立不久的新型公司,2011 年 9 月,其位于上海虬江路的第一家店正式开门迎客。

"涉足这个生意也是出于机缘巧合。"总经理顾珣珍说,一次在美国的经历让她很受启发。当时一个朋友使用了私人仓储服务,跟随朋友一块去存取物品的顾珣珍看到,一个老外也带着孩子,将电瓶车存进去,把冬天要用的被子取了出来,整个过程简单、自然。顾珣珍觉得,随着房价越来越高,上海这样的城市也应该有这种需求。

但在真正决定成立好易仓公司之前,顾珣珍及其相关团队花了近半年时间,分几路人马到欧美国家和我国的香港、台湾等地考察,"凡是 selfstorage 比较成熟的市场都去过了"。

顾珣珍并不讳言的是,他们起初在规格设计方面,参考了新加坡和我国香港等地的一些做法。目前,好易仓共提供十余种不同尺寸的空间,以及许多特殊规格的文件柜,用户可以根据实际需求,选择适合的尺寸;每个空间一个月起租,每月租金从 80 元到几百元不等。

除了房屋租金,设备购置是好易仓的主要成本。为确保耐用和防火,好易仓的设备全部用钢材打造,仓库内除了基本的烟雾报警器、温控喷头和消防灭火设备外,还设有自动排烟系统;另外,仓内还设有温湿度监控器,确保 24 小时恒温恒湿。

这样算下来,好易仓平均每家店的一次性投入约达 300 万元。所幸的是,好易仓有房产商背景股东的支持,顾珣珍认为,"公司自己投资持续到明年问题都不是太大",但要走向全国,就要引入更多的投资者。

好易仓希望以连锁经营的方式迅速成为全国同类企业中规模最大。目前,它已经在上海开了 3 家门店,仓位数量分别为 400、600 和 700 个,另外有 4 家门店也已经开工。其 2012 年的计划是,新增店铺 30—40 家;未来 5 年,好易仓将在全国布局 200 家门店。

好易仓团队的调研结果显示,英国和美国这种类型的市场,人均可享受的仓储服务的面积是 0.1 平方米,香港达到人均 0.16 平方米。顾珣珍认为:"上海最新统计的人口总量是 2 300 万,如果按人均 0.01 平方米计算,上海都能开 100 家。"在她看来,资金实力也是好易仓能够连锁经营的强有力后盾。

20 世纪 60 年代,美国就诞生了第一家私人仓储商。2011 年的一项调查显示,美国私人仓储公司有 56 000 家,澳大利亚有 1 000 多家,英国也多达 800 多家,香港也有几十家。这个行业还涌现了几大上市公司,典型的有美国的 PublicStorage,英国的 Safestore、BigYellow 等。Google 财经显示,他们的最新市值分别为 214.58 亿美金、1.88 亿英镑和 3.33 亿英镑。

既然在国外已经相当成熟，私人仓储业为何至今才进入中国？顾珣珍认为，这与中国内地的消费观念及消费能力不无关系。

将 SelfStorage 引入中国，卡森·布洛克表示，“我们觉察到了中国的中高产阶层对私人仓储的需求喜忧参半”。

好易仓本以为会经历 1—2 年的培育期，但运行几个月下来，“效果超出预期”。

顾珣珍称，目前的几个店都位于交通方便且比较高档的小区周边，其中，约有 1/3 的用户是外国人以及有国外生活经历的人，而律师事务所、会计师事务所这样的机构客户也络绎不绝。

今后，除了增设普通仓，好易仓还准备开设专门的红酒仓、雪茄仓、文件仓等，并且进驻重庆、杭州、西安等上海以外的市场。

问题：

1. 私人仓储能提供什么服务？

2. 中国内地的消费能力能否支持这个行业的快速发展？

2.5.2 工作任务 仓储

1. 仓储的工作任务

仓储是物流的两大基本活动之一，“仓”即仓库，是存放、保管、储存货物的建筑物和场地的总称，具有存放和保护货物的功能；“储”即储存，表示将物品收存以备使用，具有收存、保护、管理、贮藏货物、交付使用的作用。“仓储”即利用仓库存放、储存和管理不即时使用的货物的行为。仓储具有静态和动态两种：

(1)静态仓储

当产品不能被及时消耗掉，需要专门场所存放时，产生了静态的仓储。

(2)动态仓储

将货物存入仓库并进行保管、控制以及提供使用等管理活动时，就成了动态的仓储。

2. 仓储在物流管理中的作用

物流过程需要经过众多的环节，其中仓储过程是最为重要的环节之一，也是必不可少的环节。仓储从传统的物质存储、流通中心，发展到成为物流的结点，作为物流管理的核心环节而存在并发挥着整体物流协调的作用，亦成为产品制造环节的延伸。具体来说，仓储在物流的实际操作中具有以下作用：

(1)运输整合

运输整合指通过多种货物配载、充分利用运输空间的一种运输方法。

(2)平衡生产

平衡生产是指通过仓储的时间调整来满足生产与销售的平衡需要。众多季节性的商品需要依靠仓储和仓储点的合理分布来保证可以向市场及时供货。常年销售的商品也是如此。

(3)存货控制

存货控制就是对仓储中的商品存量按市场规律进行控制。仓储存货控制包括存量控制、仓储点的安排、补充控制、出货安排等工作。

绝大多数情况下不可能实现零库存来减少库存花费，加速资金周转。所以如何对存货进行合理管理是物流管理的重要内容之一。

3. 仓库的工作内容

仓库是保管、存储物品的建筑物和场所的总称。这可以理解为用来存放货物包括商品、生产资料、工具和其他财产，以及对其数量和价值进行保管的场所或建筑物等设施，还包括用于防止减少或损伤货物而进行作业的土地或水面。

仓库的分类方法很多，从不同的角度可以有不同的分法，例如以仓库的用途分类、以保管货物的特性分类、以仓库的构造分类。下面以仓库的构造进行分类为例作进一步分析：

(1)单层仓库

单层仓库是最常见的、也是使用最广泛的一种仓库建筑类型。它具有以下特点：

① 设计简单，所需投资较少；

② 由于仓库只有一层，因此在仓库内搬运、装卸货物比较方便；

③ 各种附属设备(例如通风设备、供水、供电等)的安装、使用和维护都比较方便；

④ 由于只有一层，仓库的地面承压能力比较强。

(2)多层仓库

多层仓库一般占地面积较小，它一般建在人口稠密、土地使用价格较高的地区。由于是多层结构，因此货物一般是使用垂直输送设备来搬运货物。

多层仓库具有以下特点：

① 多层仓库适用于各种不同的使用要求，例如可以将办公室和库房分处两层，在整个仓库布局方面比较灵活；

② 分层结构将库房和其他部门自然地进行隔离，有利于库房的安全和防火；

③ 多层仓库作业需要的垂直运输重物的技术已经日趋成熟；

④ 多层仓库一般建在靠近市区的地方，因为它的占地面积较小，建筑成本可以控制在有效范围内。

(3)立体仓库

立体仓库又被称为高架仓库，它也是一种单层仓库，但同一般的单层仓库的不同在于它利用高层货架来储存货物，而不是简单地将货物堆积在库房地面上。在立体仓库中，由于货架一般比较高，所以货物的存取需要采用与之配套的机械化、自动化设备，一般在存取设备自动化程度较高时也将这样的仓库改造成为自动化仓库。

(4)筒仓

筒仓就是用于存放散装的小颗粒或粉末状货物的封闭式仓库，一般这种仓库被置于高架上，例如筒仓经常用来存储粮食、水泥和化肥等。

(5)露天堆场

露天堆场是用于在露天堆放货物的场所，一般堆放大宗原材料，或者不怕受潮的货物。

4. 仓储的基本作业内容

(1)物品入库

入库作业是在接到商品入库通知单后，经过一系列作业环节构成的工作过程(入库单式样见表 2-5-1)。

① 入库申请是存货人对仓储服务产生需求，并向仓储企业发出需求通知。仓储企业接到申请之后，对此项业务进行评估并结合仓储企业自身业务状况做出反应，可以接受或者拒绝。

② 入库作业计划是指仓库部门根据本部门和存货人等外部实际情况，权衡存货人的需求和仓库存储的可能性，通过科学的预测，提出在未来一定时期内仓库要达到的目标和实现目标的方法。

③ 入库准备是仓库部门根据拟订好的入库作业计划，合理安排好货位及苫垫材料、验收及装卸搬运器械以及人员和单证等，以便货物的入库。

表 2-5-1 商品入库单

交易商名称			库位代码		联系人		
联系电话			入库方式		预计入库日期		
拟交货仓库				数量( )		重量( )	
商品代码		商品品种		规格		牌号	
产地		品牌			品级		
出厂日期		生产厂家			执行标准		
声明							
备注					交易商单位:(公章)		

④ 接运装卸是指及时而又准确地从交通运输部门提取货物。在接运由承运人转运的货物时,必须进行认真检查,分清责任,取得必要的证件,避免将一些在运输过程中或运输前就已经损坏的货物带入仓库,造成验收中责任难分和在保管工作中的困难或损失。

⑤ 入库凭证是仓库接收货物准确入库的凭证。入库货物必须具备下列凭证:

a. 入库通知单和订货合同副本;

b. 供货单位提供的材质证明书、装箱单、磅码单和发货明细表等;

c. 货物承运单位提供的运单;

d. 核对凭证。

⑥ 物品检验是审核入库凭证中物实相符的过程,包括验收准备和实物检验两个作业环节。

⑦ 交接手续是指仓储对接收到的货物向送货人进行的确认,表示已经接受货物。办理完交接手续,意味着分清运输、送货部门和仓库的责任。

⑧ 入库信息处理是指把货物相关信息录入的过程,主要有登账、立卡、建档等三个环节。

⑨ 提货凭证是指根据合同的约定或者存货人的要求,向存货人签发仓单,并作为提货时的有效凭证;在存储期满,根据仓单的记载向仓单持有人交付物品,并承担仓单所明确的责任。

(2)物品养护

物品养护是指货物在储存过程中所进行的保养和维护。

当货物储存在仓库里时,它们会发生各种变化,有些是肉眼难以觉察的,当在一段时间之后我们意识到其变化时,货物已经受损。所以物品养护就成了储存过程中必不可少的步骤。

在认识和掌握各种在库货物的变化规律后,采取相应的组织管理和技术管理措施,有效地抑制外界因素的影响,创造适宜的环境,提供良好的条件,以求最大限度地避免和减少物品损失,降低保管损耗。

养护原则是“以防为主,防治结合”。要做到及早发现、及早治理,提高对变质货物处理的响应时间。既要防止因事故受损,也要防止自然环境对货物的影响,如潮湿、高温等环境引起货物的锈蚀和霉烂。

几种常见的物品保管技术有仓库温湿度控制法、仓储物资的霉腐防治法、金属物资的防锈除锈处理以及防止虫害等。

① 仓库温湿度控制法

温湿度是影响物品质量变化的主要因素。物品在储存保管期间,都要求有一个适宜的温湿度。如果仓库的温湿度超出了一定的限度,有些物品的性质就会发生变化。搞好仓库的温湿度管理与调节，是物品保管技术中的一项重要的内容。

控制与调节库房温湿度一般用的方法有：

a. 通风　根据大气自然流动的规律，有目的地组织库内外空气的对流与交换，以调节库内温湿度，净化库内空气，达到库内温湿度所要求的范围。

b. 密封　使用密封材料，尽可能将储存物资封闭起来，使之与周围大气隔绝，防止或减弱外界自然因素对物资的不良影响。

c. 除湿　是利用物理或化学方法、将空气中的水分除去、以降低空气湿度的一种方法。在物资仓库主要采用机械除湿和使用固体吸湿剂除湿。

② 储存物资的霉腐防治法

霉腐防治法基本原理是使微生物菌体蛋白凝固、沉淀、变性，或破坏酶系统使酶失去活性，而影响细胞呼吸和代谢；或改变细胞膜的通透性，使细胞体破裂。霉腐防治法主要包括控制自然条件防霉腐、化学方法防霉腐和物流方法防霉腐等。

③ 金属物资的防锈除锈

防止金属锈蚀是金属材料和金属制品保管的一项重要任务。产生这些锈蚀的根本原因，是化学锈蚀和电化学锈蚀，而且电化学锈蚀最为普遍，也最为严重。金属材料和金属制品的保养技术分为两大类：一类是除锈，另一类是防锈。

金属除锈可区分为人工除锈、机械除锈和化学除锈三种形式。

在仓储保管中能采取的防锈方法，主要有以下措施：

a. 防止金属表面形成水膜，特别要防止形成有电解液性质的水膜；

b. 按不同物品的物理化学性质，选择适合其保管条件的储存场所，加强通风降温；

c. 采取行之有效的防锈措施，如垛位的上遮下垫、封垛、除湿、降温等；

d. 采取涂油保护措施，根据不同金属制品的不同要求，选择适合金属材料和金属制品使用条件的防锈油，如硬膜防锈油、软膜防锈油等。

④ 虫害的防治法

针对仓库中出现的虫害、鼠害、蚁害，应采取有效的预防方法，如使用驱虫剂、灭鼠药、灭蚁药等或采用诱杀的方法，在虫害易出没的地方，放置诱饵或采用物理化学方法引诱虫害出动，集中消灭。

(3)物品盘点

物品盘点是检查账、卡、物是否相符，把握库存物数量和质量动态的手段。

① 物品盘点作业的目的：确定现存量，确认企业资产的损益，核实商品管理成效。

② 物品盘点作业的内容：查数量，查质量，查保管条件，查安全。

查保管条件：堆码是否合理稳固，库内温湿度是否符合要求，各类计量器具是否准确等。

查安全：各种安全措施和消防设备器材是否符合要求，建筑物和设备是否处于安全状态。

(4)物品出库

物品出库作业，是仓库根据业务部门或存货单位开出的货物出库凭证，按其所列货物编号、名称、规格、型号、数量等项目，组织货物出库等一系列工作作业的总称。出库作业的主要任务是：所发放的货物必须准确、及时、保质、保量地发给收货单位，包装必须完整、牢固，标记正确清楚，核对必须仔细。

① 物品出库的要求：

三不：未接单据不翻账；未经审单不备货，未经复核不出库。

三核:核对凭证,核对账卡,核对实物。

五查:品名检查,规格检查,包装检查,数量检查,重量检查。

a. 按程序作业,手续必须完备　物品出库必须按规定程序进行,领料单、仓单等提货凭证必须符合要求,物品出库时,必须有正式凭证,保管人员根据凭证所列品种和数量发货。

b.“先出”原则　在保证库存物品的价值和使用价值不变的前提下,坚持“先进先出”的原则。同时要做到有保管期限的先出,保管条件差的先出,容易变质的先出,近失效期的先出,包装简易的先出,回收复用的先出。

c. 做好发放准备　为使物品及时流通,合理使用,必须快速、及时、准确地发放。为此必须做好发放的各项准备工作。

d. 发货和记账要及时　保管员接到发货凭证后,应及时发货,不压票;物品发出后,应立即在物品保管账上核销,并保存好发料凭证,同时调整垛牌或料卡。

e. 保证安全　物品出库作业要注意安全操作,防止损坏包装和震坏、压坏、摔坏物品。同时,还要保证运输的安全,做到物品包装完整,捆扎牢固,标志清楚正确,性能不相互抵触和影响,保障物品质量安全。

f. 无差错　保管人员发货时,应按照发货凭证上列明的物品品名、产地、规格、型号、价格、数量、质量准确发货,当面点清数量和检验质量,确保出库物品数量准确、质量完好、包装牢固、标识正确、发运及时安全。

② 物品出库的形式分为送货、收货人自提、过户、取样、转仓等。

a. 送货　仓库根据货主预先送来的出库通知或出库请求,凭仓单通过发货作业,把应发物品交由运输部门送达收货人,这种发货形式通常称为送货制。仓库送货,要明确交接责任。

b. 收货人自提　这种发货形式是由收货人或其代理人持仓单直接到仓库提取物品,仓库凭单发货,这种发货形式通常称为提货制。

c. 过户　过户是一种就地划拨的出库形式,物品虽未出库,但是所有权已从原存货户头转移到新存货户头。仓库必须根据原存货人开出的正式过户凭证,才予以办理过户手续。

d. 取样　取样是货主出于对物品质量检验、样品陈列等需要,到仓库提取货样而形成部分物品的出库。

e. 转仓　货主为了方便业务开展或改变储存条件,需要将某批库存物品自某仓储企业的甲库转移到该企业的乙库,这就是转仓的发货形式。转仓时货主必须出示仓单,仓库根据货主递交的正式转仓申请单,给予办理转仓手续,并同时在仓单上注明有关信息资料。转仓只是在同一仓储企业不同仓库进行。

任务 2.6　流通加工

2.6.1　任务导入

阿迪达斯公司的流通加工

阿迪达斯公司在美国有一家超级市场,设立了组合鞋式鞋店,货架上摆放着不是做好了的鞋,而是做鞋用的半成品,款式花色多样,有 6 种鞋跟、8 种鞋底,均为塑料制造的,鞋面的颜色以黑、白为主,搭带的颜色有 80 多种,款式有百余种,顾客进来可任意挑选自己所喜欢的各个部位,交给职员当场进行组合。只要 10 分钟,一双崭新的鞋便可获得。这家鞋店昼夜营业,职员技术熟练，鞋子的售价与成批制造的价格差不多，有的还稍便宜些。所以，顾客络绎不绝，超市的销售额比邻近的鞋店多10倍。

问题：

1. 在此案例中，体现了流通加工作业的哪些作用？

2. 你接触过哪些商品的流通加工，谈谈你有哪些收获？

2.6.2　工作任务　流通加工

1. 流通加工的工作内容

流通加工是物品在从生产地到使用地的过程中，根据需要施加包装、分割、计量、分拣、刷标志、拴标签、组装等简单作业的总称（我国国家标准《物流术语》）。

流通加工是为了提高物流速度和物品的利用率、在物品进入流通领域后、按客户的要求进行的加工活动，即在物品从生产者向消费者流动的过程中，为了促进销售、维护商品质量和提高物流效率，对物品进行一定程度的加工。

从本质上来说，流通加工是商品在流通过程中的辅助加工活动，是物流系统的构成要素之一，如图2-6-1所示。

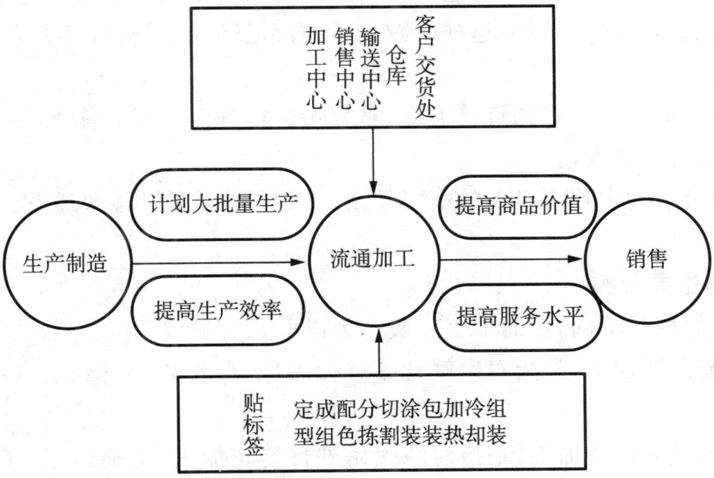

图2-6-1　流通加工环节示意图

加工是改变物质的形状和性质，形成一定产品的活动；流通则是改变物质的空间状态与时间状态。流通加工是生产加工在流通领域中的延伸，也可以看成流通领域为了更好地服务而在职能方面的延伸。

例如：深海捕鱼时，轮船一出海至少一个月才能返回，为了防止海产品腐烂变味，也为了减少占用空间，渔民们在轮船上进行分选、挖膛等加工，这叫鱼的流通加工。

2. 流通加工的基本作业内容

(1)在库物品的初始加工

有的物品过长、过大，为了方便仓储、方便运输和装卸，满足客户的需求，要根据需要对物品进行解体、切割。

例如：在流通加工点，将原木锯裁成各种锯材，同时将碎木、碎屑集中加工成各种规格板材，甚至还可进行打眼、凿孔等初级加工。这些加工大大方便了物品的运输和装卸。

(2)在库物品的终极加工

有许多生产企业,生产出成品后,将成品存放在物流企业的仓库里,将成品的终极加工整理工作,委托物流企业在出库前完成。

(3)配送物品的印制标签

根据顾客的需求印制条形码文字标签并贴附在物品外部。贴标签业务既减少了客户的额外工作量,同时又可以给流通加工企业带来丰厚的利润,因此最近几年贴标签业务在很多物流、外贸等企业里发展得非常迅速。

目前贴标签主要有三种形式:一是手工贴标签;二是半自动化贴标签(一边电脑打印标签,另一边手工把电脑打印的标签贴在物品上);三是全自动机器贴标签。

(4)发货物品的集包

根据客户的需求,企业将数件物品集成小包装或赠品包装,目的是方便顾客对不同商品的一次性收货。目前配送中心对物品的集包主要采用自动化的捆包设备,效率比以往大大提高。

发货物品的集包还常用在买一送一促销包装、根据顾客的需求进行商品组合包装等方面。

(5)分装加工

大包装改小包装、适合运输的包装改成适合销售的包装等。比如企业将原来分散的商品,进行重新包装后再投放到市场,方便了商品的销售。又比如啤酒行业物流中心将啤酒运到销售地后灌装成听、罐、瓶、袋,再进行销售,这样既减少了物流运输成本,同时又大大方便了市场销售。

(6)货物分拣

货物分拣是指根据不同客户的订单需求,对货物进行分区、装包、称重、制作货物清单等业务活动,目的是保证货物准确发运。

货物分拣在物流活动中具有重要的衔接作用,它是衔接仓库和顾客需求的关键环节(仓库、分拣、配载、送达目的地)。

3. 流通加工的主要分类

根据加工商品的种类不同,流通加工一般分为以下几大类型:

(1)生鲜食品的流通加工,是指对生鲜食品进行冷冻、加包装、贴标签、自动包装、分类、灭菌等流通加工活动。

(2)服装等纺织品的流通加工,是指对纺织品进行绣花加工、染整加工、印制标签、分类包装等流通加工活动。

(3)平板玻璃的流通加工。如集中套裁、开片供应等。

(4)水泥熟料输送至使用地磨制水泥,是指将水泥、沙石、水以及添加剂按比例进行初步搅拌,然后装进水泥搅拌车,事先计算好时间,卡车一边行走,一边搅拌,到达工地后,工人将搅拌均匀的混凝土直接进行浇注。

(5)钢板剪板及下料加工,是指对钢板进行切割、剪板、折弯、龙门刨铣、二氧化碳保护焊等流通加工活动。

(6)木材的流通加工,一是指将原木剩下来的树杈、树枝等掺入其他材料,进行流通加工,做成复合木板;二是指将原木加工成板材,或按用户需要加工成各种形状的材料。

4. 流通加工的功能

(1)改变包装策略

改变包装策略是指企业对产品原包装进行改进或改换,或把大包装商品改成小包装商品、散装商品改变成成箱包装、成箱包装改变成托盘包装等等,也可在流通加工点将运输包装转换为销售包装。包装的改变有时可以吸引人们注意，增加销量。很多产品都会不定期改变包装，如散装的水果分拣包装。

(2)衔接生产和需求

衔接生产和需求是指通过流通加工使产品的品种、规格和质量适应顾客需求，解决生产和需求分离的现象。

目前发展较快的衔接生产和需求的加工有：将水泥加工成生混凝土，将原木或板、方材加工成门窗，钢板预处理、整形，平板玻璃套裁加工等。

工厂生产的玻璃是大块的，安装教室窗户的玻璃是小块的，为了节约、降低运输成本，对工厂生产出来的玻璃进行流通加工，根据教室窗户的大小进行分割，并做好编号，然后再运输到教室，对号安装。

(3)改变商品的装潢

商品装潢，即商品包装上的装饰，其目的在于说明、美化商品，刺激消费者的需求欲望。流通加工通过改变装潢使商品档次跃升而充分实现其价值，有的流通加工将商品利润率一下子提高20%～50%，这是采取一般方法提高生产率所难以企及的。

改变商品的装潢在市场上茶叶、月饼等商品的装潢上体现得尤为明显，经过改变装潢之后的商品档次立刻跃升为高档品甚至奢侈品，购买的人反而不在少数。

例如：作为一家有着50多年历史的酿酒企业，北京红星股份有限公司生产的红星二锅头历来是北京市民的餐桌酒，一直受到老百姓的喜爱。然而，由于在产品包装上一直是一副“老面孔”，红星二锅头始终走在白酒低端市场，无法获取更高的经济效益。

随着红星青花瓷珍品二锅头的推出，红星二锅头第一次走进了中国的高端白酒市场。“它的推出，使得红星二锅头单一的低端形象得到了彻底的颠覆。不但创造了优异的经济效益，还提高了公司形象、产品形象和品牌形象”。

(4)商品分类、分拣

① 商品分类工作内容就是根据一定的目的，为满足某种需要，选择适当的分类标志或特征，将所有商品划分成大类、中类、小类，品类或类目、品种，甚至规格、品级、花色等的不同类别的过程。

商品的科学分类和合理的重新组合，可以使商品更加有规律，不仅方便了存储、搬运，而且可以提高商品的附加价值，给企业创造额外的利润。

② 分拣工作是指根据特定的需要将正在保管的商品取出的作业。分拣是物流配送中心的中心业务，占作业量的一大部分，一般要投入仓库作业的一半以上人力，作业时间至少占物流配送中心全部作业时间的30%～40%，作业速度、效率及出错率直接影响物流配送中心的效率及顾客的满意程度。

(5)延迟作用

延迟作用就是通过设计产品和生产工艺，把制造某种具体产品、使其差异化的决策延迟到开始销售之时。

现在不同的顾客有不同的要求，但生产企业只能按标准规定的规格进行大规模生产，以使商品有较强的通用性，使生产能有较高的效率和效益，所以只好将顾客定制化推迟到流通领域由流通加工来完成。例如：服装行业的流通加工策略，Benetton公司存储未染色的服装，直到销售季节开始，可获得更多顾客偏好的信息后才开始染色。

(6)提高原材料的利用率

利用流通加工环节进行集中下料，是将生产企业直运来的简单规格产品，按使用部门的要求进行下料。例如将钢板进行剪板、切裁，钢筋或圆钢裁制成毛坯，木材加工成各种长度及大小的板、方等等。集中下料可以优材优用、小材大用、合理套裁，有很好的技术经济效果。例如，北京、济南、丹东等城市曾经对平板玻璃进行流通加工(集中裁制、开片供应)，玻璃利用率从60%左右提高到85～95%。

(7)提高加工设备的利用率

由于建立集中加工点，可以采用效率高、技术先进、加工量大的专门机具和设备。

这样做的好处：一是提高了加工质量，二是提高了设备利用率，三是提高了加工效率。其结果是降低了加工费用及原材料成本。

例如：一般的使用部门在对钢板下料时，采用气割的方法，需要留出较大的加工余量，不但出材率低，而且由于热加工容易改变钢的组织，加工质量也不好。集中加工后可设置高效率的剪切设备，在一定程度上解决了上述问题。

5. 流通加工的主要应用

(1)食品的流通加工

流通加工最多的是食品。为便于保存，提高流通效率，食品的流通加工是不可缺少的。例如：鱼和肉类的冷冻、生奶酪的冷藏、将冷冻的鱼肉磨碎以及蛋品加工、生鲜食品的原包装、大米的自动包装和上市牛奶的灭菌和摇匀等。

食品流通加工的具体项目主要有以下几种：

① 生鲜食品的冷冻加工

冷冻加工是为了保鲜而进行的流通加工，为了解决鲜肉、鲜鱼在流通中的保鲜及装卸搬运的问题，企业采取低温冻结方式进行加工。这种方式也用于某些液体商品、药品等(生鲜产品的冷冻加工)。

② 分选加工

分选加工是为了提高物流效率而进行的对蔬菜和水果的加工，如去除多余的根叶等。农副产品规格、质量离散情况较大，为获得一定规格的产品，需要采取人工或机械分选的方式进行加工。

③ 农副产品的精制加工

农、牧、副、渔等产品的精制加工是在产地或销售地设置加工点，去除无用部分，甚至可以进行切分、洗净、分装等加工，可以分类销售。这种加工不但大大方便了购买者，而且还可以对加工过程中的淘汰物进行综合利用。

④ 分装加工

许多生鲜食品零售起点较小，而为了保证高效输送出厂，包装一般比较大，也有一些是采用集装运输方式运达销售地区。根据销售地区不同再由大包改为适合销售的小包装来满足消费者的需求。

(2)生产资料的流通加工

具有代表性的生产资料加工是钢材的加工：钢板的切割、使用矫直机将薄板卷材展平、纵向切割薄板卷，使之成为窄幅(钢管用卷材)，用汽割机切割厚板、切断成型钢材。这种加工以适应顾客需求的变化、服务顾客为目的。

① 钢材的流通加工

各种钢材(钢板、型钢、线材等)的长度、规格有时不完全适用于客户。如果采用集中剪板、集中下料方式，可以避免单独剪板、下料的一些弊病，提高材料利用率。剪板加工是在固定地点设置剪板机进行下料加工，或设置种种切割设备将大规格钢板裁小，或切裁成毛坯，降低销售起点，以便利用户使用。

② 木材的流通加工

木材的流通加工一般有两种情况，一种是树木在生长地被伐倒后，消费不在当地，不可能连枝带杈地运输到外地，这时，企业先在树木生长地去掉树杈和树枝，将原木运走，剩下来的树杈、树枝、碎木、碎屑，掺入其他材料，在当地木材加工厂进行流通加工，做成复合木板。也有将树木在产地磨成木屑，采取压缩方法加大容重后运往外地造纸厂造纸；另一种情况是在消费地建木材加工厂，将原木加工成板材，或按用户需要加工成各种形状的材料，供给家具厂、木器厂。

③ 煤炭的流通加工

煤炭流通加工有多种形式，主要有主除矸加工、煤浆加工、配煤加工等。

a. 除矸加工　是以提高煤炭纯度为目的的加工形式。

b. 煤浆加工　用运输工具载运煤炭，运输中损失浪费比较大，又容易发生火灾。采用管道运输是近代兴起的一种先进技术。管道运输方式运输煤浆，可减少煤炭消耗、提高煤炭利用率。

c. 配煤加工　设置集中加工点，将各种煤及一些其他发热物质，按不同配方进行掺配加工，生产出各种不同发热量的燃料，称配煤加工。这种流通加工方式在民用和工业中尤其是在电力工业中有广泛的应用价值，动力配煤以及在动力配煤基础上的动态动力配煤便是这种流通加工的高级形式。

d. 防止煤炭自燃的流通加工　大量储存的煤炭，容易出现自燃现象，不但造成煤炭的严重损失，而且会对环境造成污染和影响，严重的还会造成火灾。物流过程中，在各个结点上的煤炭储存都会面临这种风险。因此，需要采取特殊的保护措施，防止煤炭自燃，这也是煤炭物流过程中的特殊流通加工形式。

④ 机电产品的流通加工

机电产品的加工内容包括零配件的加工、半成品的加工以及机电产品的组装等各项业务。机电产品的加工方法有以下几种：

a. 按图纸加工　主要是根据图纸加工出客户需要的机电产品。

b. 实样测绘仿制　首先需要客户提供所要仿制的原件，然后测绘原件并绘制加工图纸，最后根据图纸加工出客户所需产品。

c. 设计生产样机　该方法是根据客户提供的要求和构思，设计出初步方案和图纸，然后加工出样机，供客户选择。

多年以来，机电产品的储运困难较大，主要原因是不易进行包装。但是这些货物有一个共同的特点，即装配比较简单，装配技术要求不高。所以，为了解决储运问题，降低储运费用，可以采用半成品大容量包装出厂、在消费地拆箱组装的方式。组装一般由流通部门在所设置的流通加工点进行，组装之后随即进行销售，这种流通加工方式近年来已在我国广泛采用。

如何结合原材料的采集、产品的制作、商品的销售等过程，采取合适的流通加工手段来提高生产效率，提升商品价值，为企业带来利润，仍然是我们努力的方向。

任务 2.7 物流信息

2.7.1 任务导入

高效的海烟物流配送中心

上海海烟物流配送中心占地100亩，建筑面积37 000平方米。海烟物流配送中心通过引进国际先进水平的物流设备，辅以GIS(电子地图)、GPS(卫星定位系统)、WMS(仓库管理系统)、ERP(企业资源计划)系统的高度集成，实现了信息处理及时、配送流程优化、存取选拣自动化、物流管理智能化。

海烟物流配送中心的卷烟物流在头一天工作日的中午12点前接收客户订单之后，ERP系统查询库存、核对订单、进行订单匹配，再由WMS下达拣选任务，14点开始拣选作业，22点拣选结束，作业流程如图2-7-1所示。分拣过程同步装车，第二天早7点开始送货，这样高的配送效率完全依赖于先进完善的信息系统。

问题：

1. 为什么海烟物流的配送准确率能达到100%？
2. 如图2-7-1卷烟从收货入库到出库用到哪些信息技术？

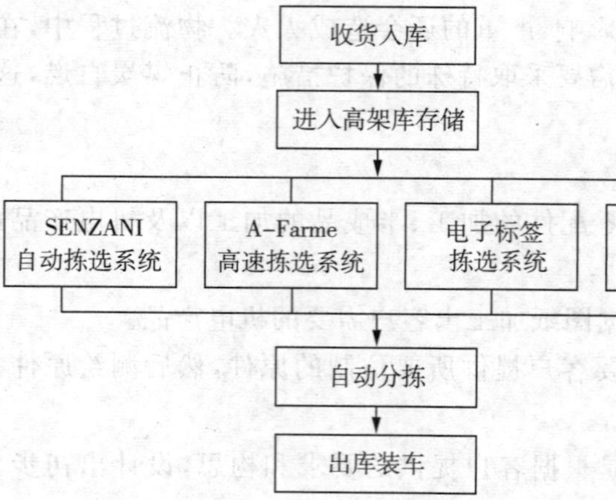

图2-7-1 卷烟作业流程

2.7.2 工作任务 物流信息工作内容

1. 信息的工作内容

一家杂货店的管理者可以通过观察有形实体——商品、收款机、房间、客流来管理杂货店。当其经营规模扩大到拥有成百上千名雇员，并且经营活动分散区域很广阔时，这名管理者就要更多地依赖于信息而不仅仅是观察了。可以想象沃尔玛公司、家乐福公司的管理者几乎不得不完全依赖于信息，并将信息珍视为他们最有价值的资源。

信息是主体对客体的认识和揭示，它包括数据、字符、文字、图形等等。信息的概念不同于数据，数据(又称资料)是对客观事物记录下来的、可以鉴别的符号，数据经过处理仍然是数据。处理数据是为了便于更好地解释，只有经过特定背景的解释，数据才有意义，才成为信息。可以说信息是经过加工以后对客观世界产生影响的数据。例如行驶中的飞机里程表上的数据不一定成为信息，只有当飞行员需要观察里程表上的数据以便做出下一步决定时，才成为信息。同一数据，每个人的解释可能不同，其对决策的影响可能不同。决策者利用经过处理的数据做出决策，可能取得成功，也可能得到相反的结果，这里的关键在于对数据的解释是否正确，因为不同的解释往往来自不同的背景和目的。

一个组织的各项活动表现为物流、资金流、事务流和信息流的流动。“物流”是实物的流动过程。物资的运输以及产品从原材料采购、加工直至销售都是物流的表现形式。“资金流”指的是伴随物流而发生的资金的流动过程。“事务流”是各项管理活动的工作流程，例如商品进货、验收、登记、开票、付款等流程；经理做出决策时进行的调查研究、协商、讨论等流程。“信息流”伴随以上各种流的流动而流动，它既是其他各种流的表现和描述，又是用于掌握、指挥和控制其他流运行的软资源。在一个组织的全部活动中存在着各式各样的信息流，而且不同的信息流用于控制不同的活动。若几个信息流联系组织在一起，服务于同类的控制和管理目的，就形成信息流的网，称为信息系统。一个组织的信息系统可以是企业的购、销、库存、计划、管理、预测、控制的综合系统，也可以是事务处理、战略规划、管理决策、物流信息服务等的综合系统。信息的表现形式如图 2－7－2 所示。

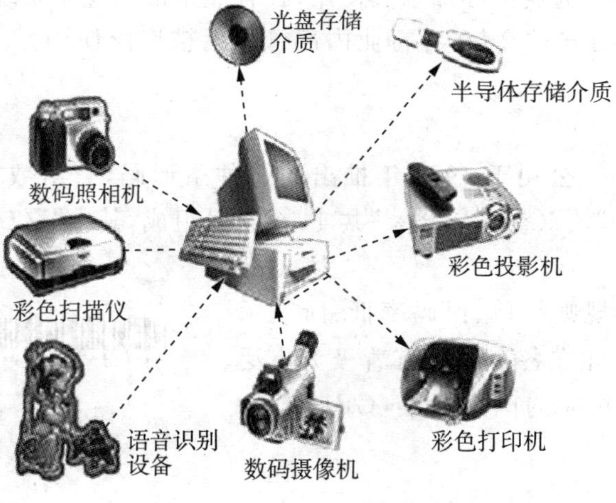

图 2－7－2　信息的表现形式

2. 条形码技术

(1)条形码的工作内容

物品的条形码技术是一种先进的物品编码技术，它类似于莫尔斯电报码的点线组合，在物品外表借助不同宽度的亮、暗条组合来表示物品的编码，如图 2－7－3 所示。

条形码可以由专门的阅读设备自动识别，并将条形码所代表的相应编码值传递给计算机。条形码的暗条，简称条(bar)，是条形码中反射率较低的部分，一般指颜色较深通常为黑色的线条；而亮条，又称空(space)，是条形码中反射率较高部分，一般指条形码中的空白处。条形码符号就是由这两种基本符号条和空组成，以不同的宽度代表不同的基本数字或字符，并让每一种组合的图形唯一地代表整个条形码的编码数据。

6 901209 322105

图 2－7－3　条形码

条形码的应用流程和产品是：条形码生成到标签专用打印机；条形码识读到手持扫描器或固

定扫描器；信息处理到移动终端。

条形码技术是实现物流信息管理的重要手段，条形码作为物品信息的载体，可以提供有关物品的一切详细信息。条形码识读设备将物品的条形码读入计算机，该物品的品名、单价、规格等信息均可以相应地自动反映出来。

我国于 1988 年成立了“中国物品编码中心”，专门负责全国物品的编码管理工作，并且于 1991 年使用 EAN 编码。国际 EAN 编码委员会分配给我国的系统代码是 690 和 691，也就是说我国的物品条形码前 3 位是 690 或 691。我国 EAN 码的构成是：前 3 位代表中国，第 4 位代表厂商，第 5 位代表物品代码，最后 1 位是校验码。我国自 1991 年加入国际编码协会以来，全国条形码技术的推广应用得到了迅速发展，因此，国际 EAN 编码委员会又特别新增了一个系统代码 692 给我国使用，但其结构和 690、691 开头的条形码略有不同，厂商编码为 5 位，物品代码为 4 位。我国先后制定了一系列有关条形码的国标标准，对于物流信息的发展起到了极大的推动作用。

(2)条形码的分类

目前，国际广泛使用的条形码种类有 EAN、UPC 码(物品条形码，用于在世界范围内唯一标示一种物品。我们最常见的就是 EAN 和 UPC 条形码)、Code39 码(可表示数字和字母，在管理领域应用最广)。其中，EAN 码是当今世界上广为使用的物品条形码，已成为电子数据交换(EDI)的基础；UPC 码主要为美国和加拿大使用；在各类条形码应用系统中，Code39 码因其可采用数字与字母共同组成的方式，而在各行业内部管理上被广泛使用。ISBN 码、ISSN 码用于图书和期刊。

① Code39 条形码

Code39 码是 Intermec 公司于 1975 年推出的一种条形码，它由数字、英文字母以及“-”、“.”、“/”、“+”、“%”、“$”、“”(空格)和“*”共 44 个符号组成，其中“”仅作为起始符和终止符，如图 2-7-4 所示。

Code39 码具有编码规则简单、误码率低、所表示的字符个数多等特点，因此在各个领域有着极为广泛的应用。我国也制定了相应的国家标准(GB12908-91)。

* 1 2 3 4 A B C D *

图 2-7-4 Code39 条形码

② ENA 条形码

EAN 码有两种版本——标准版和缩短版。标准版表示 13 位数字，又称为 EAN13 码；缩短版表示 8 位数字，又称 EAN8 码。两种条形码的最后一位为校验码，由前面的 12 位或 7 位数字计算得出。两种版本的编码方式可参考国标 GB-12094-1998。

EAN 码由前缀码、厂商识别码、物品项目代码和校验码组成。前缀码是国际 EAN 组织标示各会员组织的代码，我国为 690、691 和 695；厂商代码是 EAN 编码组织在 EAN 分配的前缀码的基础上分配给厂商的代码；物品项目代码由厂商自行编码；校验码是为了校验代码的正确性。在编制物品项目代码时，厂商必须遵守物品编码的基本原则：对同一物品项目的物品必须编制相同的物品项目代码；对不同的物品项目必须编制不同的物品项目代码。这是为了保证物品项目与其标识代码一一对应，即一个物品项目只有一个代码，一个代码只标示一个物品项目。

如光明特浓鲜奶的条形码为 6901209312953，其中 690 代表我国 EAN 组织，1209 代表上海光明乳业有限公司，31295 是 950 毫升盒装特浓鲜奶的物品代码。这样的编码方式保证了在全球范围内 6901209312953 唯一对应一种物品。

EAN13 条形码的起始符与终止符相同，均为两个细条(101)，中间分隔符为 01010，我国的

EAN13 条形码国别代码已开通使用的有 690—692。其他主要的国家和地区的代码如表 2-7-1 所列。

物流条形码由 14 位数字组成，除了第一位以外，其他 13 位数字代表的意义与商品条形码的相同。物流条形码第一位数字表示物流识别代码，在物流识别代码中，“1”代表集合包装容器装 6 瓶酒；“2”代表 24 瓶酒。

例如：物流条形码 26902952880041 代表该包装容器装有中国贵州茅台酒厂的白酒 24 瓶。

表 2-7-1　世界各国条形码分布

484	摩尔多瓦	750	墨西哥	599	匈牙利
485	亚美尼亚	759	委内瑞拉	600—601	南非
486	格鲁吉亚	76	瑞士	87	荷兰
487	哈萨克斯坦	770	哥伦比亚	880	韩国
489	中国香港	773	乌拉圭	885	泰国
50	英国	775	秘鲁	888	新加坡
520	希腊	777	玻利维亚	890	印度
528	黎巴嫩	779	阿根廷	890	土耳其
529	塞浦路斯	780	智利	893	越南
531	马其顿	784	巴拉圭	899	印度尼西亚
535	马耳他	786	厄瓜多尔	90、91	奥地利
539	爱尔兰	789	巴西	93	澳大利亚
54	比利时和卢森堡	80—83	意大利	94	新西兰
560	葡萄牙	84	西班牙	955	马来西亚
569	冰岛	850	古巴		
57	丹麦	858	斯洛伐克		
590	波兰	859	捷克		
594	罗马尼亚	860	南斯拉夫		

另外，图书和期刊作为特殊的物品也采用了 EAN13 表示 ISBN 和 ISSN。前缀 977 被用于期刊号 ISSN，图书号 ISBN 用 978 为前缀，我国被分配使用 7 开头的 ISBN 号，因此我国出版社出版的图书上的条形码全部为 9787 开头，如图 2-7-5 所示。

ISBN 7-04-008229-2

9 787040 082296

图 2-7-5　图书编码

ENA-8 条形码是 ENA-13 条形码的缩短码，ENA-8 条形码由 8 位数字组成，前 2 位为国别码，后 5 位为产品码，最后一位是校验码。

(3)二维条形码

一维条形码所携带的信息量有限，如 EAN-13 码仅能容纳 13 位阿拉伯数字，更多的信息只能依赖物品数据库的支持，离开了预先建立的数据库，这种条形码就没有意义了，因此在一定程度上也限制了条形码的应用范围。基于这个原因，上世纪 90 年代日本人发明了二维条形码。目前二维条形码主要有 PDF417 码、Code49 码、Code16K 码、Data Matrix 码、MaxiCode 码等。

二维条形码作为一种新的信息存储和传递技术，从诞生之时就受到了国际社会的广泛关注。经过几年的努力，现已应用在国防、公共安全、交通运输、医疗保健、工业、商业、金融、海关及政府管理等多个领域。

二维条形码依靠其庞大的信息携带量，能够把过去使用一维条形码时存储于后台数据库中的信息包含在条形码中，可以直接通过阅读条形码得到相应的信息，并且二维条形码还有错误修正技术及防伪功能，增强了数据的安全性。

二维条形码可把照片、指纹编制于其中，可有效地解决证件的可机读和防伪问题，因此，广泛应用于护照、身份证、行车证、军人证、健康证、保险卡等。

美国亚利桑纳州等十多个州的驾驶证、美国军人证、军人医疗证等在几年前就已采用了 PDF417 技术。将证件上的个人信息及照片编在二维条形码中，不但可以实现身份证的自动识读，而且可以有效地防止伪冒证件事件发生。菲律宾、埃及、巴林等许多国家也已在身份证或驾驶证上采用了二维条形码，我国香港特区护照上也采用了二维条形码技术。

另外在海关报关单、长途货运单、税务报表、保险登记表上也都有使用二维条形码技术来解决数据输入及防止伪造、删改表格的例子。

在我国部分地区注册会计师证和汽车销售及售后服务等方面，二维条形码也得到了初步的应用。

二维条形码是一种在水平方向和垂直方向均带有信息的条形码。二维条形码除了具有一维条形码的优点外，同时还有储存信息量大、耐损性强、可靠性高，保密、防伪性强等优点。常用的二维条形码主要有 PDF417 二维条形码、Maxicode 条形码和 QR Code 码

① PDF417 二维条形码

PDF417 条形码是一种多层、可变长度的符号，它具有大容量及错误纠正功能。PDF417 条形码可由线扫描器、光栅激光扫描器或图像激光扫描器扫描。一个 PDF417 条形码的符号可用于表示多于 1 100 字节、1 800 个 ASCII 字符或 2 700 个数字的数据，具体数目取决于组合模式。PDF417 条形码符号由多层堆积而成，其层数为 3—90。由于其层数与每层的符号字符是可变的，故可根据实际印刷空间做成不同尺寸(纵横比)的符号(图 2-7-6)。

图 2-7-6 PDF417 条形码

PDF417 二维条形码是一种堆叠式二维条形码，目前应用最为广泛。PDF417 条形码是由美国 SYMBOL 公司发明的，PDF(Portable Data File)意思是“便携数据文件”，组成条形码的每一

个条形码字符由 4 个条和 4 个空共 17 个模块构成，故称为 PDF417 条形码。

② Maxicode 条形码

Maxicode 条形码符号由 884 个六边形模块构成，如图 2－7－7 所示。这些模块共排成 33 层，每层最大由 30 个模块组成。由三条圆形暗带及相间的三条明带组成的定位图形位于符号的中央，用于扫描定位，6 个由 3 个模块组成的定位信息均匀分布在定位图形的四周。整个符号的四周由一定尺寸的空白区包围。每个 Maxicode 条形码符号字符共由 6 个方形模块组成。

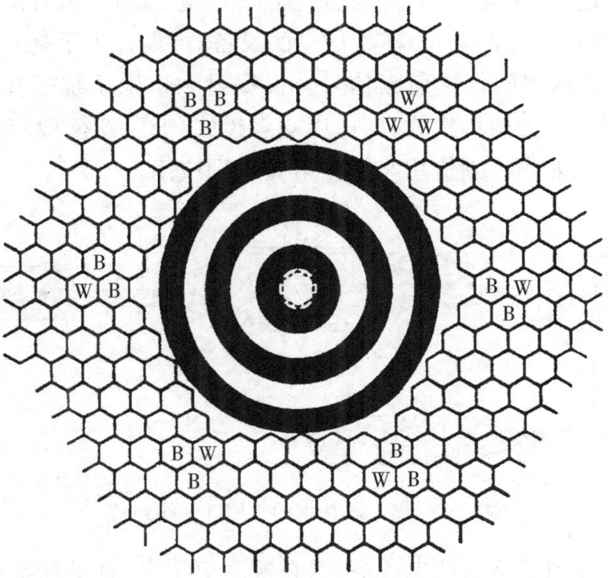

图 2－7－7　Maxicode 条形码

③ QR Code 码

QR Code 码是由日本 Denso 公司于 1994 年 9 月研制的一种矩阵二维码符号，如图 2－7－8 所示。它除具有一维条形码及其他二维条形码所具有的信息容量大、可靠性高、可表示汉字及图像多种文字信息、保密防伪性强等优点外，还具有以下主要特点：

QR Code 码可高效地表示汉字，表示相同的内容，其尺寸小于相同密度的 PDF417 条形码。目前市场上的大部分条形码打印机都支持 QR code 条形码，其专有的汉字模式更加适合我国应用。因此，QR Code 在我国具有良好的应用前景。

图 2－7－8　QR Code 码

二维条形码信息量大，在物流领域已广泛应用。用二维条形码可以表示物品装箱清单。例如，一个集装箱中装有杂志、书籍 100 本、柔情面纸 275 包、文具用品 100 份、果汁饮料 669 包。将上述物品的一维条形码经扫描后产生二维条形码，并贴于集装箱上，当货物运到对方后，接收方只需扫描集装箱上的二维条形码并输入计算机，就能得到集装箱内的全部物品的资料。

2.7.3　工作任务　RFID

1. RFID 的工作内容

RFID 是 Radio Frequency Identification 的缩写，即射频识别。由于射频是指可发射传播的电磁波(RF),所以它是一种非接触式的自动识别技术,它通过射频信号自动识别目标对象并获取相关数据,识别工作无须人工干预,可工作于各种恶劣环境。RFID 技术可识别高速运动物体并可同时识别多个标签,操作快捷方便。短距离射频产品不怕油渍、灰尘污染等恶劣的环境,可在这样的环境中替代条形码,例如用在工厂的流水线上跟踪物体。长距射频产品多用于交通领域,识别距离可达几十米,如自动收费或识别车辆身份等。

最基本的 RFID 系统由三部分组成,如图 2-7-9 所示。

① 标签:由耦合元件及芯片组成,每个标签具有唯一的电子编码,附着在物体上标示目标对象。

② 阅读器:读取(有时还可以写入)标签信息的设备,可设计为手持式或固定式。

③ 天线:在标签和读取器间传递射频信号。根据射频识别系统的基本工作原理,射频标签与读写器之间的天线耦合分为两种模式,即电感耦合模式(变压器模型)和反向散向耦合模式(雷达模型),分别适用于低频射频识别应用与微波射频识别应用。

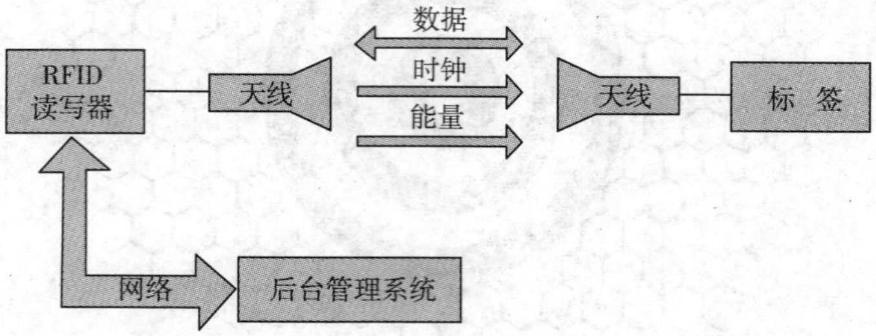

图 2-7-9 最基本的 RFID 系统组成

电子标签中一般保存约定格式的电子数据,在实际应用中,电子标签附着在待识别物体的表面。阅读器可无接触地读取并识别电子标签中所保存的电子数据,从而达到自动识别体的目的。通常阅读器与电脑相连,所读取的标签信息被传送到电脑上进行下一步处理。RFID 技术利用无线射频方式在阅读器和射频卡之间进行非接触双向数据传输,以达到目标识别和数据交换的目的。与传统的条形码、磁卡及 IC 卡相比,射频卡具有非接触、阅读速度快、无磨损、不受环境影响、寿命长、便于使用的特点和具有防冲突功能,能同时处理多张卡片。在国外,射频识别技术已被广泛应用于工业自动化、物流、交通运输控制管理等众多领域(见图 2-7-10 所示)。

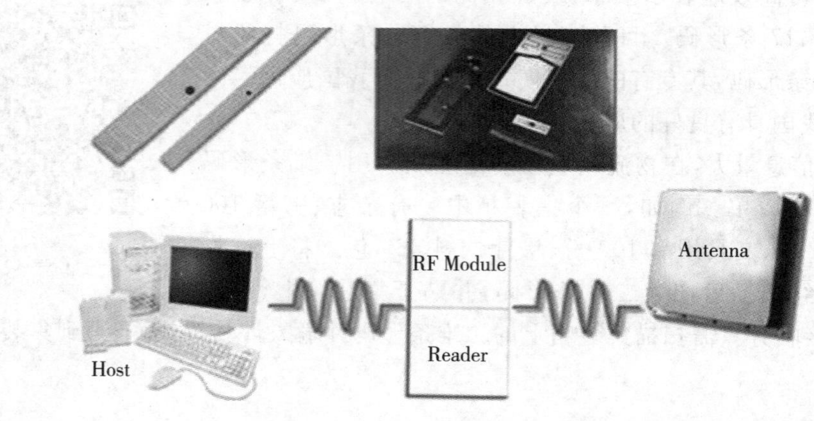

图 2-7-10 RFID 标签及工作原理

2. RFID 在物流中的应用

从采购、存储、包装、装卸/搬运、运输、流通加工、配送、销售到服务,都是物流活动的重要环节，它们之间是相辅相成又相互制约的。在物流运作时，企业必须实时、精确地了解和掌握商流、物流、信息流和资金流这四者的流向和变化，使这四种流以及各个环节、各个流程都协调一致、相互配合，才能发挥其最大的经济效益和社会效益。然而，由于实际物体的移动过程中各个环节都是处于运动和松散的状态，信息和方向常常随实际活动在空间和时间上移动和变化，结果影响了信息的可获性和共享性。而无线射频自动识别技术 RFID 正是有效解决物流各项业务运作数据的输入/输出、业务过程的控制与跟踪。

RFID 技术适用于物料跟踪、运载工具、仓库货架以及其他目标的识别等要求非接触数据采集和交换的场合，以及用于生产装配线上的作业控制。由于 RFID 标签具有可读写能力，对于需要频繁改变数据内容的场合尤为适用，它发挥的作用是数据采集和系统指令的传达，广泛用于供应链上的仓库管理、运输管理、生产管理、物料跟踪、运载工具和货架识别，特别适用于商店、超市中商品防盗等场合。RFID 在物流中的应用非常广泛，以下仅是部分例子。

(1)仓储管理

在仓库里，射频技术最广泛的使用是存取货物与库存盘点，它能用来实现自动化的存货和取货等操作。在整个仓库管理中，通过将供应链计划系统制订的收货计划、取货计划、装运计划等与射频识别技术相结合，管理者能够高效地完成各种业务操作，如指定堆放区域、上架/取货与补货等。射频技术的使用，增强了作业的准确性和快捷性，提高了服务质量，降低了成本，节省了劳动力和库存空间；同时，减少了整个物流中由于商品误置、送错、偷窃、损坏和库存、出货错误等造成的损耗。

RFID 技术的另一项好处就是在库存盘点时减少人力。RFID 的设计就是要让商品的登记自动化，盘点时不需要人工的检查或扫描条形码，更加快速准确，并且减少了损耗。RFID 解决方案可提供有关库存情况的准确信息，管理人员可由此快速识别并纠正低效率运作情况，从而实现快速供货并最大限度地减少储存成本。

Novetex 是世界最大的毛纺针织产品制造商之一，其位于珠海的分公司率先尝试运用 RFID 系统进行纱线和纱轴的仓储管理。

Novetex 在 RFID 系统配置的第一阶段，使用量大约为 200 000 枚。在龙达毛纺的仓库里，工人将 RFID 标签粘贴在包装好的纱包上面，9 个纱轴集结为一个纱包。在标签粘贴完毕后，纱包会通过运输带经过安装了 RFID 读卡器的“门卡”，在传输过程中，相关信息被准确读取。一直到纱包放置到仓储架上面，接收过程才算是正式结束。RFID 系统采集到的信息集中由中间件进行处理，最后存储到数据库中。数据库每个纱包的标签赋予一个唯一的编码，并且将纱包的相关信息和仓储位置信息写入标签。中间件还连接着仓储管理系统。

我们可以这样想象龙达毛纺 RFID 仓储管理的实际情形：在货物排放整洁有序的仓库里，一名仓库工作人员，手推着一辆 RFID 手持式读卡器和无线通信笔记本电脑，笔记本电脑与公司的应用服务器相连接；当他经过每一个纱包的时候，纱包上面的标签所含信息就会被读卡器读取，并迅速传输到电脑终端。传输的信息主要包括标签的 ID 号码、纱包仓储定位及更改变动等。至于消费者的隐私问题，则无须担心，因为在消费者购买了纱包的产品之后，标签就会被去除。图 2-7-11 为 RFID 在仓储管理中的应用。

(2)运输管理

在运输管理中，在途运输的货物和车辆是通过在其上贴 RFID 标签，例如将标签贴在集装箱和装备上，通过射频识别来完成跟踪控制。RFID 接收转发装置通常安装在运输线的一些检查点上(如门柱上、桥墩旁等)，以及仓库、车站、码头、机场等关键地点。接收装置收到 RFID 标签信息后，连同接收地的位置信息上传至通信卫星，再由卫星传送给运输调度中心，送入数据库中。图 2-7-12 为 RFID 在运输管理中的应用。

图 2-7-11 RFID 在仓储管理中的应用

3. 配送管理

在配送环节，采用射频技术能大大加快配送的速度和提高拣选与分发过程的效率与准确率，并能减少人工、降低配送成本。

到达中央配送中心(CDC)的所有商品都贴上 RFID 标签，在进入中央配送中心时，托盘通过一个门阅读器，读取托盘上所有货箱上的标签内容。系统将这些信息与发货记录进行核对，以检测出可能的错误，然后将 RFID 标签更新为最新的商品存放地点和状态。这样就确保了精确的库存控制，甚至可确切了解目前有多少货箱处于转运途中、转运的始发地和目的地，以及预期的到达时间等信息。图 2-7-13 为 RFID 在配送管理中的应用。

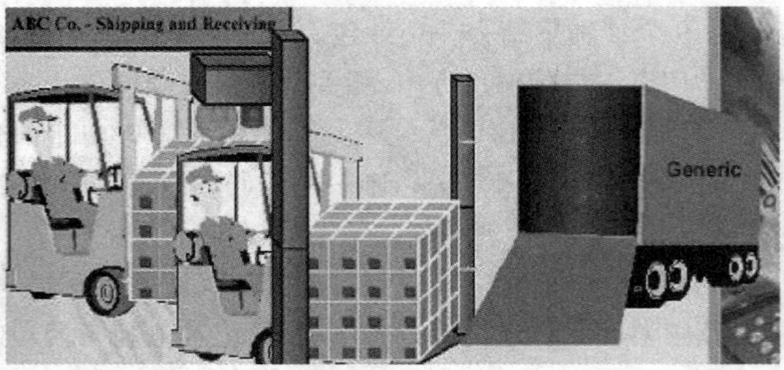

图 2-7-12 RFID 在运输管理中的应用

图 2-7-13 RFID 在配送管理中的应用

2.7.4 工作任务 GPS、GSM、GIS 技术

1. 全球卫星定位系统

(1)工作内容

全球卫星定位系统(Global Positioning System)，以下简称 GPS。它是由美国国防部耗资 120 亿美元建成的军事系统，在其设计和诞生之初主要是用于军事方面。整套系统由 24 颗卫星

构成,而每颗卫星体积都超过了重型卡车,重约 1 900 磅,它们一直处于 11 000 英里高的地球同步轨道上围绕地球旋转。各国(组织)的全球卫星定位系统情况见表 2－7－2 所列。

五角大楼受到制造公司的压力,他们瞄准了商业上潜在的庞大市场,同意将 GPS 系统用于商业领域。但是,五角大楼制定了一个被称为选择性使用原则,即 GPS 系统中播出的最精确的信号将严格保留给军方和其他有权使用的用户。现在,GPS 卫星发射两种信号:一种是民用信号,精度达到 100 英尺以内;第二种信号只有军方才能解码,其精度在 60 英尺以内。五角大楼还保留了随时对民用信号加载误差从而使信号精度降低到 300 英尺范围内的权利。

2000 年美国取消了对 GPS 卫星民用信道的 SA 干扰信号,民用 GPS 的定位精度达到平均 6.2 米的实用化水平,从而掀起 GPS 产业和应用热潮。

(2)GPS 系统图

GPS 由三大子系统构成:空间卫星系统、地面监控系统、用户接收系统。

① 空间卫星系统

空间卫星系统(如图 2－7－14)由均匀分布在 6 个轨道平面上的 24 颗高轨道工作卫星构成,各轨道平面相对于赤道平面的倾角为 55 度,轨道平面间距 60 度。在每一轨道平面内,各卫星升交角距差 90 度,任一轨道上的卫星比西边相邻轨道上的相应卫星超前 30 度。事实上,空间卫星系统的卫星数量要超过 24 颗,以便及时更换老化或损坏的卫星,保证系统正常工作。该卫星系统能够保证在地球的任一地点向使用者提供 4 颗以上可视卫星,空间系统的每颗卫星每 12 小时(恒星时)沿近圆形轨道绕地球一周。

表 2－7－2　全球卫星定位系统比较

英文名称	GPS	GLONASS	INMARSAT	GALILEO	Northern STARS
英文全称	Global Positioning Sytem	Global Navigation Satellite System	International Maritime Satellite		
中文名称	全球定位系统	全球导航卫星系统	国际海事卫星	伽利略	北斗
卫星数量	21＋3	21＋3	3＋1	27＋3	2
轨道高度	20 180	19 130	35 000	24 000	N/A
拥有者	美国军方 美国宇航局	俄罗斯军方 俄罗斯航天局	国际海事组织	欧洲航天局 中国	中国

② 地面监控系统

地面监控系统由均匀分布在美国本土和三大洋的美军基地上的 5 个监测站、一个主控站和三个注入站构成。该系统的功能是:对空间卫星系统进行监测、控制,并向每颗卫星注入更新的导航电文。

监测站主要用于 GPS 接收系统,测量每颗卫星的伪距和距离差,采集气象数据,并将观测的数据传送给主控点。5 个监控站均为无人值守的数据采集中心。主控站接收各监测站的 GPS 卫星观测数据、卫星工作状态数据、各监测站和注入站自身的工作状态数据。注入站接受主控站送达的各卫星导航电文并将之注入飞越其上空的每颗卫星。

图 2-7-14 空间卫星系统

图 2-7-15 地面监控系统

地面监控系统由均匀分布在美国本土和三大洋的美军基地上的 5 个监测站、一个主控站和三个注入站构成。该系统的功能是:对空间卫星系统进行监测、控制,并向每颗卫星注入更新的导航电文。

监测站主要用于 GPS 接收系统,测量每颗卫星的伪距和距离差,采集气象数据,并将观测数据传送给主控点。5 个监控站均为无人守值的数据采集中心。主控站接收各监测站的 GPS 卫星观测的数据、卫星工作状态数据、各监测站和注入站自身的工作状态数据。注入站接收主控站送达的各卫星导航电文并将之注入飞越其上空的每颗卫星。地面监控系统如图 2-7-15 所示。

③ 用户接收系统

民用 GPS 可以在 1 575.42MHz 的单一频点上免费接收来自太空的 24 颗 GPS 卫星的广播信号。在没有遮挡的开阔地上,根据经纬度、海拔和时间不同(即星历不同),最多可以同时收到 8～12 颗卫星的 GPS 信号。如果天空被建筑物、树木等遮挡,就不能同时收到如此多的卫星信号。一般在大城市中只能稳定收到 4～8 颗卫星的 GPS 信号,高楼林立的都市"天井"中甚至可能接收不到信号。

当能够同时接收到来自 3 颗以上卫星的 GPS 信号时,GPS 接收机就可以确定经纬度坐标。结合电子地图,就可以知道自己身处何方。如果能接收到 4 颗以上卫星的 GPS 信号,GPS 接收机可以测算出海拔高度。GPS 定位信息一般每秒钟更新一次,通过计算单位时间内 GPS 定位坐标的变化,GPS 还可以计算运动速度。

(3)GPS 在物流中的应用

从应用的角度看,客户用的是 GPS 信息接收终端,就 GPS 终端来说,它只是具备采集经纬度、时间与终端运行速度的设备,即信息采集的终端。在物流的程序中,信息流占据着主导地位,GPS 在物流中的应用更确切地说是 GPS 在物流信息中的应用。

GPS 在物流中通过互联网实现信息共享,使三方(车辆使用方、运输公司及接货方)能够使用,如图 2-7-16 所示。三方对物流中的车货位置及运行情况等都能了如指掌,透明准确,利于三方协调好商务关系,从而获得最佳的物流流程方案,取得最大的经济效益。

① 在汽车自动定位、跟踪调度方面的应用

利用 GPS 的计算机管理停息系统,可以通过 GPS 和计算机网络实时收集全路汽车所运货物的动态信息,实现汽车、货物追踪管理,并及时进行汽车的调度管理。

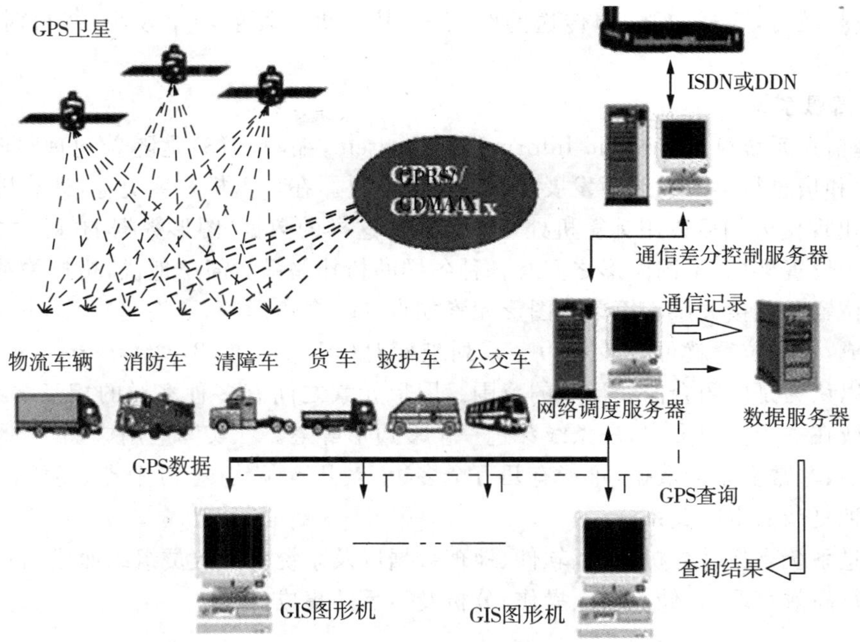

图 2-7-16　GPS 在物流中的应用

② 在铁路运输方面的应用

利用 GPS 的计算机管理信息系统，可以通过 GPS 和计算机网络实时收集全路列车、机车、车辆、集装箱及所运货物的动态信息，实现列车及货物的追踪管理。只要知道货车的车种、车型和车号，就可以立即从近 10 万千米的铁路网上流动着的几十万列货车中找到该货车，还能得知这列货车现在何处运行或停在何处，以及所有的车载货物发货信息。铁路部门运用这项技术可大大提高其路网及其运营的透明度，为货主提供更高质量的服务。

③ 在军事物流中的应用

全球卫星定位系统首先是因为军事目的而建立的，在军事物流中应用得相当普遍，如后勤装备的保障等方面。通过 GPS 技术及系统，可以准确地掌握和了解各地驻军的数量和要求，无论在战时还是在平时都能及时地进行准确的后勤补给。

2. 无线移动通信系统

(1)无线移动通信系统的含义

无线移动通信系统(简称 GSM 系统)亦称公网无线通信技术或蜂窝网无线通信技术。它是我国覆盖面积最大、可靠性最强的无线移动通信系统。它的全称是 Global System For Mobile Communication，简称 GSM。目前，我国已建成了世界上最大的 GSM 网，覆盖 300 多个地区、2 000 多个县市，可与 30 多个国家和地区自动漫游。它与 GPS、GIS 技术相结合，可应用于车辆的安全报警、监控和管理方面，也可以应用于智能消防系统。

(2)GSM 系统有几项重要特点

GSM 系统的防盗拷能力强、网络容量大、手机号码资源丰富、通话清晰、稳定性强、不易受干扰、信息灵敏、通话死角少、手机耗电量低。目前世界上主要的两大 GSM 系统为 GSM 900 及 GSM1800，由于采用了不同频率，因此适用的手机也不尽相同。前者发展的时间较早，使用的国家较多；后者发展的时间较晚，使用的国家也较少。物理特性方面，前者频谱较低，波长较长，穿透力较弱，但传送的距离较远，而手机发射功率较强，耗电量较大，因此待机时间较短；而后者的频谱较高，波长较短，穿透力强，但传送的距离短，其手机的发射功率较小，待机时间则相应地较长。

3. 地理信息系统

(1)地理信息系统(Geographic Information System，缩写 GIS)是随着地理科学、计算机技术、遥感技术和信息科学的发展而发展起来的一个学科。在计算机发展史上，计算机辅助设计技术(CAD)的出现使人们可以用计算机处理诸如图形这样的数据，图形数据的标志之一就是图形元素有明确的位置坐标，不同图形之间有各种各样的拓扑关系。简单地说，拓扑关系指图形元素之间的空间位置和连接关系。简单的图形元素如点、线、多边形等；点有坐标(x, y)；线可以看成由无数点组成，线的位置就可以表示为一系列坐标对$(x1, y1)$，$(x2, y2)$，……(xn, yn)；平面上的多边形可以认为是由闭合曲线形成的范围。图形元素之间有多种多样的相互关系，如一个点在一条线上或在一个多边形内，一条线穿过一个多边形等等。在实际应用中，一个地理信息系统要管理非常多、非常复杂的数据，可能有几万个多边形、几万条线、上万个点，还要计算和管理它们之间的各种复杂的空间关系……

地理信息系统是将计算机硬件、软件、地理数据以及系统管理人员组织而成的对任一形式的地理信息进行高效获取、存储、更新、操作、分析及显示的集成。

2.7.5 工作任务 电子数据交换(EDI)

1. 电子数据交换的工作内容

电子数据交换(Electionic Data Interchange，英文缩写为 EDI)，国际标准化组织(ISO)将 EDI 描述成“将贸易(商业)或行政事务处理按照一个公认的标准变成结构化的事务处理或信息数据格式，从计算机到计算机的电子传输”。

EDI 的主体是“经济信息”，即 EDI 是面向经济信息的应用系统，如订单、运单、发票、报关单等。

EDI 报文能被不同的贸易伙伴的计算机系统识别和处理，其关键就在于数据格式的标准化。

信息传递的路径是计算机到“电子数据通信网络”，再到对方的计算机，中间不需要人工干预。

2. 电子数据交换的工作特点

EDI 的工作特点归纳为以下六个方面：

(1)EDI 的使用对象是不同的组织之间，EDI 传输的企业间的报文，是企业间信息交流的一种方式。

(2)EDI 所传送的资料是一般业务资料，如发票、订单等，而不是指一般性的通知。

(3)EDI 传输的报文是格式化的，是符合国际标准的，这是计算机能够自动处理报文的基本前提。

(4)EDI 使用的数据通信网络，一般是增值网、专用网。

(5)数据传输由收送双方的计算机系统直接传送、交换资料、不需要人工介入操作。

(6)EDI 与传真或电子邮件的区别是：传真与电子邮件，需要人工阅读判断处理才能进入计算机系统。人工将资料重复输入计算机系统中，既浪费人力资源，又容易发生错误，而 EDI 不需要再将有关资料人工重复输入系统。

2.7.6 任务处理

任务处理如表 2-7-3 所列。

表 2-7-3　任务安排

任务内容	认知物流企业信息技术
任务目标	认知条形码、RFID、EDI、GPS、GIS
活动考核	1. 在班级组织一次以小组为单位的讨论(信息技术在物流领域的具体应用)。 2. 教师根据学生在交流与讨论中的表现给予评分。

2.7.7　任务评估

表 2-7-4　任务评估

交流 1	记录各小组陈述		
交流人： 交流内容：			
评估 2　指导教师的分析及综合意见记录			
基本概念	技能掌握	语言描述	综合得分

基本训练

一、单项选择题

1. 在销售商品时，便于点数和计量、方便包装组合的包装是属于以下(　　)类型。
   A. 工业包装　B. 小包装　C. 商业包装　D. 外包装
2. 物流系统的核心是(　　)。
   A. 包装　B. 运输　C. 储存　D. 配送
3. 对于运输量大、连续、迅速、经济、安全、可靠、平稳以及投资少、占地少、费用低，并可实现自动控制的运输方式是(　　)。
   A. 公路运输　B. 水路运输　C. 管道运输　D. 铁路运输
4. 可以根据不同的使用要求进行布局或是可以将其他部门和库房自然进行隔离，比较灵活的仓库是(　　)。
   A 立体仓库　B. 多层仓库　C. 单层仓库　D. 简仓
5. (　　)是衔接仓库和顾客需求的关键环节。
   A. 货物分拣　B. 分装加工　C. 发货物品的集包　D. 商品流通

二、多项选择题

1. 包装的功能主要包括(　　)。
   A. 保护商品　B. 促进销售　C. 方便物流　D. 方便消费
2. 特种货物的装卸搬运作业具体内容包括(　　)。
   A. 危险货物的装卸　B. 鲜活货物的装卸　C. 贵重货物的装卸　D. 干散货物的装卸
3. 航空运输方式主要有(　　)。

A. 联合运输方式 B. 包机运输方式 C. 班机运输方式 D. 集中托运方式

4. 仓储在物流管理中的作用是(　　)。

A. 运输整合 B. 合理配送 C. 平衡生产 D. 存货控制

5. 流通加工的功能主要有(　　)。

A. 改变包装策略 B. 改变商品的装潢

C. 衔接生产和需求 C. 提高加工设备利用率

三、简答题

1. 物流活动包括哪些要素,其各自含义是什么?

2. 包装的功能、种类各有哪些,其主要作用是什么?

3. 运输有哪几种,其各自有什么特点?

4. 仓储的在物流管理中的作用有哪些?

5. 我国的流通加工主要有哪些形式?

情境 3 国际物流

学习目标

知识目标：学生通过本情境的学习，能认识国际物流及其各个子系统，了解国际贸易的发展对国际物流的影响和国际物流对国际贸易的促进作用，掌握国际物流的工作内容和相关的工作流程。

技术目标：掌握国际物流与国内物流运作过程中的流程，能分析国际物流运作过程中应注意的关键问题。

能力目标：能够掌握物流活动构成的工作任务，具备用所学到的知识处理物流活动实务工作的初步的能力。学生通过对国际物流的各个子系统的了解，能提高对国际物流中各个子系统的认识，并能规划未来的职业生涯。

任务 3.1 国际物流基础知识

3.1.1 任务导入

纵观新加坡的物流业

世界地图上的新加坡只不过是个"小红点"，但新加坡所处的地理位置却是世界的十字路口之一。得天独厚的地理条件使之发展成为一个主要的商业、运输、通信、旅游中心。长期以来，新加坡凭借自己独特的地理位置大力发展现代物流业。目前，物流业已经成为新加坡的支柱产业，新加坡港的吞吐量也一直名列世界各港口前列。

新加坡的樟宜机场是世界第四大货运机场，每周 4 000 航班连接 57 个国家的 182 个城市。机场内设有樟宜航空货运中心（也称物流园），面积达 47 公顷，是一个 24 小时运作的自由贸易区。这个一站式的服务中心，提供了装卸航空货物所需的设备和服务，从飞机卸下的货物送到收货人手里，前后只需一小时。

正因为新加坡拥有强大的海上和空中网络连接亚洲和世界各地，所以有超过 9 000 家的物流企业利用新加坡作为区域转运及配运中心，包括位列全球业界前茅的 17 家第三方物流公司中的 10 家在新加坡设立了亚洲总部。这里也是许多正在进入亚洲市场的跨国公司的亚洲总部。

此外，世界知名物流企业如中外运敦豪国际航空快递有限公司、联邦快递公司、辛克物流公司等都在新加坡设立了区域总部。再加上与互联网结合，新加坡物流业更以电子物流的全新经营模式，整合了一套独具特色的网络供应链管理系统（IS－CM），吸引跨国企业利用新加坡物流业的优势，构建亚太地区的外包供应网，让跨国企业专注于产品研发及市场营销，提高国际竞争力，从而更加巩固了新加坡物流业的支柱地位。

高科技是新加坡物流业的主要支撑力量之一，而网络技术则是重中之重。新加坡物流公司基本实现了整个运作过程的自动化，一般都拥有高技术仓储设备、全自动立体仓库、无线扫描设备、自动提存系统等现代信息技术设备。新加坡物流企业都斥资数百万美元建成了电脑技术平台，通过公司的技术平台，客户不但可以进行下订单等商务联系，还随时可以了解所托运货物当时的空间位置、所处的运送环节和预计送达的时间。现代科技还保证了货物的安全和物流过程中的准确性，如条形码和无线扫描仪的使用，使每天多达数千万份的货物运送准确率超过99.99%。

服务的专一性是新加坡物流企业能够提供高质量服务的重要原因。它们要么专门为某一行业的企业提供全方位的物流服务，要么为各行业的客户提供某一环节的物流服务。新加坡港口、机场附近均设有自由贸易区(保税区)或物流园区，提供集中的物流服务，在园区内就能找到运输、仓储、配送等各个环节的专业物流商，极大地方便了客户联系业务。樟宜国际机场附近的物流园，吸引了数十家大型物流公司进驻，达到了较好的规模经济效果。新加坡现代物流业已经转向"量身定做"的服务，以满足每个客户的不同需要为出发点和最终归宿点，服务范围之广之细可谓空前。公司和客户共同研究、选择出一种或几种最理想的服务方式，最终找出能最大限度地为客户提供低成本的解决方案。

国土面积小、没有工业成为新加坡物流业发展的瓶颈。经过几十年的发展，新加坡的物流市场已成熟，因此新加坡的物流业者认识到必须走出国内市场，寻求新的促进增长的道路。亚太物流业的报告指出，亚洲物流业估计价值1万亿美元，以中国为首，其后依次是东盟国家和印度。经济的环球化造成了生产基地向东移；世界贸易组织的多边贸易开放、区域贸易协定和双边贸易协定，都有助于国际货物流动的大幅增加；采购原材料、分包制造以及成品配送活动正日益全球化，这就增加了企业供应链的长度和复杂性。这一切都使生产企业无暇顾及全面的产业，因而必须把部分物流业外包。

问题：

1. 新加坡物流业的成功因素有哪些？
2. 如何认识新加坡的物流业走出国内市场？

3.1.2 工作任务 国际物流相关知识

1. 国际物流的工作任务

国际物流就是组织货物在各国间的合理流动，也就是发生在两个或两个以上国家或地区之间所进行的物流。

国际分工的日益专业化，促进了国家间的交流与合作，国际贸易和跨国经营应运而生。而为国际贸易和跨国经营服务则是国际物流的目标，也就是说选择最好的路径和方式，冒最小的风险、花最少的费用将货物从一国或地区的供方按质、按量、适时地送到另一国或地区的需方。从另一个层面来说，国际物流是不同国家的物流系统之间的"传输带"，因而与国内物流系统相比，国际物流更具有国际性，风险程度更高，程序更复杂。基于国际物流自身的独特性，物流行业从业者也面临一系列挑战，如要懂得利用自身优势，合理选择运输路线和运输方式，缩短运输距离和货物在途时间，加速货物周转，降低物流成本，提高物流企业的经济效益，实现可持续发展的总目标；要了解相关国家或地区的法律差异、文化差异、行为习惯差异、诸多影响和可变因素，以及如何规避自然灾害风险、政治风险、物流市场变化风险等等。

2. 国际物流的分类

根据划分标准的不同，国际物流主要可以分为以下几种类型：

(1)根据货物在国际的流向分进口物流和出口物流。当国际物流服务于一国或地区的货物进口时，称为进口物流；反之，当国际物流服务于一国或地区的货物出口时，称为出口物流。由于各国或地区在货物进出口政策特别是海关管理制度上的差异，进口物流与出口物流相比，既有交叉的业务环节，也有彼此独立的业务环节，要注意区别对待。

(2)根据货物流动关税区域分为不同国家间的物流和不同经济区域间的物流。众所周知，区域经济的发展是当今世界经济发展的一大特征。例如，欧盟国家属于同一关税区，其成员国之间的物流运作与欧盟成员国同其他国家或经济区域之间的物流运作在方式和环节上都有很大的差异。

(3)根据运送货物的特征分为国际军火物流、国际商品物流、国际邮品物流、捐助或救助物资物流、国际展品物流和废弃物物流等。

3. 国际物流的特点

(1)物流环境存在差异

国际物流的一个非常重要的特点是各国物流环境的差异，尤其是物流软环境的差异。不同国家的不同物流所适用的法律，使国际物流的复杂性远高于一国的国内物流，甚至会阻断国际物流；不同国家的不同的经济和科技发展水平，会造成国际物流处于不同科技条件的支撑下；不同国家的不同标准，也造成国际“接轨”的困难，因而使国际物流系统难以建立；不同国家的风俗人文也使国际物流受到很大局限。

(2)国际物流必须有国际化信息系统的支持

国际化信息系统是国际物流尤其是国际联运非常重要的支持手段。国际信息系统的建立不仅管理困难大，而且投资巨大；另外，由于世界上有些地区的物流信息水平较高，有些地区较低，也会出现信息水平不均衡等现象，因而信息系统的建立更为困难。

当前国际物流信息系统一个较好的建立办法是和各国海关的公共信息系统联机，以便及时掌握有关各个港口、机场和联运线路、站场的实际状况，为物流决策提供支持。

(3)国际物流的标准化要求较高

国际物流除了国际化信息系统支持外，还要求各个国家和地区的物流基础设施的结构标准化，并且签订贸易协定，以保证国际物流的畅通。

(4)国际物流以远洋运输为主、多种运输方式组合

与国内物流相比，国际物流以远洋运输为主、多种运输方式组合。国际物流涉及多个国家，地理范围跨度大，运输距离也更长，因此需要合理选择运输路线和方式，尽量缩短运输距离和货运时间，加速货物的周转，降低物流成本。

4. 国际物流的发展

(1)第一阶段——20 世纪 50 年代至 80 年代初

这一阶段物流设施和物流技术得到了很大的发展，建立了配送中心，电子计算机被广泛运用于物流管理，一些国家建立了本国的物流标准化体系等。物流系统的改善促进了国际贸易的发展，物流活动已经超出了一国范围，但物流国际化的趋势还没有得到人们的重视。

(2)第二阶段——20 世纪 80 年代初至 90 年代初

这一阶段物流国际化的趋势局限在美国、日本和欧洲一些发达国家。

随着经济技术的发展和国际经济往来的日益扩大，物流国际化趋势开始成为世界性的共同问题。美国密歇根州立大学教授波索克斯认为，进入 20 世纪 80 年代，美国经济已经失去了兴旺发展的势头，陷入长期倒退的危机之中。因此，必须强调改善国际性物流管理，降低产品成本，并且要改善服务，扩大销售，在激烈的国际竞争中获得胜利。与此同时，日本正处于成熟的经济发展期，以贸易立国，要实现与其对外贸易相适应的物流国际化，并采取了建立物流信息网络和加

强物流全面质量管理等一系列措施，以提高物流国际化的效率。

(3)第三阶段——20 世纪 90 年代初至今

这一阶段，国际物流的概念和重要性已被各国政府和外贸部门所普遍接受。贸易伙伴遍布全球，必然要求物流国际化，即物流设施国际化、物流技术国际化、物流服务国际化、货物运输国际化、包装国际化和流通加工国际化等。世界各国广泛开展国际物流的理论和实践方面的大胆探索，人们已经形成共识：只有广泛开展国际物流的合作，才能促进世界经济繁荣。

5. 国际物流的发展趋势

(1)国际化程度日益提高

物流的国际化就是物流过程中的各个环节逐步摆脱本国或本地区的限制，出现了面向全球市场全方位、多渠道的发展趋势，物流企业也在提供国际化服务的同时，提高了国际化经营管理水平，形成了各国物流参与、各方合作"共赢"的局面，进一步扩大了国际物流供给与需求的规模。

(2)国际化内涵不断丰富

摒除了传统的运输、搬运、仓储外，流通加工、运输配送、管理工程、信息处理、金融活动也被计入其范畴中。除此之外，还形成了一套与物流各个环节相适应的物流管理制度，为物流业的平稳发展提供了良好的制度保障体系。随着各国开放程度的提高，国际物流的观念和方法也在不断发展变化。

国际物流主要以海港、空港为枢纽，以各种交通运输手段、联运线路为依托，通过合理的运输组织和流程管理，形成完整的供应链。

3.1.3 任务处理

任务处理如表 3-1-1 所列。

表 3-1-1 任务安排

任务内容	认知国际物流的工作内容和国际物流的特点及国际物流的发展历程
任务目标	了解国际物流发展状况，加深学生对国际物流的认知
任务安排	通过网络了解中国香港国际物流的工作内容、发展历程及特色
活动考核	1. 收集中国香港国际物流发展的视频、文字资料，并写出分析报告。 2. 教师根据学生在交流与讨论中的表现给予评分

3.1.4 任务评估

表 3-1-2 任务评估

交流 1	记录各小组陈述		
交流人： 交流内容：			
评估 2 指导教师的分析及综合意见记录			
基本概念	技能掌握	语言描述	综合得分

任务3.2 国际贸易

3.2.1 任务导入

2011年中国某出口公司A与韩国某公司B签订一份大豆的购销合同。该合同中规定了大豆的水分、杂质等条件,以中国商品检验局证明为最后依据;单价为每吨681美元,FOB天津港,麻袋装,每袋净重200 kg,买方须于2011年8月派船只接运货物。B公司未按期派船只装运,一直延误了数月才派船来华接货,大豆装船交货,运抵目的地后,B公司发现大豆生虫,于是委托当地检验机构进行检验,并签发了虫害证明。A公司接到对方索赔请求,一方面拒绝赔偿,另一方面要求对方支付延误期间A方支付的仓储保管费及其他费用。另外,保存在中国商品检验检疫局的检验货样,至争议发生后仍然完好,未发生虫害。

问题:

1. 这批货物的风险自何时起由卖方转移到买方?

2. A公司要求B公司支付延误期间的大豆仓储保管费及其他费用能否成立,为什么?

3. B公司的索赔请求能否成立,为什么?

3.2.2 工作任务 国际贸易相关术语

1. 国际贸易的工作任务

国际贸易也称世界贸易,泛指世界各国(或地区,仅限单独关税地区)之间所进行的以货币为媒介的商品交换活动。它既包含有形商品的交换也包含无形商品(劳务、技术、货币或咨询等)的交换。它是随着国际分工的出现和世界市场的形成而产生和发展起来的。国际贸易反映了世界各国的相互依赖关系。

国际贸易产生的原因众多,主要表现在以下三个方面:

(1)各国的生产要素存在差异

从世界的范围来看,各国的生产要素分布是不相同的。有的国家幅员辽阔,有的国家资本实力雄厚,还有的国家科学技术发达、人力资源充沛。产品形成过程中所需要的生产资源要素比例也是各不相同。比如,有的产品属技术密集产业,蕴涵了较高的科技含量;而有些产品需要使用较多的劳动力,属劳动密集型产业;还有的产品需要大量的土地资源。具有不同生产要素的国家适合发展不同的产业,这样也就形成了社会分工。例如,由于美国的科学技术发展水平在全球处于领先地位,因此,其适合发展资本和技术密集型产业;澳大利亚、新西兰等国家土地资源丰富,有利于发展畜牧业和种植业;对中国而言,由于人口众多、劳动力资源丰富,因而适合发展加工制造等劳动密集型产业。各国按照自己的生产要素优势分工生产,然后进行贸易,既满足国际的消费需求,又提高了全球资源的利用率,促进了国际贸易的发展。

(2)国际生产要素流动存在局限性

由于生产要素的国际流动较其在国内流动更为困难,因此有必要通过商品和服务的国际贸易加以弥补,以提高其流动性。

(3)各国科学技术发展水平参差不齐

西方发达国家的科技水平在世界范围内遥遥领先,生产了众多高科技产品,而有些科学技术落后的国家根本无法生产某些生活必需品,只有通过国际贸易加以弥补。

随着生产力的发展、科学技术的进步和国际经济联系的加强，在当代，国际贸易这一概念所包含的内容正逐渐扩大。

2. 国际贸易的方式

随着国际贸易的不断发展，国际贸易方式亦日趋多样，除采用逐笔售定的方式外，还采用包销、代理、寄售、招标与投标、拍卖、租赁贸易、补偿贸易、加工贸易等方式。

(1)逐笔售定

逐笔售定又称单边进(出)口，是指买卖双方以函电或口头就商品的交易条件(品质、规格、数量、价格、支付方式、运输方式、交货地点和日期)进行具体的磋商，通过发盘相接受，在达成交易的基础上，签订具体的出口(进口)合同，然后由买卖双方根据合同条件分别履行发货和付款的义务。其特点是一方出口，一方进口，进口、出口分别成交，逐笔售定。它是国际贸易中最常见、最基本的一种交易方式。

(2)包销

包销是指出口人(委托人)与国外经销商达成协议，在一定的时间内，把指定商品在指定地区的独家经营权授予该经销商，经销商则承诺不经营其他来源的同类或可替代的商品。通过包销协议，双方建立起一种稳定、长期的买卖关系，而具体的每一笔交易，则以包销协议为基础，另行订立买卖合同。也就是说包销除了当事人双方签订买卖合同外，还须在事先签订包销协议。买卖双方的权利、义务是由包销协议确定的，两者签订的买卖合同也必须符合包销协议的规定，这就是包销与单边逐笔出口的不同之处。包销的一般做法如图 3-2-1 所示。

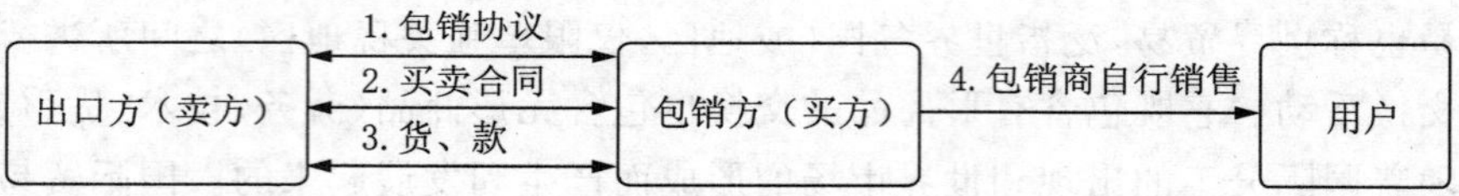

图 3-2-1　包销示意图

(3)代理

国际贸易中的代理是代理人和委托人在法律上的一种委托代理关系，是出口企业作为委托人与国外代理商达成协议，委托其在特定地区和一定期限内代购、代销以及办理其他与业务有关各项事宜的一种贸易方式。代理业务中的两个基本当事人的关系不是买卖关系，而是通过代理协议或合同的订立所建立的委托代理关系。代理人一般不以自己的名义与第三者签订合同，不承担履行合同的责任，而是通常中运用委托人的资金从事业务活动，不负盈亏，依靠取得佣金获得报酬。代理的一般做法如图 3-2-2 所示。

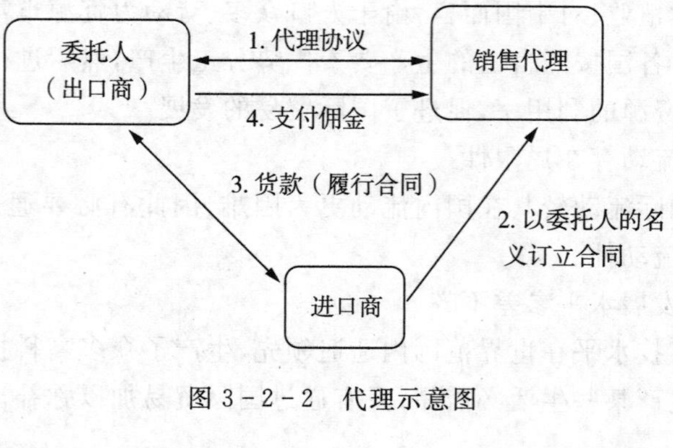

图 3-2-2　代理示意图

(4)寄售

寄售是寄售人(出口商或委托人)为开拓商品的销路,由出口商委托国外代销商向用户进行现货买卖的一种交易方式。出品商作为寄售人,将准备销售的货物先行运往国外,委托当地的销售商按照寄售协议规定的条件在当地市场上销售。商品售出后,代销商扣除佣金和其他费用后,将货款交付给寄售人。采用寄售方式,出口商应在寄售地区选定代销人,签订寄售协议,然后将货物运往寄售地点由代销人现货销售。寄售人与代销人之间是委托代售关系,不是买卖关系。货物所有权在出售之前仍属寄售人,出售不成,则仍运到原定目的地。代销人不负担风险与费用。

(5)招标与投标

招标和投标是一种贸易方式的两个方面。许多政府机构、大型企业、公用事业单位通常都采用招标方式购买各类物资,尤其是在利用世界银行贷款项目或国际政治贷款项目的采购方面,往往在贷款协议中规定,运用这些贷款采购物资、设备时,要采用国际竞争性招标方式。除此之外还有许多国家对进出口商品的配额也采取招标的方式。

招标是由招标人(采购方或工程业主)发出招标通告,说明需要采购的商品或发包工程项目的具体内容,邀请投标人(卖方或工程承包商)在规定的时间和地点投标,并与所提条件对招标人最为有利的投标人订约的一种行为。

投标是投标人(卖方或工程承包商)应招标人的邀请,根据招标人规定的条件,在规定的时间和地点向招标人递盘以争取成交的行为。

(6)拍卖

拍卖是一种通过众多买主的竞价而实现现货交易的方式。国际贸易中采用拍卖方式进行交易的商品,是一些品质难以标准化或难以久存,或传统上有拍卖习惯的商品,如裘皮、木材、水果、茶叶等等。拍卖是专门经营拍卖业务的拍卖行接受货主的委托,在规定的时间和地点,按照一定的章程和规则,将货物公开展示,由买主出价竞购,把货物卖给出价最高的买主。

(7)租赁贸易

租赁贸易是一种商品信贷和资金信息信贷两种性质的贸易方式。租赁贸易是出租人应承租人的要求,垫付资金向制造厂购买承租人指定的机械设备,并将其租给承租人,承租人根据租赁合同,分期向出租人支付租赁费的经济活动。根据租约规定,出租人定期收取租金,收回其全部或部分对租赁物的投资,并保持对租赁物的所有权;承租人通过租金缴纳而取得租赁物的使用权。

(8)补偿贸易

补偿贸易是指在信贷基础上进口设备,然后以进口设备生产的产品或双方指定的其他产品或劳务所得价款分期偿还进口设备的价款及利息。这种方式是商品贸易与信贷、生产、劳务以及引进技术相结合,对贸易双方都能带来好处。

(9)加工贸易

加工贸易是一国通过各种不同的方式,进口原料、材料或零件,利用本国的生产能力和技术,加工成成品后再出口,从而获得以外汇体现的附加价值。

3. 国际贸易术语

国际贸易术语又称价格术语。在国际贸易中,买卖双方所承担的义务,会影响到商品的价格。在长期的国际贸易实践中,逐渐形成了把某些和价格密切相关的贸易条件与价格直接联系在一起,形成了若干种报价的模式。每一种模式都规定了买卖双方在某些贸易条件中所承担的义务,用来表示这种义务的术语,称为贸易术语。

贸易术语所表示的贸易条件,主要分两个方面:一是说明商品的价格构成,是否包括成本以外的主要从属费用,即运费和保险;二是确定交货条件,即说明买卖双方在交接货物方面彼此所承担的责任、费用和风险。

《2000年通则》是国际商会对各种贸易术语解释的正式规则。它对13种术语做了解释,按其共同特征归纳为E、F、C、D四组,其中,E组属于起运术语,F、C组属于装运术语,D组属于到达术语。《2000年通则》将买卖双方的义务各用10个项目列出,相互对应,标准规范,便于比较、检查,如表3-2-1所列。

表3-2-1 《2000通则》中买卖双方义务对应表

A. 卖方义务	B. 买方义务
1. 提供符合合同规定的货物	1. 支付货款
2. 许可证、批准文件及海关手续	2. 许可证、批准文件及海关手续
3. 运输合同与保险合同	3. 运输合同与保险合同
4. 交货	4. 受领货物
5. 风险转移	5. 风险转移
6. 费用划分	6. 费用划分
7. 通知买方	7. 通知卖方
8. 交货凭证、运输单证或有同等作用的电子信息	8. 交货凭证、运输单证或有同等作用的电子信息
9. 检验、包装及标志	9. 货物体验
10. 其他义务	10. 其他义务

在出口贸易实务中,FOB,CIF、CFR三种适合海运的贸易术语是在国际贸易中、也是在我国对外贸易中被广泛使用的三种传统的贸易术语。同时,随着运输技术的发展,在这三种传统术语基础上发展起来的FCA、CIP、CPT三种术语也是国际贸易中适用面很广的主要术语。现将这六种贸易术语分述如下:

(1)FOB

Free on board(...named port of shipment)船上交货(……指定装运港),是指货物在指定的装运港越过船舷,卖方即完成交货。这意味着买方必须以该点起承担货物灭失或损坏的一切风险。根据《2000年通则》,买卖双方的主要义务及注意事项如表3-2-2所列。

表3-2-2 FOB贸易双方主要义务及注意事项表

卖 方	买 方
交货(按合同规定)、移交单据	付款、接单、提取货物
办理出口清关手续、支付费用	办理进口清关手续、支付费用
	租船订舱、支付运费
	办理保险、支付保险费
承担货物越过装运港船舷之前的一切风险和费用	承担货物越过装运港船舷之后的一切风险和费用

(2)CIF

Cost insurance and freight(...named port of destination)成本、保险费加运费，是指在装运港当货物越过船舷时卖方即完成交货。卖方必须支付将货物运至指定的目的港所需的运费和必要的费用，但交货后货物灭失或损坏的风险以及由于各种事件造成的任何额外费用即由卖方转移到买方。但是，在CIF条件下，卖方还必须办理买方货物在运输途中灭失或损坏风险的海运保险。

(3)CFR

Cost freight(...named port of destination)也称运费在内价，是指货物在装运港越过船舷，卖方即完成交货，并支付货物运至指定目的港所需的运费和必要的费用。但交货后货物灭失或损坏的风险及由于各种事件造成的任何额外费用则转移到买方。

与CIF不同之处在于货运保险由买方自己办理，并支付保险费。只有CFR价格术语中运输和保险是分离的。卖方装船后毫不延迟地发出装船通知，以便买方及时投保。一旦卖方没有及时向买方发出装船通知，致使买方未能投保，由此产生的损失均由卖方承担。因为，这意味着货物在装运港越过船舷后风险并未转移到买方。

(4)FCA

Free carrier(...named place)货交承运人(……指定地点)，是指卖方只要将货物在指定的地点交给买方指定的承运人，并办理了出口清关手续，即完成交货。需要说明的是，交货地点的选择对于在该地点装货和卸货的义务会产生影响。若卖方在其所在地交货，则卖方应负责装货；若卖方在任何其他地点交货，卖方不负责卸货。该术语可用于各种运输方式，包括多式联运。

"承运人"是指任何人在运输合同中承诺通过铁路、公路、空运、海运、内河运输或上述运输的联合方式履行运输或由他人履行运输。若买方指定承运人以外的人领取货物，则当卖方将货物交给此人时，即视为已履行了交货义务。

(5)CPT

Carriage paid to(...named place of destination)运费付至(……指定目的地)，是指卖方向其指定的承运人交货，并支付运费，办理出口清关手续，买方承担卖方交货后的一切风险和费用。

CPT是在CFR基础上发展起来的，适用于各种运输方式。因此，也有人称其为"复合运输CFR条件"

在多式联运情况下使用CPT术语，卖方承担的风险把货物交给第一承运人时转移给买方，交货后及时向买方发出装运通知以便买方办理保险；货物的装卸费用可以包括在运费之中，由卖方支付，也可另行约定。

(6)CIP

Carriage insurance paid to(...named place of destination)运费、保险费付至(……指定目的地)，是指卖方向指定的承运人交货，支付货到目的地运费，办理货物在途中的保险并支付保险费，承办出口清关手续。买方承担卖方交货后的一切风险和额外费用。该术语适用于各种运输方式。因此，有人称其为"复合运输CIF条件"。

除了以上六种主要贸易术语外，在《2000年通则》中还有其他七种术语，这些术语不常用，但在某些情况下，还是可以知晓买方或卖方的特定要求，因此，应当了解并灵活选用。具体如图3-2-3所示。

4. 国际物流与国际贸易的关系

国际物流是在国际贸易产生和发展的基础上发展起来的，并已成为影响和制约国际贸易进一步发展的重要因素。国际物流和国际贸易之间存在着非常紧密的关系，两者是互相促进、互相制约的。

(1)国际贸易是国际物流产生和发展的基础和前提

最初，国际物流知识是国际贸易的一部分，生产的国际化和国际分工的细化，加速了国与国、地区与地区之间国际贸易的发展，也使国际物流从国际贸易中分离出来。随着国际贸易在数量、规模和交易品种等方面的增加，面临巨大市场压力的贸易商、制造商对国际物流的服务要求也日益增加。实际上，国际商品的物流体现了商流与物流的统一，一方面，若进口商和出口商未缔结某种商品的国际货物买卖合同，也就不存在该种商品在国际的流动和转移问题，更不会有涉及围绕该商品流动所需要的国际物流等一系列活动；另一方面，若没有国际物流的相关活动及有效运作，国际货物买卖合同的履行(即在适当的时间、适当的地点以及适当的条件下，把适当的商品以适当的方式和适当的成本送到适当的消费者手中)也就成了一句空话。

因此，国际贸易是国际物流产生和发展的基础和前提。两个国家或地区间的国际贸易越活跃，对国际物流的运作能力和技术水平的要求也越高。

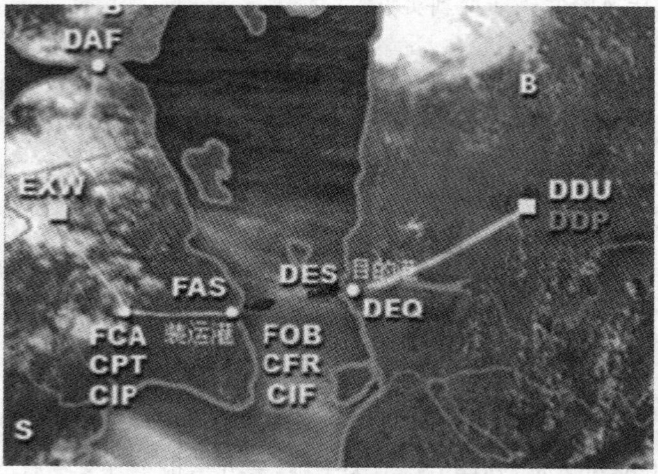

图 3-2-3 国际贸易术语示意图

(2)国际物流的高效运作是国际贸易发展的重要条件

国际市场竞争的加剧，对国际贸易厂商提出了以客户和市场为导向、加速新产品的市场引入、快速及时地满足国外消费者的要求。消费者对商品多品种、小批量化的需要，使国际贸易中的商品品种、数量成倍地增长。由于商品的各自的特点不同，技术含量复杂多样，因此，对其包装材料、运输工具、存储条件、装卸设备和设施以及国际物流的运作也各不相同，这就要求国际物流的经营者要了解和掌握各种商品的基本特征，采用合适的运输工具和物流技术，保证各种商品按时交付。同时，由于国际贸易既可以在彼此相邻的国家或地区间展开，也可以在相互距离很大的国家或地区间进行，商品的在途时间可长可短，政治经济环境、气候和地理等自然环境相对比较复杂，因此，国际物流经营人员也必须具备选择合适的运输方式、线路等方面的知识，以减少货物在途损耗和灭失的风险。

简而言之，国际贸易商品结构、市场结构的巨大变化，需要专业化、国际化的物流运作。若国际物流从业者无法在降低成本、不增加客户费用的条件下，实现跨国货物准确、准时、无差错或少差错以及安全地交付，国际贸易合同的履约率就会受到限制，从而会影响国际贸易企业的生存和发展。

3.2.3 任务处理

任务处理如表 3-2-3 所列。

表 3-2-3 任务安排

任务内容	认知国际贸易价格术语
任务目标	熟悉 FOB、CIF、CFR 价格术语的应用
任务安排	讨论价格术语的具体工作内容，其买卖双方各承担哪些主要义务
活动考核	1. 收集价格术语的相关案例，分析在我国进出口业务中，选用价格术语的出发点，并写出分析报告。 2. 教师根据学生在交流与讨论中的表现给予评分

3.2.4 任务评估

表 3-2-4 任务评估

<table>
<tr><td>交流 1</td><td colspan="3">记录各小组陈述</td></tr>
<tr><td colspan="4">交流人：
交流内容：</td></tr>
<tr><td colspan="4">评估 2　指导教师的分析及综合意见记录</td></tr>
<tr><td>基本概念</td><td>技能掌握</td><td>语言描述</td><td>综合得分</td></tr>
<tr><td></td><td></td><td></td><td></td></tr>
</table>

任务 3.3 国际物流运输

3.3.1 任务导入

ZARA 的节奏

这个总部设在西班牙西北部一个不知名的小城市 La Corun a、很少打广告的企业，却创造了服装业的一个辉煌奇迹。它的创始人奥尔特加在 20 世纪 60 年代以 5 000 比塞塔(西班牙货币，相当于 30 欧元)开了一家服装小店，2003 年的销售额为 45.99 亿欧元，纯利润为 4.46 亿欧元，利润率为 9.7%。到 2003 年年底，该企业在 48 个国家和地区共拥有 1 922 家连锁店，有 39 760 名雇员。ZARA 在西班牙拥有 22 家工厂，其中 18 家位于 La Corun a 地区及其附近，另外 50% 的产品来自 400 家供应商，其中 70%在欧洲，而且主要是在西班牙和葡萄牙，地理位置的便利让这些厂能很快对 ZARA 的订单做出反应，尤其是对于异常时尚的款式。而剩下的 30%则主要在亚洲生产。

2003 年以前，所有 ZARA 的产品都经由位于 La Corun a 的物流中心处理。在这幢 5 层楼、面积达 50 万平方米的中心里，装备着最先进的系统，使得任何一批货品在 8 小时之内一定能被分运上路。这里有 1 200 名工人,每周工作 4 天,每天工作的班次多少则依据货品的数量来安排。2003 年,位于西班牙首都马德里东北萨拉戈萨市的 ZARA 第二个物流中心竣工了,这个耗资 1 亿欧元的中心面积为 12.3 万平方米,每小时的配送能力为 8 万件服装。这里是铁路和公路枢纽,离国际机场也很近,便利的交通是 ZARA 选址的主要原因。除了这两个物流中心,ZARA 还在巴西、阿根廷和墨西哥拥有三个相对较小的配送中心,来应对南半球与欧洲相反的季节和遥远的路途。零售店每周两次下订单,两次接收新到的货品。订单必须在事先规定的时间之前发出:在西班牙和南欧的分店必须在周三下午 2 点之前和周六下午 6 点之前下订单,而其他地方必须在周二下午 3 点之前和周五下午 6 点之前发订单。如果错过了时间,就只能等到下次下订单的时间了。产品的 3/4 由货运承包商从配送中心直接用车身写着"ZARA"字样的卡车运往欧洲的各个连锁店。这些卡车严格按照固定的时刻表运行,这样可以节省运费。例如,一辆卡车周二早上 6:00 从 La Corun a 配送中心出发,将一批货送到位于荷兰的一家 ZARA 连锁店,到达目的地卸完货后,工作人员可以直接到鹿特丹码头去接收一批从亚洲运来的外包生产的产品。距离西班牙本土较远的连锁店商品主要靠空运。ZARA 第一个配送中心 La Corun a,附近有两个机场:La Corun a 机场(10 公里远)和另一个更大的圣地亚哥机场(70 公里远)。第二个配送中心萨拉戈萨,附近有萨拉戈萨机场和马德里机场。一般来说,货物从配送中心在 24 小时内运到欧洲各分店,在 48 小时之内运到美国,在 48—72 小时之内运到日本。速度显然是压倒一切的,正如 ZARA 的一个高级经理说的那样:"对于我们来说,距离已经不用公里数来计算,而是用时间来计算。"举个例子来说,一批要运往日本的货物上午到了 La Corun a 配送中心,在几个小时之内将由卡车送到圣地亚哥机场,然后从圣地亚哥取道马德里,第二天到达大阪,第三天由第三方货运承包商从机场运到 ZARA 的连锁店。货物从卡车卸下后就可以直接上货架了,因为价格和商标都早已贴好了。服装行业的普遍做法是在季节开始之前,将预计销售量的 45%到 60%投入供应链,作为"预先储备",而 ZARA 的这个数据是 15%到 20%。等到季节真正开始了,ZARA 才根据市场的最新变化追加产量,这部分的产量要占总量的 40%到 50%,而其他服装企业这项数据有的是零,而最多的也不超过 20%。服装行业一般只能将产品的 60%到 70%出售,而 ZARA 却成功地让这个比例上升到 85%。到 2003 年年底,销售店面的总面积达 68.6 万平方米,每平方米的平均销售额是 5 192 欧元,显示了 ZARA 以及它的母公司的成功和实力,ZARA 的明天应该比今天更辉煌。

问题:

1. ZARA 是如何选择服装的运输方式?
2. 试分析在国际贸易中,不同价位的服装对运输时间的要求。

3.3.2 工作任务 国际物流运输

1. 国际物流运输的工作内容

国际物流运输也就是国际货物运输,是指在国家与国家、国家与地区之间的货物运输,分为贸易与非贸易(指展览品、援外品、个人行李、办公用品等)。一般非贸易物品的运输只是附带业务。

国际物流运输主要有两个基本功能:

(1)国际物流运输主要完成的工作是将货物由卖方地(供求方)移动至买方地(需求方)。由于运输活动使空间上的距离缩短,时间上的差异减少,这样就产生了物品的流动。

(2)由于这种流动是通过运输达成的,因此储存货物无形之中也就成为国际运输的另一项基本功能了。

2. 国际货物的海洋运输

海洋运输是国际货物贸易中最主要的运输方式。目前,国际货物总运量中的 2/3 以上都选择海洋运输。在我国,国际货物总运量的 80%~90%是通过海洋运输来完成的。海洋运输的运量大、运费低、航道四通八达。但海洋运输速度慢、航行风险大,航行时间易受气候和港口条件等因素的影响,这也是其不足之处。

(1)海运航线、港口和船期表

① 海运航线

航线通常是指船舶在两个以上港口航行的线路。海运航线的主要分类如下:

a. 定期航线 是指使用固定的船舶,按固定的船期和港口航行,并以相对固定的运价经营客货运输业务的航线。它主要装运杂货物。

b. 不定期航线 是临时根据货运的需要而选择的航线。船舶、船期、挂靠港口均不固定,是以经营大宗、低价货物运输业务为主的航线。

c. 远洋航线 是指航程距离较远、船舶航行跨越大洋的运输航线,如远东至欧洲和美洲的航线。我国习惯上以亚丁湾为界,把去往亚丁湾以西、包括红海两岸和欧洲以及南北美洲广大地区的航线划分为远洋航线。

d. 近洋航线 是本国各港口至邻近国家港口间的海上运输航线的统称。我国习惯上把航线在亚丁港以东地区的亚洲和大洋洲的航线称为近洋航线。

e. 沿海航线 是指本国沿海各港口之间的海上运输航线。

② 世界主要大洋航线

世界主要大洋航线连接经过太平洋、大西洋、印度洋沿岸各国的港口,是国际货物流经的主要航线。

a. 太平洋航线 远东—北美西海岸航线,南美西海岸航线,东南亚航线,澳、新航线,加勒比(北美东海岸)航线,澳、新—北美东西海岸航线。

b. 大西洋航线 西北欧—北美东海岸、加勒比航线,地中海、苏伊士运河、亚太航线,南美东海岸航线,远东航线。

c. 印度洋航线 波斯湾—西欧、北美航线,东南亚、日本航线,远东—东南亚—东非航线,远东—东南亚—好望角—西非、南美航线,澳、新—地中海—西北欧航线。

③ 我国对外贸易中主要的海运航线

a. 近洋航线与近洋运输

近洋运输是指我国的沿海港口至邻近国家或地区海港间的海上运输的通称。通常将东至日本海,西至马六甲海峡,南至印度尼西亚沿海,北至鄂霍次克海的各海港的海上运输,都称为近洋运输。主要的近洋航线如下:

港澳线——到香港、澳门地区。

新马线——到新加坡、马来西亚的巴生港、槟城和马六甲等港。

暹罗湾线,又称为越南、柬埔寨、泰国线——到越南的海防、柬埔寨的磅逊和泰国的曼谷等港。

科伦坡、孟加拉湾线——到斯里兰卡的科伦坡和缅甸的仰光、孟加拉国的吉大港和印度东海岸的加尔各答等港。

菲律宾线——到菲律宾的马尼拉港。

印度尼西亚线——到爪哇岛的雅加达、三宝垄等。

澳大利亚、新西兰线——到澳大利亚的悉尼、墨尔本、布里斯班和新西兰的奥克兰、惠灵顿。

巴布亚新几内亚线——到巴布亚新几内亚的莱城、莫尔兹比港等。

日本线——到日本九州岛的门司和本州岛神户、大阪、名古屋、横滨和川崎等港口。

韩国线——到釜山、仁川等港口。

波斯湾线，又称阿拉伯湾线——到巴基斯坦的卡拉奇、伊朗的阿巴斯、霍拉姆沙赫尔，伊拉克的巴士拉，科威特的科威特港，沙特阿拉伯的达曼。

b. 远洋航线与远洋运输

远洋运输，是指使用船舶跨越大洋的运输。对中国籍船舶而言，批准其进行远洋运输时，即确定了其运输航线，意味着该船舶为进出境船舶，其经营的航线就是远洋航线，主要有中国到红海、东非、西非、地中海、西欧、北欧、波罗的海、北美、中南美航线，见表 3-3-1 所列。

表 3-3-1 常用的海运航线及其对应的主要港口

远洋航线	主要港口
红海航线	亚丁、吉达、亚克巴、苏丹等
东非航线	摩加迪沙、蒙巴萨、达累斯萨拉姆等
西非航线	罗安达、达克尔、拉各斯
西欧航线	鹿特丹、安特卫普、汉堡、利物浦
地中海航线	热那亚、马赛、巴塞罗那、赛得、亚历山大、贝鲁特
北欧航线	哥本哈根、奥斯陆、斯德哥尔摩、赫尔辛基
美加航线西线	温哥华、西雅图、旧金山、洛杉矶、波特兰、瓦尔帕莱索
美东航线	科隆、纽约、休斯敦、波士顿、费城、巴尔的摩、波特兰、新奥尔良
日本航线	神户、大阪、东京、横滨、川崎、门司
香港航线	中国香港
新馬航线	新加坡、巴生港、槟城、马六甲
孟加拉航线	仰光、吉大港、科伦坡、加尔各答
澳、新航线	悉尼、墨尔本、布里斯班、奥克兰、惠灵顿

(2)港口

① 港口的含义

港口是位于江、河、湖、海或水库沿岸，具有一定的设备和条件，能提供船舶往来停靠、办理客货运输或其他专门业务的场所与基地。它是供水路联系的一个结点。国际贸易中的货物运输大部分是通过港口进出的，因此，也有人将港口称为“门户”。港口的规模大小也是以吞吐量为衡量标准的。

现代化的港口是面向全球供应链的综合物流网带和综合流通网带，是连接世界经济和贸易、生产和消费，以及现代综合交通运输体系五大运输方式的主枢纽，是物流的主要基地。同时，由于港口城市社区的发展为生产要素进行有效配置提供了最便捷的地域，因此，它更促进了各类产业分类集聚，向规模化、集群化、集约化、国际化方向发展，进而形成新的空间经济增长点，成为地区未来振兴战略的支点。

② 我国的主要港口

在我国的港口建设与发展过程中，国家在不断加大投资的同时，还鼓励不同投资主体建造码头和参与港埠经营的相关业务。经过多年的努力，我国沿海港口集装箱运输的发展大体形成了三个区域：一是以深圳为龙头的珠江三角洲地区，主要港口有深圳港、广州港、汕头港、中山港、湛江港、防城港以及海口港；二是以上海为中心的长江三角洲地区，主要港口有上海港、宁波港和舟山港，而长江港口有南京港、镇江港、张家港、南通港、扬州港、江阴港和常熟港等；三是以青岛、天津、大连为代表的环渤海湾地区。

③ 国际主要的集装箱港口

国际主要的集装箱港口有香港、新加坡、鹿特丹、汉堡、洛杉矶、长滩、纽约、釜山、安特卫普、迪拜、费利克斯托、东京等。

(3)船期表

船期表是运输经营人对外公布的有关经营航线的承诺书，内容包括航线、船名/航次、挂港顺序、预计到港或离港时间等。一般来说，船期表可通过下列途径获得：报纸、杂志(船务公报)、相关的船舶公司网站、航运交易所、电话咨询相关的船舶公司货运代理人等。在船期表中会有ETD/ETA(estimated time of departure/estimated time of arrival)的表达方式，其含义是预计离港时间和预计到港时间。船期表示例见表3-3-2。

表3-3-2　某船公司的港口船期表

船舶公司	船名/航次	航线	装船港/卸货港	启达日期	天	挂港
MAERSK 马士基	MAERSK DAMIETT A/1205	中国—美西	HONG KONG GARDEN CITY	04/20(五) 05/23(二)	33	
MSC 地中海航运	MSC MELATILDE 1217R	中国—中南美	DALIAN PUERTO LIMON 利蒙港	04/20(五) 07/06(五)	77	
NYK 日本邮船	ASTORIA BRIDGE	中国—东北亚	SHANGHAI YOKOHAMA	04/20(五) 05/25(五)	35	

从船期表可以得知，货物何时可以装船启程，何时可以到达目的港，从而计算出货物的总运输时间，并与其他的船舶公司进行比较，是选择合适的船舶公司的前提条件。

3. 海洋运输的主要方式

(1)海洋运输

海洋运输简称海运，它是利用货船在国内外港口之间通过一定的航线和航区进行货物运输的一种运输方式。国际海洋货物运输，按船舶的营运方式进行分类，有班轮运输和租船运输两种。

① 班轮运输

班轮运输也叫定期船运输，它是在一定航线上，在一定的停靠港口定期开航的船舶运输。班轮运输的特点如下：

a. 具有“四固定”的基本特点，即航线固定、港口固定、船期固定和费率相对固定。

b. 运费中包括装卸费用，承运人管装管卸，承、托双方不计装卸时间以及滞期费或速遣费。

c. 各类货物都可接受，包括冷冻、易腐、液体及危险品之类的货物，且一般在码头交接货物，方便货主。

d. 承运人和托运人双方的权利、义务和责任豁免以班轮提单上所载的条款为依据。

② 租船运输

租船运输方式主要包括定程租船和定期租船两种，不论是按航程或按期限租船，船、租双方都要签订租船合同，以明确双方的权利和义务。

a. 定程租船

定程租船，又称航次租船，它是由船舶所有人负责提供船舶，在指定港口之间进行一个航次或数个航次，承运指定货物的租船运输。

b. 定期租船

定期租船是船舶所有人将船舶出租给承租人、供其使用一定时期的租船运输，承租人也可以将此期租船充作班轮或程租船使用。

(2)国际铁路货物运输

我国对外贸易货物的铁路运输包括国际铁路联运、对香港地区的铁路运输和国内铁路运输三个组成部分。铁路货物运输的主要作用有：

① 有利于发展同欧亚各国的贸易

通过铁路把欧亚大陆连成一片，为发展中近东和欧洲各国的贸易提供了有利的条件。在新中国建国初期，我国的国际贸易主要局限于东欧国家，铁路运输占我国进出口货物运输总量的50%左右，是当时我国进出口贸易的主要运输方式。进入20世纪60年代以后，我国海上货物运输有了发展，铁路运输进出口货物所占的比例虽然有所下降，但其作用仍然十分重要。自上世纪50年代以来，我国与朝鲜、蒙古、越南、苏联的进出口货物，绝大部分仍然是通过铁路运输来完成的；我国与西欧、北欧和中东地区一些国家也是通过国际铁路联运来进行进出口货物的运输。

② 有利于开展同港澳地区的贸易，并通过香港进行转口贸易

铁路运输是我国联系港澳地区开展贸易的一种重要的运输方式。港澳地区所需的食品和生活用品多由内地供应，随着内地对该地区出口的不断扩大，其运输量逐年增加。做好对港澳地区的运输工作，达到优质、适量、均衡、应时的要求，在政治上和经济上都非常重要。为了确保该地区的市场供应，铁路部门从内地开设了直达港澳地区的快运列车，对繁荣稳定港澳市场、促进该地区的经济发展起到了积极作用。

③ 对进出口货物在港口的集散和各省、市之间的商品流通起着重要作用

我国幅员辽阔，海运进口货物大部分利用铁路从港口运往内地的收货人，海运出口货物大部分也是由内地通过铁路向港口集中，因此铁路运输是我国国际货物运输的重要集散方式。至于国内各省市和地区之间调运外贸商品、原材料、半成品和包装物料，主要也是通过铁路运输来完成的。我国国际贸易进出口货物运输大多要通过铁路运输这一环节，铁路运输在我国国际货物运输中发挥着重要作用。

④ 利用欧亚大陆桥运输是必经之道

大陆桥运输是指以大陆上铁路或公路运输系统为中间桥梁，把大陆两端的海洋连接起来的集装箱连贯运输方式(见图3-3-1)。

大陆桥运输一般都是以集装箱为媒介，采用国际铁路系统来运送。我国目前开办的西伯利亚大陆桥和新欧亚大陆桥的铁路集装箱运输具有安全、迅速、节省的优点。

世界上第一条大陆桥是美国大陆桥，但现在萎缩了，而后期的西伯利亚大陆桥发展很快，它东起霍德卡港，于海上连接日本、韩国、中国香港和中国台湾等地，西至欧洲各地和伊朗等中近东

地区。由于这条路线横跨欧洲和亚洲，故称亚欧大陆桥。

图 3－3－1　亚欧大陆桥

1992 年，第二条亚欧大陆桥全线贯通，它东起我国连云港，西至荷兰的鹿特丹，横跨亚欧两大洲，连接太平洋和大西洋，穿越中国、哈萨克斯坦、俄罗斯、白俄罗斯、波兰、德国，从而形成了一条新的欧亚大陆桥，所以，又称新欧亚大陆桥。它较之第一条欧亚大陆桥总运程缩短了 2 500 公里，而且大部分途经我国大陆的中西部地区，所以，这对发展我国的对外贸易和促进沿途省区的经济发展极为有利。

(3)国际公路货物运输

国际公路货物运输是指国际货物借助一定的运载工具，沿着公路作跨越两个或两个以上国家或地区的移动过程。公路运输(一般是指汽车运输)是陆上两种基本运输方式之一，在国际货物运输中，它是不可缺少的重要运输方式。它对于国际物流的作用主要有：

① 公路运输最适合于短途运输。它可以将两种或多种运输方式衔接起来，实现多种运输方式联合运输，做到进出口货物运输的“门到门”服务。

② 公路运输可以配合船舶、火车、飞机等运输工具完成运输的全过程，是港口、车站、机场集散货物的重要手段。尤其是鲜活商品、集港疏港抢运，公路运输往往能够起到其他运输方式难以起到的作用。可以说，其他运输方式往往要依赖汽车运输来最终完成两端的运输任务。

③ 公路运输也是一种独立的运输体系，可以独立完成进出口货物运输的全过程。公路运输是欧洲大陆国家之间进出口货物运输的最重要的方式之一。我国的边境贸易运输、港澳货物运输，其中有相当一部分也是靠公路运输独立完成的

④ 集装箱货物通过公路运输实现国际多式联运。集装箱由交货点通过公路运到港口装船，或者相反。我国内地通过香港的多式联运都可以通过公路运输来实现。

(4)国际航空货物运输

国际航空货物运输是指由跨国航空承运人办理两国之间空运的全程运输、并承担运输责任的一种现代化运输方式，它与海洋运输、铁路运输相比，具有运输速度快、货运质量高且不受地面条件的限制等优点。因此，它最适宜运送急需物资、鲜活商品、精密仪器和贵重物品。其不足是运量小、运费高。

航空运输方式主要有班机运输、包机运输、集中托运和航空快递业务。

① 班机运输

班机运输是指具有固定开航时间、航线和停靠航站的飞机运输。所用的飞机通常为客货混合型飞机，货舱容量较小，运价较贵，但由于航期固定，有利于客户安排鲜活商品或急需商品的运送。

② 包机运输

包机运输是指航空公司按照约定的条件和费率，将整架飞机租给一个或若干个包机人(包机人指发货人或航空货运代理公司)，从一个或几个航空站装运货物至指定目的地。包机运输适合于大宗货物运输，费率低于班机，但运送时间则比班机要长些。

③ 集中托运

集中托运可以采用班机或包机运输方式，是指航空货运代理公司将若干批单独发运的货物集中成一批向航空公司办理托运，填写一份总运单送至同一目的地，然后由其委托当地的代理人负责分发给各个实际收货人。这种托运方式，可降低运费，是航空货运代理的主要业务之一。

④ 航空快递业务

航空快递业务是由快递公司与航空公司合作向货主提供的快递服务。其业务包括：由快速公司派专人从发货人处提取货物后以最快航班将货物出运，飞抵目的地后，由专人接机提货，办妥进关手续后直接送达收货人，称为“桌到桌运输”。这是一种最为快捷的运输方式，特别适合于各种急需物品和文件资料的运输。

外贸企业办理航空运输，需要委托航空运输公司，由其确定代理人，负责办理出口货物的提货、制单、报关和托运工作。委托人应填妥国际货物托运单，并将有关报关文件交付航空货运代理、空运代理向航空公司办理托运手续后，取得航空公司签发的航空运单，即为承运开始。航空公司需对货物在运输途中的完好无损负责。货物到目的地后，收货人凭航空公司发出的到货通知书提货。

(5)国际多式联运

国际多式联运的工作内容，是按照联运合同，以至少两种不同的运输方式，由多式联运经营人将货物从一个国境内的接管地点运至另一国境内的指定交付地点的货物运输方式。

国际多式联运，又称国际联合一贯制运输，是在集装箱运输的基础上产生并发展起来的一种新型运输方式，有陆空联运、陆海联运、海空联运等方式。

① 国际多式联运的优点

a. 手续简便，责任统一

在国际多式联运方式下，货物运程不论多远，不论由几种运输方式共同完成货物运输，也不论货物在途中经过多少次转运，所有运输事项均由多式联运承运人负责办理。而货主只需办理一次托运、订立一份运输合同，支付一次运费、办理一次保险，并取得一份联运提单。由于责任统一，一旦在运输过程中发生货物灭失或损坏，由多式联运经营人对全程运输负责，而每一运输区段的分承运人仅对自己运输区段的货物损失承担责任。

b. 减少运输过程中的时间损失，使货物运输更快捷

多式联运作为一个单独的运输过程而被安排和协调运作，能减少在运转地的时间损失和货物灭失、损坏、被盗的风险。多式联运经营人通过他的通信联络和协调，在运转地各种运输方式的交接可连续进行，使货物更快速地运输，从而弥补了与市场距离远和资金积压的缺陷。

c. 节省了运杂费用，降低了运输成本

国际多式联运由于使用了集装箱，集装箱运输的优点都体现在多式联运中，多式联运经营人一次性收取全程运输费用和一次性保险费用。货物装箱后装上一程运输工具后即可用联运提单结汇，有利于加快货物资金周转，减少利息损失。同时也节省了人、财、物资源，从而降低了运输成本，这将有利于减少货物的出口费用，提高商品在国际市场上的竞争能力。

d. 提高了运输组织水平，实现了门到门运输，使合理运输成为现实

多式联运可以提高运输的组织水平，改善不同运输方式间的衔接工作，实现各种运输方式的连续运输，可以把货物从发货人的工厂或仓库运到收货人的内地仓库或工厂，做到门到门的运输。

在当前国际贸易竞争激烈的形势下，货物运输要求速度快、损失少、费用低，而国际多式联运适应了这些要求。因此，在国际上越来越多的国家采用多式联运。可以说，国际多式联运是当前国际货物运输的发展方向。

② 构成多式联运应具备的条件

a. 有一个多式联运合同，合同中明确规定多式联运经营人和托运人之间的权利、义务、责任和豁免。

b. 必须是国与国之间两种或两种以上不同运输方式的连贯运输。

c. 使用一份包括全程的多式联运单据，并由多式联运经营人对全程运输负总的责任。

d. 必须是全程单一运费率，其中包括全程各段运费的总和、经营管理费用和合理利润。

③ 开展国际多式联运应注意的事项

a. 要考虑货价和货物性质是否适宜装集装箱。

b. 要注意装运港和目的港有无集装箱航线，有无装卸及搬运集装箱的机械设备，铁路、公路、沿途桥梁、隧道、涵洞的负荷能力如何。

c. 装箱点和起运点能否办理海关手续。

多式联运可以提高运输的组织水平，改善不同运输方式间的衔接工作，从而实现各种运输方式的连续运输；可以把货物从发货人的工厂或仓库运到收货人的内地仓库或工厂，做到了门到门的运输，使合理运输成为现实。

在当前国际贸易竞争激烈的形势下，货物运输要求速度快、损失少、费用低，而国际多式联运适应了这些要求。因此，在国际上各国越来越多地采用多式联运。可以说，国际多式联运是当前国际货物运输的发展方向。我国地域辽阔，更具有发展国际多式联运的潜力。可以预料，随着我国内陆运输条件的改善，我国国际多式联运必将得到迅速发展。

(6)集装箱运输

集装箱运输的工作内容：是以集装箱作为运输单位进行货物运输的一种现代化的运输方式，它适用于海洋运输、铁路运输及国际多式联运等。目前，集装箱运输已成为国际上普遍采用的一种重要的运输方式。

(7)其他运输方式

① 管道运输　管道运输是一种特殊的运输方式，是货物在管道内借高压气泵的压力推动向目的地输送的一种运输方式。

② 国际邮政运输　邮政运输是一种简便的运输方式，手续简便，费用不高，适用于量轻体小的货物的运输。

3.3.3 工作任务　国际货物运输的构成要素

一般来说，一种活动总是由人与工具构成的，运输活动也不例外。在国际运输活动中的人主要是国际运输的关系方，即国际物流中运输的参与者和运输服务的提供者。

工具是实现国际货物运输的手段。另外，国际货物运输是通过一些具体的运输方式或运输方式的组合来实现的。因此，简单地说，国际货物运输主要由三个方面构成，即国际运输的关系方、国际运输工具和国际运输方式。大地区，不仅涉及面广、头绪多，而且情况复杂，一个运输承运人或货主不可能亲自处理每一项具体运输业务，不少工作需要委托代理人代为办理。为了适应这种需要，国外的货物运输领域里如同贸易领域里一样，产生了很多从事代理业务的代理行或代理人。他们接受委托人的委托，代办各种运输业务并按提供的劳务收取一定的报酬，即代理费、佣金或运费。随着国际贸易和运输的发展，这种运输代理行业也得以迅速而广泛的发展。当前，代理行业已渗透到运输领域内的各个角落，成为国际货物运输业不可缺少的重要组成部分。

当前，国际货物运输的代理人主要有租船代理（又称租船经纪人）、船务代理、货运代理、咨询代理等。各类代理之间的业务往往互相交错，如不少船务代理也兼营货运代理，有些货运代理兼营船务代理等。

3.3.4 任务处理

任务处理如表 3-3-3 所列。

表 3-3-3 任务安排

任务内容	认知国际海运航线、港口、船期表
任务目标	熟悉国际海运航线线路及经过的主要港口、国际主要集装箱港口、学会查找船期表
任务安排	以马士基公司为例，在地图上查找西欧航线、地中海航线、北欧航线、美东航线、美加航线西线挂港港口，船期表及运行时间；在地图上找出国际上主要集装箱港口；我国长江三角洲的主要港口、环渤海湾地区的主要港口、珠江三角洲地区的主要港口
活动考核	教师根据学生在交流与讨论中的表现给予评分

3.3.5 任务评估

表 3-3-4 任务评估

交流 1	记录各小组陈述		
交流人： 交流内容：			
评估 2 指导教师的分析及综合意见记录			
基本概念	技能掌握	语言描述	综合得分

任务 3.4 国际货代

3.4.1 任务导入

在 2011 年 9 月 29 日，青岛联发国际货运代理公司收到了崂山晓峰进出口公司的委托，办理男式梭织衬衣 880 打（20 英尺集装箱一个）出口订舱和报关手续，货物的目的港为美国洛杉矶。

经过查询发现,该批货物属于法定商检范围,由于时间紧急(10 月 1 日—10 月 7 日公休),青岛联发国际货运代理公司选择了一个不需要商检的商品编码向青岛海关报关,结果被海关发现,货物被扣留。

问题:

1. 青岛联发国际货运代理公司的做法是否妥当?
2. 请说出你所作判断的理由。

3.4.2 工作任务 国际货运相关知识

1. 国际货运代理的工作内容

国际货运代理协会联合会(FIATA)对于国际货运代理的工作内容作如下表述:国际货运代理是根据客户的要求为客户的利益而揽取货物运输的人,其本身并不是承运人。国际货运代理也可以依据这些条件,从事与运输合同相关的活动,如储货(也含寄存)、报关、验收和收款等。

《中华人民共和国国际货物运输代理业管理规定》对于国际货运代理的工作内容有以下明确的规定:接受进出口货物收货人、发货人的委托,以委托人的名义或以自己的名义,为委托人办理国际货物运输及相关业务并收取服务费用的行业。

国际货运代理的日常工作主要是从事与对外贸易有关的部门和承运人打交道。从事与对外贸易有关的部门很多,基本上可以分为外贸部门或进出口商、货运代理人和交通运输部门三大方面。其中外贸部门或进出口商是专门经营进出口商品业务的机构,统称为货主。他们为了履行贸易合同必须将订单或合同项下的货物办理运输手续,因此又是货物运输工作中的托运人或收货人。货运代理人是根据货主的要求,代办货物运输业务的机构,这一机构在托运人与承运人之间起着桥梁作用。交通运输部门是专门经营水上、铁路、公路和航空等客货运输业务的机构,如轮船公司、铁路局及其运输公司,民航总局下属的各大民航公司及其分公司、地方民航公司等。它们都以拥有运载工具为特征,为社会提供实际运输服务,是货物运输工作中的承运人。

图 3-4-1 是一票国际货物的托运流程。它不仅说明了国际货物托运的过程,还说明了出口商、承运人、国际货运代理人、进口商之间的关系。

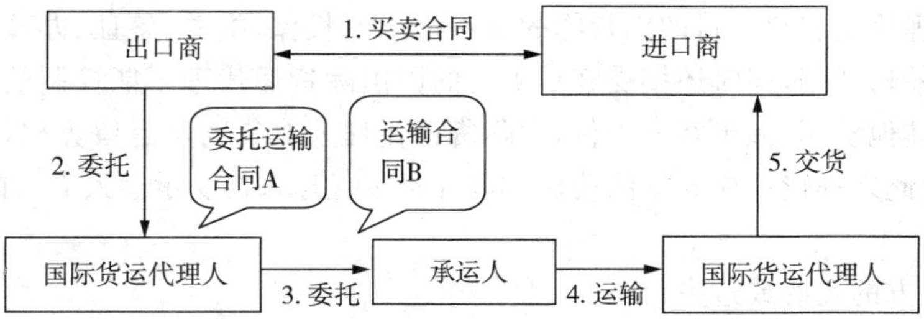

图 3-4-1 国际货物的托运流程

从理论上说,进出口商签订了贸易合同之后,为了履行合同,就得与国际货运代理人签证一份委托运输合同 A。在该合同中,出口商是货主,也是托运人,国际货运代理人是承运人。由于国际货运代理人不掌握运载工具,他必须与拥有运载工具的承运人再签订一份运输合同 B。在运输合同 B 中,国际货运代理人是托运人。运输合同 A 与运输合同 B 是两个法律上完全独立的合同。由此可见,国际货运代理人是以事主的身份出现在两个合同之中,既非货主,也非承运人之代理。为了加以区别,我们将运输合同 A 称为“纸运输合同”,将国际货运代理人称为“契约承运人”,即不是真正的承运人。将运输合同B称为“实际运输合同”,将拥有运载工具的承运人称为“实际承运人”。国际货运代理人在实际运输合同中则像一个货主或商人一样,是一个地地道道的托运人。

在实际操作中,一般来说,进出口商与国际货运代理人、国际货运代理人与承运人之间是没有运输合同A和B的,取而代之的是其他单据形式,如国际货运委托书、运单等。因此,国际货运代理人的性质与其工作内容有关,本质上属于运输辅助行业,是社会产业结构中的第三产业,它通过提供服务获取报酬,因而也属于服务性行业。

2. 国际货运代理的种类

(1)租船代理,是指以船舶为商业活动对象而进行船舶租赁业务的人,主要业务是在市场上为租船人寻找合适的运输船舶或为船东寻找货运对象,以中间人身份使租船人和船东双方达成租赁交易,从中赚取佣金。因此,根据其所代表的委托人身份的不同又分为租船代理人和船东代理人。

(2)船务代理,是指接受承运人的委托,代办与船舶有关的一切业务的人,主要业务有船舶进出港、货运、供应及其他服务性工作等,分为航次代理和长期代理。

(3)货运代理,是指接受货主的委托,代表货主办理有关货物报关、交接、仓储等业务的人,主要有订舱揽货代理、货物装卸代理和货物报关代理等。

(4)咨询代理,是指专门从事咨询工作、按委托人的需要、以提供有关国际贸易运输情况以及数据和信息服务而收取一定报酬的人。

3. 国际货运代理的责任

目前,各国法律对货运代理所下的定义及其活动有所不同,但按其责任范围的大小,大体可归纳为三大类:

(1)货运代理作为一个代理,仅对自己的错误和疏忽负责;

(2)货运代理作为一个代理,不仅对自己的错误和疏忽负责,还应使货物完好地抵达目的地,这就意味着他承担承运人的责任和第三者造成损失的责任;

(3)货运代理的责任取决于合同的条文和自由选择运输工具等。

4. 国际货运代理的权利

国际货运代理接受客户支付的因货物的运送、保管、投保、报关、签证、办理汇票的承兑和其他服务所发生的一切费用,同时还接受客户支付的因国际货运代理不能控制的原因致使合同无法履行而产生的其他费用,如果客户拒付,国际货运代理人对货物享有留置权,有权以适当的方式将货物出售,以此来补偿所应收取的费用。国际货运代理人接受承运人支付的订舱佣金。

5. 除外责任

(1)由于委托方的疏忽或过失;

(2)由于委托方或其他代理人在装卸、仓储或其他作业过程中的过失;

(3)由于货物的自然特性或潜在缺陷;

(4)由于货物的包装不牢固、标志不清;

(5)由于货物送达地址不清、不完整、不准确;

(6)由于对货物内容申述不清楚、不完整;

(7)由于不可抗力、自然灾害、意外原因。

但如能证明货物的灭失或损坏是由货运代理人的过失或疏忽所致,货运代理人对该货物的灭失、损害应负赔偿责任。

6. 国际货运代理在国际物流服务中的地位

(1)组织协调者的地位:运输的设计师是门到门运输的组织者和协调者。

(2)开拓控制者的地位:新运输方式、新运输线路、新运输费率及新产品的市场开拓。

(3)中间人的地位:同时为托运人和承运人服务。

(4)顾问的地位:提供各种咨询和建议。

7. 国际货运代理企业的岗位设置

(1)货运代理业务

这个岗位是货运代理企业的核心。其主要任务是对货运市场进行分析、对运输代理市场进行开拓、处理纠纷等。由于货运代理业务在货运代理企业中的特殊地位,其从业人员必须熟悉国际物流发展的趋势,具有货物运输、货物运输单证、海关和商检以及仓储和结算等多方面的专业知识,此外,还要具备货物运输流程(如活动整箱与拼箱、进口分拨、报关、商检等流程)的操作技能。

(2)货运代理操作

该岗位主要负责业务审核、运作和跟踪、运费收付的核实。具体而言,就是按托运人的要求向承运人订舱、编制提箱计划和货物进港(仓)计划,在取得船位和确认运费后,立即将订舱确认单位或配舱通知单和运输费用等信息在第一时间通知托运人,并跟踪货物装箱、进港、报关和吊载运输工具的情况,同时建立运输业务档案。

(3)货运代理单证

该岗位主要是负责部门代理船舶的进出口舱单制作、进口放货、核对并签发提单、危险品申报、海关舱单信息的录入和发送等,还可以根据客户的需求开展租船订舱业务。

(4)货运代理商务

该岗位主要负责开展对承运人的舱位调研,收集客户订舱需求信息,了解货源情况,了解货类、货物流向和流量,掌握各承运人和货主的信用情况和其他方面的要求,加强与承运人的联系,争取获得优惠运价;同时对于同一条运输线路、对多个承运人的运价和服务水平进行归纳整理,并提出分析报告。

(5)货运代理客户服务

该岗位主要负责客户的业务咨询,协调各个业务环节中出现的操作难题和信息反馈,该岗位的从业人员必须要有较高的与人沟通和处理纠纷的能力,并能对所代理的客户进行跟踪服务、业务支持和维护等工作。

8. 国际货运代理的操作实务

我国的出口贸易多数按 CIF、CFR、CIP 等价格术语条件成交,按信用证方式收款。从物流角度看,履行出口贸易合同的主要环节是货物运输,它涉及多个部门,手续繁杂。

(1)出口货运代理

出口货运代理的业务主要有订舱、舱位确认、报检、报关等环节。出口货运代理大致的流程如图 3－4－2 所示。

① 订舱

按 CIF 和 CFR 条件成交时,出口商或托运人应及时通过货运代理人办理租船订舱手续,如系大宗货物,需要办理租船手续。出口商都必须填写托运单(空运方式是“国际航空货物托运书”),托运单的主要内容有托运人/出口人的名称和地址;收货人的名称和地址;被通知人的名称和地址;运输唛头;起运地和开航时间;货物的详细描述;货物的毛重、箱数、体积数;能否转运和分批装运；装箱方法；运费支付方式（预付/到付）；提单上需要加注的其他内容，如信用证号码（L/C No.）等。

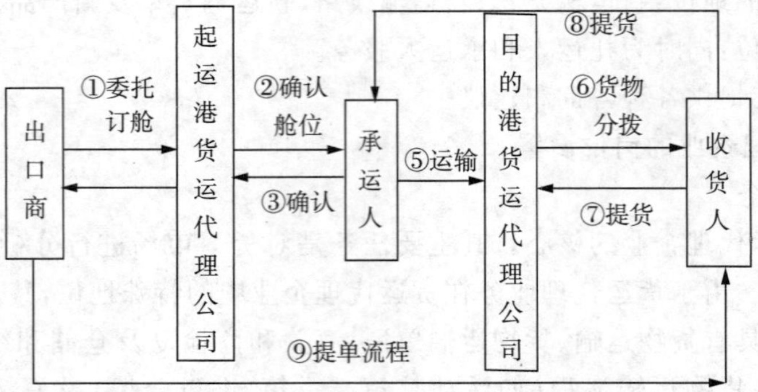

图 3-4-2　出口货运代理流程

② 舱位确认

货运代理人在收到出口商的托运申请后，按出口商的要求向承运人确认舱位，并发给出口商装货通知单，凭通知单办理装船手续。

除以上国际货运代理公司的工作外，还有几项工作要做，例如报检、报关、核对提单和费用结算、退回核销单。

(2)进口货运代理

进口货物的货运代理是以进口商的委托为前提条件，进口商与出口商所采用的贸易术语不同，决定了货运代理的操作阶段不同。按 CIF 或 CFR 条件进口时，货物运输应由出口商直接办理租船订舱手续，货运代理人只要按照进口商的要求，在目的港办理货物进口手续；而按 FOB 条件进口时，应由进口商安排货物运输，因此，进口商往往将货物运输委托货运代理人办理，由货运代理人帮助寻找合适的承运人运输货物，在货物到达目的港后，货运代理人帮助办理货物进口手续。下面以 FOB 贸易术语来阐述其主要的操作过程。

① 租船订舱

a. 在合同规定的交货前的一定时期内，货运代理人了解被运输货物的详细信息；

b. 接受进口商的委托，及时联系承运人，并办理租船订舱和运费确认手续，同时书面通知委托方；

c. 将船务和货物及出口商信息通知起运港货运代理人。

② 保险

进口货物在起运港装船前，货运代理人应该按进口商的要求办理保险手续。

③ 收集、整理单证、做好接货准备

各项进口单证包括商务单证和船务单证。收货人在报关、报检、进口付汇等环节都要用到这些进口单证。商务单证主要有进口发票、装箱单或重量单、原产地证、品质证明书、合同等，船务单证主要有舱单、重大件货物清单和危险货物清单等。货运代理人应该仔细核对进口商递交的单证，及时帮助办理进口清关手续。

④ 报关、报检

进口货物到港后，货运代理人必须帮助进口商在运输工具进境申报之日起 14 天内（若最后到期日是节假日则顺延），向进境地海关报关，否则海关将征收滞报金；同时，在海关出具“税收缴款书”后的 15 天内，缴纳相应的税款，否则海关将征收滞纳金。在办理了海关各项手续和缴纳了进口税费后，海关对进口货物予以放行。

根据《进出口商品检验法》的规定，凡列入《商检机构实施检验的进出口商品种类表》的进出口商品，必须向进境地商检部门办理报检手续，在货物海关放行后，才办理"施检"手续，并向进境地商检部门办理"核销"手续。

⑤ 提货

货运代理人在帮助办理了所有的海关、检验检疫和港务等部门的相关手续后，可以在收货人的具体授权下，凭海关、检验检疫和港务等部门盖章后的"提货单"，去码头仓库或集装箱堆场提取货物。

3.4.3　任务处理

任务处理如表 3-4-1 所列。

表 3-4-1　任务安排

任务内容	认知国际货运代理的工作任务及工作流程
任务目标	了解对美出口的货运代理实务
任务安排	熟悉货物出口到美国的运输代理操作程序；了解美国的 CIS 计划；CIS 计划的主要内容；对美国出口的货物运输代理实务。
活动考核	1. 通过国际货运代理公司了解对美出口的货运代理实务工作流程。 2. 教师根据学生在交流与讨论中的表现给予评分

3.4.4　任务评估

表 3-4-2　任务评估

<table>
<tr><td>交流 1</td><td colspan="3">记录各小组陈述</td></tr>
<tr><td colspan="4">交流人：
交流内容：</td></tr>
<tr><td colspan="4">评估 2　指导教师的分析及综合意见记录</td></tr>
<tr><td>基本概念</td><td>技能掌握</td><td>语言描述</td><td>综合得分</td></tr>
</table>

基本训练

一、单项选择题

1. 国际物流的总目标是(　　)。

　A. 为国际贸易和跨国经营服务　　B. 为货代公司提供综合服务

　C. 为我国的产品出口服务　　C. 为所在国政府服务，增加其税收收入

2. 按 FOB 贸易术语成交的海运出口货物，应该由(　　)向船公司办理货物运输订舱手续。

　A. 承运人　　B. 中间商　　C. 货运代理人　　D. 港务局

3. 采用班轮运输货物，其运费应包括（　　）。

A. 装卸费，但不计滞期、速遣费　　B. 装卸费，但应计滞期、速遣费

C. 装卸费，应计滞期费、不计速遣费　　C. 装卸费，不计滞期费、应计速遣费

4. 按 CIF 术语条件，由（　　）办理保险，如果货物在运输过程中发生保险公司承保范围内的损失，（　　）根据保险单向保险公司索赔，与（　　）无关。

A. 卖方、卖方、买方　B. 卖方、买方、卖方　C. 卖方、船方、买方　D. 卖方、船方、卖方

5. 班轮运输货物，如果采用"A—V"的运费计收标准，则表示（　　）计收。

A. 按货物的毛重　B. 按货物的体积　C. 按货物的件数　D. 按货物的价值

6. 货运代理人经营的主要原则是（　　）。

A. 赚钱赢利　　B. 扩大代理业务

C. 争取更多的优惠价格　　C. 诚实守信，信用至上

7. 经营国际货物运输代理、国际运输工具代理业务的同时兼营报关业务的企业，通常被称为（　　）。

A. 报关行　B. 进出口公司　C. 货代企业　D. 其他法人企业

二、多项选择题

1. 现行货运代理企业中，一般设立的从业岗位有（　　）。

A. 独家代理　B. 全权代理　C. 二级代理　D. 货运代理单证

2. 防止和减少国际货运代理人的责任风险，可以从以下（　　）方面进行管理。

A. 重视对风险的认识　　B. 对从业人员的业务培训

C. 及时履行告知义务　　C. 少赚点，心态平和

3. 如果采用海洋运输方式运送货物，则是利用了该运输方式的（　　）的特点。

A. 通过能力大　B. 运量大　C. 运费低　D. 风险较大

4. 国际物流信息主要体现在（　　）等。

A. 进出口单证信息　B. 支付方式信息　C. 客户资料信息　D. 市场行情信息

5. 国际贸易对国际物流提出更新、更高的要求，"经济要求"便是其中之一，以下理解正确的是（　　）。

A. 效率要求　B. 安全要求　C. 经济要求　D. 质量要求

三、简答题

1. 国际贸易常用的术语有哪些？

2. 国际物流中主要涉及的物流单据有哪些？

3. 国际物流与国际贸易之间是什么关系？

4. 推动国际物流发展的驱动因素主要有哪些？

5. 成为一名合格的国际货运代理从业人员应具备哪些必要的条件？

情境4　集装箱运输

学习目标

知识目标：了解集装箱的工作内容和种类等相关内容，熟悉集装箱规格以及作业场所，集装箱运输货物的交接方式和地点，理解与掌握集装箱的进出口流程和操作要点，了解集装箱进出口全套单证样本与填写规范。

技能目标：熟悉班轮运价的组成，掌握运费计算的步骤和方法，熟悉集装箱海运运费的构成。

能力目标：通过本情境的学习，学生不仅要掌握集装箱工作内容和相关基础知识，还要具备跟踪集装箱运输最新知识和简单地进行集装箱运费的报价、揽货、配载的能力，并具有能够运用这些知识为物流操作服务的能力和解决实际问题的能力。

任务4.1　集装箱相关知识

4.1.1　任务导入

中铁联集120亿加码集装箱物流

中铁联合国际集装箱有限公司(以下简称“中铁联集”)计划在全国投资120亿元建设18个铁路集装箱物流中心。上海、昆明、重庆的集装箱物流中心已正式运营，郑州和成都将在2010年一季度陆续运营，而青岛、大连、武汉、西安等地4个物流中心也将在2010年内完工投产。辐射全国的集装箱物流中心将起到纲举目张的作用。作为铁路行业投融资多元化的标志性尝试，中铁联集希望通过18个物流中心带动多式联运。铁路集装箱运输在800千米以上的中长距离运输中，具有运能大和运输成本低的明显优势，但与发达国家相比，我国铁路集装箱运输仍处于较低水平。据统计，美国铁路集装箱运量占社会总运量和铁路总运量的比例分别约为2%和30%，而我国仅为0.4%和2.7%。在此背景下，中铁联集在全国建设运营18个铁路集装箱物流中心，经营覆盖国内的班列网络并延伸至欧洲和东南亚，整合多式联运，根据铁道部的发展规划，“将以站点布局调整为核心，配合路网建设和双层集装箱通道建设，形成以18个物流中心为枢纽、40个专办站为结点、100个代办站为喂给、班列线为通道、辐射全国的铁路集装箱运输支撑体系”。集装箱中心站在发展多式联运方面具备天然优势。多式联运以集装箱为媒介，把海上运输、铁路运输、公路运输、内河运输等单一方式运输有机结合，成为一体，构成一个连续运输过程。据中国国际海运集装箱(集团)股份有限公司的胡锦平研究，我国港口集装箱吞吐量中，至少有20%以上货物的起讫点位于内陆省区或者运距在600千米以上的远港地区，特别适合铁路集装箱运输。“铁路以中长距离运输的优势使港口的腹地范围扩大，是港口最佳的运输方式”。

问题：

1. 为什么中铁集联要投巨资发展铁路集装箱物流中心?

2. 多式联运在我国的发展前景如何?

4.1.2 工作任务 集装箱的基础知识

1. 集装箱工作内容

集装箱(又称货柜)是指具有一定强度、刚度和规格、专供周转使用的大型装货容器。使用集装箱转运货物,可直接在发货人的仓库装货,运到收货人的仓库卸货,中途更换车、船时,无须将货物从箱内取出换装。

(1)集装箱的功能

① 能长期反复使用;

② 以箱为整体进行物流,途中转运时箱中货物无须倒装、换装,箱内货物只在起点和终点进行逐个处置;

③ 对物流过程中以集装箱为一体进行运输的转换及运输形态和其他形态的转换;

④ 对内装货物有较强的防护、保护能力;

⑤ 箱内净空在1立方米以上。

(2)集装箱的种类

与其他容器一样,集装箱有很多种类和用途,不同种类的集装箱其尺寸也不尽相同,见表4-1-1所列。

表4-1-1 集装箱种类

分类方法	集装箱种类
按所装货物种类分	杂(干)集装货箱、散货集装箱、液体货集装箱、冷藏箱集装箱、挂衣集装箱、通用集装箱、罐式集装箱
按制造材料分	木集装箱、钢集装箱、铝合金集装箱、玻璃钢集装箱、不锈钢集装箱、纤维板集装箱
按结构分	折叠式集装箱、固定式集装箱(密闭集装箱、开顶集装箱、板架集装箱)
按总重分	30吨集装箱、20吨集装箱、10吨集装箱、5吨集装箱、2.5吨集装箱
按尺寸规格分	20英尺集装箱(20'C)、40英尺集装箱(40'C)、40英尺高柜集装箱(40HC)、45英尺集装箱(45'C)
按拥有者身份分	货主自备集装箱、承运人集装箱

(3)集装箱的尺寸和装载重量

在实践中,发货人(出口人)更注重各种集装箱的内部尺寸及装载重量,它是外贸从业人员计算单件商品运价的基础,现将一些常用的集装箱内部尺寸及装载重量归纳为表4-1-2。

表4-1-2 集装箱内部尺寸及装载重量

集装箱规格	内容积(边长为米)	预计可配货毛重(公吨)	预计可装体积(立方米)
20'C	5.69×2.13×2.18	17.5	24—26
40'C	11.8×2.13×2.18	22	54
40HC	11.8×2.13×2.72	22	68
45HC	13.58×2.34×2.71	29	86

（续表）

集装箱规格	内容积(边长为米)	预计可配货毛重(公吨)	预计可装体积(立方米)
20'C 开顶柜	5.89×2.32×2.31	20	31.5
40'C 开顶柜	12.01×2.33×2.15	30.4	65
20'C 平底货柜	5.85×2.23×2.15	23	28
20'C 平底货柜	12.05×2.12×1.96	36	50

(4)集装箱运输的关系方

集装箱运输的关系方主要有无船承运人、集装箱实际承运人、集装箱租赁公司和集装箱堆场和集装箱货运站等。

① 无船经营人：他们专门经营集装货运的揽货、装拆箱、内陆运输以及经营中转站或内陆站业务，可以具备实际运输工具，也可不具备。对真正货主来讲，他是承运人，而对实际承运人来说，他是托运人，通常无船承运人应受所在国法律制约，在政府有关部门登记。

② 实际承运人：掌握运输工具并参与集装箱运输的承运人，通常拥有大量集装箱，以利于集装箱的周转、调拨、管理以及集装箱与车辆、轮船和飞机的衔接。

③ 集装箱租赁公司：专门经营集装箱出租业务的新行业。

④ 集装箱堆场：指办理集装箱重箱或空箱装卸、转运、保管、交接的场所。

⑤ 集装箱货运站：是处理拼箱货的场所，它办理拼箱货的交接，配载积载后，将箱子送往集装箱堆场，并接受集装箱堆场交来的进口货箱，进行拆箱、理货、保管，最后拨给各收货人，同时也可按承运人的委托进行铅封和签发场站收据等业务。

(5)集装箱装卸区

集装箱装卸区是集装箱运输中箱或货的装卸、交换、保管的具体经办部门。它受承运人或其代理人的委托，进行下列各项业务：对整箱货运的交换、保管；设有集装箱货运站者，办理拼箱货的交接；安排集装箱船的靠泊，装卸集装箱，每航次编制配载图；办理有关货运单证的编签。

编制并签验集装箱运载工具的出入及流转的有关单证；办理集装箱及运载工具、装卸工具的情况检查、维修，以及空箱的清扫、熏蒸等工作；空箱的收发、存储和保管。

安排空箱和重箱在堆场的堆码，以及编制场地分配计划；其他有关业务工作。

集装箱装卸区一般由专用码头、前沿、堆场、货运站、指挥塔、修理部门、大门和办公室组成。有时堆场或货运站等可延伸到市区内部 5—15 公里的中转站。

(6)集装箱租赁

集装箱租赁即所有人将空箱租给使用人的一项业务。集装箱所有人为出租的一方，集装箱的使用人一般是船公司或货主，为承租的一方，双方签订租赁合同。由出租人提供合格的集装箱交由承租人，在约定范围内使用。集装箱的租赁，国际上有多种方式，总括起来有程租、期租、活期租用和航区内租赁等。

(7)集装箱的作业场地

集装箱的作业场地主要有集装箱货运站和集装箱堆场。

① 集装箱货运站为拼箱货装箱和拆箱的船、货双方办理交接的场所。承运人在一个港口或内陆城市只能委托一个集装箱货运站的经营者，由它代表承运人办理下列主要业务：

拼箱货的理货和交接；对货物外表检验如有异状时，就办理批注；拼箱货的配箱积载和装箱；

进口拆箱货的拆箱和保管;代承运人加铅封并签发收据;办理各项单证和编制等。

② 集装箱堆场

集装箱堆场为办理集装箱或空箱装卸、转运、保管和交接的场所。也就是说,进出口货物在装船前或卸货后,集中堆放在集装箱堆场,并受到海关的监管,待进出口货物收发货人办理了商检和报关后,才能提取货物。

(8)集装箱配载部分术语

集装箱配载部分术语主要有箱位数、箱位、排号、行号、层号、箱位号和集装箱配载图等。

箱位数是全集装箱专用船所能记载的集装箱箱数。每一艘全集装箱专用船,均以 20 英尺换算单位来表示它的载箱量。

箱位是在集装箱堆场上,按照集装箱相应的尺寸画成有规则的用以指示堆放集装箱的格状位置。在箱位上编有号码,以利装船。

排号是集装箱在专用船上的横排积载位置。编号方法,是从船首至船尾依此标明:01,02,03……。行号又称列号,集装箱在专用船上的纵列积载位置。有两种标号方法:一种是自左舷端向右依此标明:01,02……另一种是从中间向左右分标,左舷为单号,由中线向左编为:01,03,05……中线向右舷编双号:02,04,06……。

层号是集装箱在专用船上的立体积载位置。编号方法分甲板和仓内两种。甲板上的编号自上而下依次编号,并在数字前加一 D 字;舱内的编号自上而下依次编号,并在数字前加一 H 字。

箱位号是集装箱在船上的积载位置,由六个数字组成,前两个数字是排号,中间两个数字是行号,后两个数字是层号。例如箱位 0402D1 是表示这个集装箱积载在第四排右舷第二行甲板第一层。

集装箱配载图是集装箱船装箱的计划图,装卸区据以装箱。配载图由外轮代理公司根据订舱清单、装箱单及堆场积载计划编制。并在船舶抵港征得船方同意后,即行装船。如系中途靠港,船上已装有集装箱,就应将有关资料电告船上配载,等回电后据以编制。配载图是由集装箱船各排每列和分层的横断而构成。进行配载时,必须达到如下要求:

① 保证船舶纵断面的强度和船舶的稳定性;保持理想的吃水差,使船舶取得最好成绩的航行性能,即具有良好的操纵性和快速性;最合理地利用船舶的载重量和舱容。

② 保证集装箱在舱内完整无损以及在甲板上的安全;要考虑便于装卸作业;多港装卸时,必须注意不要造成翻舱。

4.1.3 工作任务 集装箱运输货物交接方式和地点

集装箱运输实质上是将散件货物汇成一个运输单元、使用船舶等运输工具进行运输的方式。在这种运输过程中,涉及货物的中转、交接和换装等一系列环节等,交接双方很有必要确定集装箱货物的交接状态、交接方式和交接地点,明确责任。

(1)集装箱货物的交接形态

① 整箱货

为拼箱货的相对用语。由发货人负责装箱、计数、积载并加铅封的货运。整箱货的拆箱,一般由收货人办理,也可以委托承运人在货运站拆箱。而承运人不负责箱内的货损、货差,除非货方举证确属承运人责任事故的损害,承运人才负责赔偿。承运人对整箱货,以箱为交接单位。只要集装箱外表与收箱时相似和铅封完整,承运人就完成了承运责任。整箱货运提单上,要加上“委托人装箱、计数并加铅封”的条款。

其常用的英文表达形式和简称有:shippers' load,count and seal——货主装载、计数、加封志

(SLCAS)；shippers' load and count——货主装载、计数(SLAC)；said to container——内容据称(STC)；said by shipper——据货主称(SBS)。

上述表达形式被称为“不知条款”，它是表示承运人没有恰当的方法对所接收的货物或集装箱进行检查，所接收的货物的重量、尺码、标志、品质等方面都由发货人提供，承运人不承担相应责任的条款。需要指出的是，上述“不知条款”也仅在“门到门”和门到站情况下有效。

另外，提单表面的“不知条款”，是不会影响到提单的结汇的。

归纳起来，整箱货有以下特点：

a. 发货人负责装箱、计数、填写装箱单和加封志；

b. 通常只有一个发货人和收货人；

c. 提单上显示“不知条款”。

② 拼箱货

整箱货的相对用语，指装不满一整箱的小票货物。这种货物，通常是由承运人分别揽货并在集装箱货运站或内陆站集中，而后将两票或两票以上的货物拼装在一个集装箱内，同样要在目的地的集装箱货运站或内陆站拆箱分别交货。对于这种货物，承运人要负担装箱与拆箱作业，装拆箱费用仍向货方收取。承运人对拼箱货的责任，基本上与传统杂货运输相同。

货运提单上，不能标注“不知条款”中的任何一种表述。

归纳起来，拼箱货有以下特点：

a. 承运人的集装箱由货运站负责装箱、计数、填写装箱单和加封志；

b. 有多个发货人和收货人；

c. 集装箱内所装货物互不“排斥”；

d. 集装箱内所装货物的运输方向是相同的或相似的。

还有一种在实际操作中常遇到的情况，就是在一个集装箱内的集拼货物的货主由多个发货人组成，但目的港(交货港)和收货人却只有一个，被称为自拼箱。

(2)集装箱货物的交接方式和交接地点

集装箱运输中，承运人、货主和货运代理人之间就货物进行交接，其中会涉及交接方式和交接地点，现以表格形式归纳如下：

① 集装箱货物的交接方式和含义如表 4-1-3 所列

表 4-1-3　集装箱货物的交接方式和含义

代表符号	交接方式、含义
FCL/FCL	整箱交、整箱接 货主在起运港的工厂或仓库将货物以整箱(柜)方式交付承运人，收货人在目的地以整箱(柜)方式接收货物
LCL/LCL	拼箱交、拆箱接 由承运人或其代理人在起运港负责拼(装)箱，并在目的地负责拆箱，各收货人凭提单接收货物
FCL/LCL	整箱交、拆箱接 货主在起运港的工厂或仓库将货物以整箱(柜)方式交付承运人或其代理人，承运人或其代理人在目的地拆箱后，各收货人凭提单接收货物
LCL/FCL	拼箱交、整箱接 由承运人或其代理人在起运港负责拼(装)箱，并在目的地以整箱(柜)方式接收货物

② 集装箱货物的交接地点和含义如表 4-1-4 所列

表 4-1-4 集装箱货物的交接地点和含义

简称	英文表述	交接地点、含义
门到门	Door to Door, Door/Door	交付地:发货人货仓或工厂仓库; 接收地:目的地收货人货仓或工厂
门到场	Door CY	交付地:发货人货仓或工仓库; 接收地:目的地或卸箱港的集装箱装卸区堆场
门到站	Door to CFS	交付地:发货人货仓或工厂仓库; 接收地:目的地或卸箱港的集装箱货运站
场到门	CY to Door	交付地:起运地或装箱港的集装箱装卸区堆场; 接收地:目的地收货人货仓或工厂仓库
场到场	CY to CY	交付地:起运地或装箱港的集装箱装卸区堆场; 接收地:目的地或卸箱港的集装箱装卸区堆场
场到站	CY to CFS	交付地:起运地或装箱港的集装箱装卸区堆场; 接收地:目的地或卸箱港的集装箱货运
站到门	CFS to Door	交付地:起运地或装卸港的集装箱货运站; 接收地:目的地收货人货仓或工厂仓库
站到场	CFS to CY	交付地:起运地或装箱港的集装箱货运站; 接收地:目的地或卸箱港的集装箱装卸区堆场
站到站	CFS to CFS	交付地:起运地或装箱港的集装箱货运站; 接收地:目的地或卸箱港的集装箱货运站

4.1.4 任务处理

任务处理如表 4-1-5 所列。

表 4-1-5 任务安排

任务内容	认知集装箱货物装箱量的确定
任务目标	假设某一纸箱外部尺寸为 58 cm×38 cm×42 cm,如果选择 40′C 普通集装箱,在集装箱的载重限量内,最多可以装入多少个纸箱?
任务安排	1. 快速计算法;2. 详细计算法
活动考核	1. 快速计算法的估算值;2. 详细计算法的估算值(纸箱规格一致,也可以是任意方向放置)。 2. 教师根据学生在交流与讨论中的表现给予评分

4.1.5　任务评估

表 4-1-6　任务评估

<table>
<tr><td>交流 1</td><td colspan="3">记录各小组陈述</td></tr>
<tr><td colspan="4">交流人：
交流内容：</td></tr>
<tr><td colspan="4">评估 2　指导教师的分析及综合意见记录</td></tr>
<tr><td>基本概念</td><td>技能掌握</td><td>语言描述</td><td>综合得分</td></tr>
<tr><td></td><td></td><td></td><td></td></tr>
</table>

任务 4.2　国际物流中集装箱操作实务

4.2.1　任务导入

“渝新欧”国际联运大通道成为“新丝绸之路”

近日，“渝新欧”国际联运大通道宏碁产品专列从重庆西永综保区团结村铁路集装箱中心站缓缓驶出，开往欧洲。

近年来，重庆致力于打造全球笔计本电脑基地、内陆开放高地，在国家有关部门大力支持下，与沿途各国通过消除通关障碍、协调改善铁路换装基础设施、积极推进平台公司建设等措施，对“渝新欧”铁路线路进行优化，形成了具有“新丝绸之路”美誉的“渝新欧”国际铁路联运大通道。该通道起自重庆团结村，途经哈萨克斯坦、俄罗斯、白俄罗斯、波兰等国，终至德国杜伊斯堡，全程 11 179 千米，全程运行 16 天左右，其运行时间比海运（江海联运）从重庆到欧洲要节约 24 天左右，比北线，经满洲里出境，途经俄罗斯、白俄罗斯、波兰到德国少 1 000 千米。“渝新欧”欧亚大陆桥的顺利打通，将改变欧洲以及亚洲货物运输的整体格局。这个欧亚大陆桥好像一个新的太平洋，新的大西洋，这些火车，这些集装箱，就像在大洋中运送货物的货柜船。将来，有其他的很多货物，会从重庆运到欧洲，而欧洲的货物也会经这条线运到中国，重庆就成为欧货到中国的集散地。。“渝新欧”国际联运大通道的开通，改变过去内陆货物运到欧洲，往往要先运到沿海，再通过海运到欧洲，一般要花 40 多天，现在通过“渝新欧”国际联运大通道运输，只需十几天时间。特别要指出的是，“渝新欧”国际联运大通道有三个重要创新：一是中国海关与“渝新欧”沿线各国海关达成便捷通关协议，重庆海关关检后就一路绿灯通行，沿线国家海关不再重复进行关检。二是铁道部与“渝新欧”沿线国家的铁路部门商定，“渝新欧”开通五定班列，即定起点终点、定运行路线、定运行时间、定运输内容、定运输价格。从商定情况看，“渝新欧”运输价格与海运价格差不多，但时间上却要节省近 1 个月，因此走“渝新欧”要经济划算得多。三是“渝新欧”国际联运大通道的开通，使重庆成为内陆交通枢纽、西部通往欧洲的桥头堡，成为内陆口岸。从开通到 2011 年 8 月，“渝新欧”已经成功进行了 8 次全程运行，共运输 325 个 40 英尺集装箱，总计装载笔记本电脑 40 万台，显示器 10 万台。

问题：

1.“渝新欧”国际联运大通道有哪些重要创新？

2. 比较新亚欧大陆桥与“渝新欧”大陆桥的区别。

4.2.2 工作任务 集装箱的进出口流程

在国际物流中，集装箱的操作涉及出口和进口，具体操作流程如下：

1. 出口程序

在实际操作中，货物出口不是由发货人自己办理就是由发货人委托货运公司办理。

(1)发货人自己办理手续的程序

① 订舱。

② 装货单：船公司确认订舱后，签发装货单，分送集装箱堆场和集装箱货运站，据以安排空箱及办理货运交接。

③ 发送空箱：整箱货运所需的空箱，由船公司送交或发货人领取；拼箱货运所需的空箱，一般由货运站领取。

④ 拼箱货装箱：发货人收到空箱后，自行装箱并按时运至集装箱堆站。集装箱堆场根据订舱单和装箱单验收并签发场站货物收据，然后在站内装箱。

⑤ 整箱货装箱：集装箱货运站根据订舱单核收托运货物并签发场站货物收据，经分类整理，然后在站内装箱。

⑥ 集装箱货运交接：上述 4 和 5 签发的场站收据是发货人交货和船公司收货的凭证。

⑦ 提单：发货人凭场站收据向船公司换取提单，然后向银行结汇。如果信用证规定需要装船提单，则应在集装箱装船后，才能换取装船提单。

⑧ 装船：集装箱堆场根据船舶积载计划，进行装船。

(2)发货人委托货运公司办理手续的程序

① 委托单位（货主）将托运委托书连同报关单据（包括退税单、外汇核销单、商业发票以及不同商品海关需要缴验的各类单证，如托运时间紧迫，亦可先交委托书，随后补交报关单据）交货运代理人（以下简称“货代”）。货代核阅委托书及有关报关单据后缮打托运订舱单（场站收据、装货单）送船公司或船舶代理人（以下简称“船代”）订舱。

② 船公司或船代配载后将场站收据或装货单等联退给货代，货代向海关办理电脑报关预录，并提交全套报关单据向出境海关申报出口。

③ 海关核运后在装货单上盖章放行，将装货单、场站收据等联退给货代，货代将盖章放行的装货单、场站收据交码头配载室。船公司或船代根据订舱配载留底缮制装货清单、预配清单，预配船图、货物舱单等送到码头供收货和装船之用。

④ 货代向船公司或船代领取集装箱设备交接单到指定堆场领取空箱。

⑤ 货代到委托单位储货地点装箱（或委托单位送货到货代仓库装箱）后，将集装箱货物连同集装箱装箱单、设备交接单送到码头，码头将船公司或船代提供的装货清单及集装箱装箱单送海关供海关监管装船。

⑥ 码头收货后根据预配船图和预配清单配定载位，缮制装船顺序单交船代。

⑦ 大副凭装货单接载，装货后签发场站收据，场站收据由码头交船公司或船代。

⑧ 码头根据装船实际情况绘制实装船图交船公司或船代，船公司或船代将实装船图、舱单、运费舱单、提单副本、集装箱装箱单副本等交船舶带交卸港。

⑨ 船公司或船代凭场站收据签发装船提单给货代，货代将装船提单送交委托单位。

⑩ 船公司或船代将船舱单送海关，海关根据装船舱单核发退税单等凭证给货代，货代取到退税单、外汇核销单等送交委托单位。

2. 进口程序

(1)收货人委托货运代理公司办理手续的程序

① 接到客户的全套单据后，要查清该进口货物属于哪家船公司承运、哪家作为船舶代理、在哪儿可以换到供通关用的提货单(注：全套单据包括带背书的正本提单或电放提单副本、装箱单、发票、合同)。

注意事项：

a. 提前与船公司或船舶代理部门联系，确定船到港时间、地点，如需转船应确认二程船名；

b. 提前与船公司或船舶代理部门确认换单费、押箱费、换单的时间；

c. 提前联系场站，确认提箱费、掏箱费、装车费、回空费。

② 凭带背书的正本提单(如是电报放货，可带电报放货的传真件与保函)去船公司或船舶代理部门换取提货单和设备交接单。

注意事项：

a. 背书有两种形式，如果提单上收货人栏显示"TO ORDER"则由"SHIPPER"背书；如果收货人栏显示其真正的收货人，则需收货人背书。

b. 保函是由进口方出具给船舶代理的一份请求放货的书面证明。保函内容包括进口港、目的港、船名、航次、提单号、件数、重量、尺寸及进口方签章。

c. 换单时应仔细核对提单或电放副本与提货单上的集装箱箱号及封号是否一致。

d. 提货单共分五联，白色提货联、蓝色费用账单、红色费用账单、绿色交货记录、浅绿色交货记录。

e. 设备交接单：它是集装箱进出关区、场站时用箱人、运箱人与管箱人或其代理人之间交接集装箱及其他机械设备的凭证，并兼管箱人发放集装箱的凭证的功能。当集装箱或机械设备在集装箱码头堆场或货运站借出或回收时，由码头堆场或货运站制作设备交接单，经双方签字后，作为两者之间设备交接的凭证。

集装箱设备交接单分进场和出场两种，交接手续均在码头堆场大门口办理。出码头堆场时，码头堆场工作人员与用箱人、运箱人就设备交接单上的以下主要内容共同进行审核：用箱人名称和地址，出堆场时间与目的，集装箱箱号、规格、封志号以及是空箱还是重箱，有关机械设备的情况，正常还是异常等。

进码头堆场时，码头堆场的工作人员与用箱人、运箱人就设备交接单上的下列内容共同进行审核：集装箱、机械设备归还日期、具体时间及归还时的外表状况，集装箱、机械设备归还人的名称与地址，进堆场的目的，整箱货交箱货主的名称和地址，拟装船的船次、航线、卸箱港等

③ 用换来的提货单(1、3)联并附上报关单据前去报关。

报关单据：提货单(1、3)联海关放行后，在白联上加盖放行章，发还给进口方作为提货的凭证。正本箱单、正本发票、合同、进口报关单一式两份、正本报关委托协议书、海关监管条件所涉及的各类证件。

注意事项：

a. 接到客户全套单据后，应确认货物的商品编码，然后查阅海关税则，确认进口税率、确认货物需要什么监管条件，如需做各种检验，则应在报关前向有关机构报验。报验所需单据：报验

申请单、正本箱单发票、合同、进口报关单两份。

b. 换单时应催促船舶代理部门及时给海关传舱单，如有问题应与海关舱单室取得联系，确认舱单是否转到海关。

c. 当海关要求开箱查验货物时，应提前与场站取得联系，调配机力将所查箱子调至海关指定的场站（事先应与场站确认好调箱费、掏箱费）。

④ 若是法检商品应办理验货手续。

如需商检，则要在报关前，拿进口商检申请单（带公章）和两份报关单办理登记手续，并在报关单上盖商检登记在案章以便通关。验货手续在最终目的地办理。

如需动植物检验检疫，也要在报关前拿装箱单、发票、合同、报关单去代报验机构申请报验，在报关单上盖放行章以便通关，验货手续可在通关后堆场进行。

⑤ 海关通关放行后应去三检大厅办理三检。

向大厅内的代理报验机构提供箱单、发票、合同、报关单，由他们代理报验。报验后，可在大厅内统一窗口交费。并在白色提货单上盖三检放行章。

⑥ 三检手续办理后，去港池大厅交港杂费。

港杂费用结清后，港方将提货联退给提货人供提货用。

⑦ 所有提货手续办妥后，可通知事先联系好的堆场提货。

注意事项：

a. 首先应与港池调度室取得联系安排计划。

b. 根据提箱的多少与堆场联系足够的车辆，尽可能在港方规定的时间内提清，以免产生转栈堆存费用。

c. 提箱过程中应与堆场有关人员共同检查箱体是否有重大残破，如有残破则要求港方在设备交接单上签残。

⑧ 重箱由堆场提到场地后，应在免费期内及时掏箱以免产生滞箱。

⑨ 货物提清后，从场站取回设备交接单证明箱体无残损，去船公司或船舶代理部门取回押箱费。

(2)进出口主要货运单证

① 订舱单

订舱单是承运人或其代理人在接受发货人或货物托运人的订舱时，根据发货人的口头或书面申请货物托运的情况、据以安排集装箱货物运输而制作的单证。该单证一经承运人确认，便作为承、托双方订舱的凭证。

② 装箱单

集装箱装箱单是详细记载集装箱和货物名称、数量等内容的单据，每个载货的集装箱都要制作这样的单据，它是根据已装进集装箱内的货物制作的。不论是由货主装箱，还是由集装箱货运站负责装箱，集装箱装箱单是详细记载每个集装箱内所装货物情况的唯一单据。所以，在以集装箱为单位进行运输时，这是一张极其重要的单据。

集装箱装箱单的主要作用有：在装货地点作为向海关申报货物出口的代用单据；作为发货人、集装箱货运站与集装箱码头堆场之间货物的交接单；作为向承运人通知集装箱内所装货物的明细表；在进口国、途经国家作为办理保税运输手续的单据之一；单据上所记载的货物与集装箱的总重量是计算船舶吃水差、稳性的基本数据。因此，装箱单内容记载得准确与否，对于保证集装箱货物的安全运输有着重要的作用。

③ 码头收据、场站收据、港站收据

码头收据一般都由发货人或其代理人根据公司已制定的格式有关机械设备的情况，正常还是异常。进码头堆场时，码头堆场的工作人员与用箱人、运箱人就设备收据上共同审核的内容有：集装箱、机械设备归还日期、时间；集装箱、机械设备归还时的外表状况；集装箱、机械设备归还人名称、地址；整箱货交箱货主的名称、地址；进堆场目的；拟装船舶的船名、航次、航线、卸箱港。

④ 进出口货物海关申报单

根据集装箱运输的特点，国际上有许多国家修改了本国海关法令规章和手续，使它适应集装箱成组化运输，也有不少国家共同缔结了关于集装箱货物运输的海关公约。在这些规章和公约中，海关手续被简化到最低限度，集装箱货物只要在起运国内陆地点经海关检验后，并在箱子加注海关封志，就可以一直运到进口国家最终交货地点，由目的地海关检验放行。在运输过程中，所经国家的海关仅对集装箱作一记录，并不检查箱子内货物的实际情况。我国海关对进出口集装箱及所装货物的规定：凡进口的集装箱货物直接运往内地设有海关的地点，则由口岸货运代理向海关申请办理转运转点手续，口岸海关将有关申报单证转交承运人，由其负责带交内陆地海关，由内陆地海关查验放行。凡出口的集装箱货物，如果是在内地设有海关的地点装箱的，则由当地发货人或货运代理向海关申报，由海关将有关申报单证转交承运人，由其负责带给出境地的海关据以监督装船。

进出口货物海关申报单的主要内容：发货人的名称和地址；收货人的名称和地址；交货人地点、装货地点；途经中转地点；运输方式；装箱日期、箱量、填表日期、份数；单证申报人名称、地址；有关货物情况、货名、件数、标志、种类、包装、货运单位；海关、单证申请人签署；有关备注、附件说明。

4.2.3　工作任务　集装箱进出口全套单证样本

货运操作全套单证如下：

1. 货主提供的单证

货主提供的单证有出口委托书、出口货物明细单、装箱单、发票、出口许可证、出口收汇核销单、退税单、报关手册。

2. 货代负责的单证

(1)出口十联单：第一联：集装箱货物托运单(货主留底)(B/N)；第二联：集装箱货物托运单(船代留底)；第三联：运费通知(1)；第四联：运费通知(2)；第五联：场站收据(装货单)(S/O)；第五联副本：缴纳出口货物港务费申请书；第六联：大副联(场站收据副本)；第七联：场站收据(D/R)；第八联：货代留底；第九联：配舱回单(1)；第十联：配舱回单(2)。

(2)提单(正本/副本)：有分提单和总提单两种。

(3)出口货物报关单证：其中必要单证有报关单、外汇核销单、代理报关委托书、装箱单、发票、合同、信用证副本；其他单证有出口许可证、免税手册、商检证明、产地证明等。

(4)除以上单证外，还有海运单、货物报关清单、进舱通知、集拼货预配清单、装箱单(CLP)、集装箱发放/设备交接单(进场/出场)。

4.2.4 工作任务 海运集装箱运费的计算

1. 班轮运价

(1)基本费率

基本费率是指每一计费单位(如一运费吨)货物收取的基本运费。基本费率有等级费率、货种费率、从价费率、特殊费率和均一费率之分。班轮运费是由基本运费和附加费两部分组成。目前,集装箱货物海上运价体系较内陆运价成熟,基本上分为两个大类,一类是袭用件杂货运费计算方法,即以每运费吨为单位(俗称散货价);另一类是以每个集装箱为计费单位(俗称包箱价)。

(2)件杂货基本费率加附加费

基本费率——参照传统件杂货运价,以运费吨为计算单位,多数航线上采用等级费率。

附加费——除传统杂货所收的常规附加费外,还要加收一些与集装箱货物运输有关的附加费。基本运费分成两大类:一类是传统的件杂货运费;另一类是集装箱包箱费率。

①件杂货运费

a. 件杂货按货物的毛重计收。运费吨为公吨,在运价表里以"W(weight)"表示,一般以一公吨为计量单位。

b. 按货物的尺码或体积计收。运费吨为立方米(即体积吨),在运价表内以"M(measurement ton)"表示,一般以一立方米为计算单位。以上件杂货运费基本上按重量吨或尺码吨作为计费单位,统称为运费吨。

c. 按货物重量或体积运价计收。在运价表中以"W/M"表示,即表示货物运费应分别以货物毛重(公吨数)或体积(立方米数)进行比较,选择其中货物运费较高的计收,即所谓的"从高计费"。

d. 按商品的 FOB 价格或件数计收,即"从价运费"。在运价表中以"A. V"或"Ad Val"表示,其中按商品的 FOB 价格计费时,一般是按 FOB 价格的百分之几计算运费。

e. 按货物重量或体积或价值三者中最高的一种计收。在运价表中以"W/M"、"A. V"或"Ad Val"表示。

f. 对于大宗低值货物,可由船、货双方议定运价。这种运价往往较低,实行"一次一价"。

②集装箱包箱费率

这种费率是以每个集装箱为计费单位,常用于集装箱交货的情况,即"CFS/CY,CY/CY"条款,常见的包箱费率有以下三种方式:

a. FAK 包箱费率,即不分箱内货物种类、不计货量(但在限额之内)统一收取的运价,它以每个集装箱为计费单位。中国—新加坡航线集装箱资费表见表 4-2-1 所列。

b. FCS 包箱费率,即按不同货物等级制定的包箱费率,集装箱普通货物的等级划分与件杂货分法一样,是 1～20 级,但是集装箱货物的费率差级大大小于件杂货费率差级,一般低级的集装箱收费高于传统运输,高价货集装箱收费低于传统运输;同一等级的货物,重货集装箱运价高于体积货集装箱运价。FCS 包箱费率见表 4-2-2 所列。

表 4-2-1　中国—新加坡航线集装箱资费表(FAK)

起运港和目的港	货物(商品名称) Commodity	CFS/CFS W/M	CFS/CY 20'C/40'C	CY/CY 20'C/40'C
From Huangpu port TO Singapore port	General Cargo (普通货)	47.5	830/1 510	750/1 350
	Semi-Hazardous Cargo (半危货)	62.5	1 130/2 050	1 050/1 890
	Hazardous Cargo (全危货)	77.5	1 430/2 590	1 350/2 430
	Refrigerated Cargo (冷冻货)		2 083/3 460	2 000/3 300

表 4-2-2　FCS 包箱费率

等级 Class	CFS/CFS		CFS/CY 20'C/40'C	CY/CY 20'C/40'C
	W	M		
1～7	81	57	1 370/2 490	1 250/2 250
8～10	86	61	1 470/2 670	1 350/2 430
11～15	92	64	1 570/2 850	1 450/2 610
16～20	104	74	1 770/3 210	1 650/2 970
Chemical Non-Hazardous (化学非危品)	92	65	1 570/2 850	1 450/2 610
Semi-Hazardous Cargo (半危货)	98	70	1 670/3 030	1 550/2 790

c FCB 包箱费率，这是按不同货物等级或货物类型计算标准制定的费率。

以上选取的某个时期的集装箱包箱费率表中，分别有 20 英尺和 40 英尺包箱费率，如果货物是拼箱装运，即未装满一个集装箱的货物，FAK 和 FCS 方式按 W/M 方式列出基本运费，FCB 则按不同类别的计价标准，列出基本运费。

(3)附加费

为了在一定时期内使基本费率保持稳定，又能正确反映出各港的各种货物的航运成本，班轮公司在基本费率之外，又规定了各种费用。主要有：

① 燃油附加费：即在燃油价格突然上涨时加收的费用。

② 货币贬值附加费：在货币贬值时，船方为实际收入不致减少，按基本运价的一定百分比加收的附加费。

③ 转船附加费：是指凡运往非基本港的货物需转船运往目的港，船方收取的附加费，其中包括转船费和二程运费。

④ 直航附加费：是指当运往非基本港的货物达到一定的货量、船公司可安排直航该港而不转船时所加收的附加费。

⑤ 超重附加费、超长附加费和超大附加费：是指当一件货物的毛重或长度或体积超过或达

到运价本规定的数值时加收的附加费。

⑥ 港口附加费：是指有些港口由于设备条件差或装卸效率低以及其他原因，船公司加收的附加费。

⑦ 港口拥挤附加费：有些港口由于拥挤、船舶停泊时间增加而加收的附加费。

⑧ 选港附加费：是指货方托运时尚不能确定具体卸港，要求在预先提出的两个或两个以上港口中选择一港卸货，船方加收的附加费。

⑨ 变更卸货港附加费：是指货主要求改变货物原来规定的港口，在有关当局（如海关）准许、船方又同意的情况下所加收的附加费。

⑩ 绕航附加费：是由于正常航道受阻不能通行，船舶必须绕道才能将货物运至目的港时，船方所加收的附加费。

(4)运费计算标准

通常有按货物重量计算；按货物尺码或体积计算；按货物重量或尺码，选择其中收取运费较高者计算运费；按货物 FOB 价收取一定百分比作为运费，称为从价运费；按每件为一单位计收；由船货双方临时议定价格收取运费，称为议价。

(5)运费计算步骤

① 选择相关的运价本；

② 根据货物名称，在货物分级表中查到运费计算标准和等级；

③ 在等级费率表的基本费率部分，找到相应的航线起运港、目的港，按等级查到基本运价；

④ 从附加费部分查出所有应收（付）的附加费项目和数额（或百分比）及货币种类；

⑤ 根据基本运价和附加费算出实际运价；

⑥ 运费计算方法：运费＝运价×运费吨。

【例题】 某公司出口一批货物到欧洲某基本港口，货物共 200 箱，每箱体积是 75 cm×25 cm×35 cm，试计算该批货物的运费是多少？首先按货物的英文名称从货物分级表中查出该货属于 10 级货，计费标准是“M”；然后再按航线查 10 级货每运费吨基本运费为 USD 40，另加燃油附加费 10％，该批货物的运费计算方法如下：

每箱货物的体积为：75 cm×25 cm×35 cm＝0.065 625 立方米

200 箱货物的体积为：200×0.065 625 立方米＝13.125 立方米

每立方米的运费为：40＋40×10％＝44 美元

200 箱货物的总运费为：44×13.125＝577.50 美元

2. 租船的运费计算

程租合同中有的规定运费率，按货物每单位重量或体积若干金额计算；有的规定整船包价。费率的高低主要决定于租船市场的供求关系，但也与运输距离、货物种类、装卸率、港口使用、装卸费用划分和佣金高低有关。合同中对运费按装船重量或卸船重量计算，运费是预付或到付，均须订明。特别要注意的是应付运费时间是指船东收到的日期，而不是租船人付出的日期。

其中装卸费用的划分法：

① 船方负担装卸费又称“班轮条件”。

② 船方不负担装卸费采用这一条件时，还要明确理舱费和平舱费由谁负担。一般都规定由租船人负担，即船方不负担装卸的理舱和平舱费。

③ 船方管装不管卸条件。

④ 船方管卸不管装条件。

3. 运价构成

(1)深圳口岸的运价构成

目前深圳口岸的海运运费构成样本见表 4-2-3 所列。

表 4-2-3 深圳口岸的海运运费构成样本

	20'C	40'C
OCEAN FREIGHT	USD 350	USD 700
ORC	USD 141	USD 269
BAF	USD 50	USD 100
战争附加费	USD 10	USD 20
DOC FEE	USD 15/BILL	

(资料提供:某国外航运公司深圳分公司)

(2)青岛口岸的运价构成

目前青岛口岸的海运运费构成样本见表 4-2-4 所列。

表 4-2-4 青岛口岸的海运运费构成样本

	20'C	40'C
OCEAN FREIGHT	USD 400	USD 800
BAF	USD 25	USD 40
YAS	USD 20	USD 40
DOC FEE	RMB80/BILL	

(资料提供:某国内航运公司青岛分公司)

(3)香港口岸的运价构成

目前香港口岸的海运运费构成样本见表 4-2-5 所列。

表 4-2-5 香港口岸的海运运费构成样本

	20'C	40'C
OCEAN FREIGHT	USD 90	USD 160
FAF	USD 20	USD 40
R/R	USD 20	USD 40
THC	HK 1 800	HK 2 650
DOC FEE	HK115/BILL	

(资料提供:某国外航运公司香港分公司)

4. 世界主要航线和港口

世界主要航线和港口见表 4-2-6 所列。

表 4-2-6 世界主要航线和港口

航线名称	航线港口									
东南亚/美西 周班航线 S. E. A.	蛇口 SHE	香港 HKG	横滨 YOK	长滩 LGB	西雅图 SEA	温哥华 VCR	横滨 YOK	神户 KOB	蛇口 SHE	香港 HKG	
华南东/美西 周班航线 C. F. S	厦门 XIA	宁波 NBO	上海 SHA	神户 KOB	名古屋 NAG	长滩 LGB	奥克兰 OAK				
远东/美西 周班航线 KL	新加坡 SGP	盐田 YTN	香港 HKG	神户 KOB	名古屋 NAG	东京 TOK	长滩 LGB	奥克兰 OAK			
远东/美西 周班航线 YM	上海 SHA	盐田 YTN	香港 HKG	高雄 KHH	釜山 PUS	洛杉矶 LAX	奥克兰 OAK	横滨 YOK	神户 KOB	釜山 PUS	上海 SHA
华北东/美西周班航线 C. E. N	新港 XIN	大连 DAL	青岛 QIN	神户 KOB	温哥华 VCR	长滩 LGB	新港 XIN	大连 DAL	青岛 QIN		
远东/南非、 南美东航线 FAR EAST/ SOUTH AFRICA SOUTH AMERICA EAST	香港 HKG	高雄 KSG	新加坡 SGP	路易 PRS	德班 DUR	开普敦 CAP	布· 艾利斯 BNA	蒙特维 的亚 MVD	桑多斯 STS		
中国/西北欧周班航线 CHINA/NORTHWEST EUROPE	上海 SHA	青岛 QIN	香港 HKG	新加坡 SGP	苏伊士 SUEZ	菲利斯托 FEL	鹿特丹 ROT	汉堡 HAM	安特卫普 ANT	塞得港 PSD	
中国/澳大利亚 周班航线 CHINA/AUSTRALIA FIXED	上海 SHA	黄埔 HPU	香港 HKG	悉尼 SYD	墨尔本 MEL	布里斯班 BRI	东京 TOK				
中国/波斯湾 周班航线 CHINA/GULF	新港 XIN	上海 SHA	香港 HKG	新加坡 SGP	迪拜 DUB	阿里山 JAL	达曼 DAM	卡拉奇 KRC	科伦坡 COL	巴生 PKE	
华南/东南亚 周班航线 SHE、HPU、XIA /SGP/NAG /BKK/LCB/HKG	蛇口 SHK	黄浦 HPU	厦门 XIA	新加坡 SGP	巴西古当 NAG	曼谷 BKK	林察班 HCHB	香港 HKG	蛇口 SHE		

（续表）

航线名称	航线港口										
香港、黄浦、厦门/横滨、东京、名古物周班航线 HKG、HPU、XIA/YOK、TOK、NAG	香港 HKG	黄埔 HPU	厦门 XIA	横滨 YOK	东京 TOK	名古屋 NAG	香港 HKG				
宁波/神户、大阪、门司定日航线 NBO/KOB、OSK、MOJ FIXED	宁波 NBO	神户 KOB	大阪 OSA	门司 MOJ	宁波 NBO						
上海/大阪、岩国周班航线 SHA/OSK、IWA	上海 SHA	大阪 OSK	岩国 IWA	上海 SHA							
太仓、南通、上海/名古物、横滨、神户周班航线 TAC、NTG、SHA/NAG、YOK、KOB	上海 SHA	太仓 TAC	南通 NTG	上海 SHA	名古屋 NAG	横滨 YOK	神户 KBO	上海 SHA			
绿色快航 GREEN EXPRESS	连云港 LYG	青岛 QIN	大阪 OSK	神户 KOB	门司 MOJ	上海 SHA					
绿色快航 GREEN EXPRESS	上海 SHA	门司 MOJ	神户 KOB	青岛 QIN							
绿色快航 GREEN EXPRESS	青岛 QIN	东京 TOK	横滨 YOK	名古屋 NAG	连云港 LYG	青岛 QIN					
烟台青岛/高知、东京、横滨航线 YAN、QIN/KOC、TOK、YOK	烟台 YAN	青岛 QIN	高知 KOC	东京 TOK	横滨 YOK	烟台 YAN					
新港、营口、大连/大阪、神户、门司周班航线 TXG、YIN、DAL/OSK、KOB、MOJ	新港 TXG	营口 YIN	大连 DAL	大阪 DSK	神户 KOB	门司 MOJ	新港 TXG	营口 YIN	大连 DAL		
新港、大连/横滨、(四日市)(东京)、名古物周班航线 TXG、DAL/YOK、(YCI)(TOK)、NAG	新港 TXG	大连 DAL	横滨 YOK	四日市 YCI	东京 TOK	名古屋 NAG	新港 TXG	大连 DAL			

（续表）

航线名称	航线港口									
宁波、上海/横滨、 东京、名古屋/基隆、 石周班航线 NBO、SHA/YOK、 TOK、NAG/KEE、ISI	宁波 NBO	上海 SHA	横滨 YOK	东京 TOK	名古屋 NAG	基隆 KEE	石垣岛 ISI	宁波 NBO	上海 SHA		
宁波/釜山周班航线 NBO/BUS	宁波 NBO	釜山 BUS									
上海、太仓/ 釜山周班航线 SHA、TAC/BUS	上海 SHA	太仓 TAC	釜山 BUS								
连云港、青岛/釜山、 博多周班航线 LYG、QIN/BUS、HKT	连云港 LYG	青岛 QIN	釜山 BUS	博多 HKT							
营口、大连/ 釜山周班航线 YIN、DAL/BUS	营口 YIN	大连 DAL	釜山 BUS								
新港/釜山 周班航线 XIN/BUS	新港 XIN	釜山 BUS									
黄埔/香港航线 HUANGPU/ HONGKONG	黄埔 HPU	香港 HKG	黄埔 HPU								
远东/地中海 特快航线 ASIA/ MEDITERRANEAN	新港 XIN	上海 SHA	香港 HKG	蛇口 SHK	新加坡 SGP	赛得港 PSD	海法 HFA	那波里 NAP	福斯 FOS	巴塞 罗那 BAR	瓦伦 西亚 VAL
亚洲/美国东岸 特快航线 ASIA/AMERICA EAST	上海 SHA	盐田 YTN	香港 HKG	纽约 NYK	诺福克 NFK	查尔斯顿 CHA					

4.2.5 任务处理

任务处理如表 4－2－7 所列。

表 4－2－7 任务安排

任务内容	认知远洋和近洋航线中汉堡、马赛、拉各斯、瓦尔帕莱索、纽约、吉达、热那亚、神户、吉大港、墨尔本、奥克兰、长滩等港口所属的国名。并请向你所熟悉的国际货代公司询问：从你所在城市附近的港口分别到上述港口的普通货物 20′C 海运价格、航行时间和附加费是怎样的？

（续表）

任务目标	熟悉海运价格的构成，运费计算和航行时间、挂港港口。
任务安排	通过分组分别收集海运价格的构成、运费计算、航线的航行时间和挂港港口。
活动考核	1. 熟悉西北欧线、美国加拿大线海运价格的构成、航行时间和挂港口。 2. 教师根据学生在交流与讨论中的表现给予评分

4.2.6 任务评估

表4-2-8 任务评估

交流1	记录各小组陈述		
交流人： 交流内容：			
评估2 指导教师的分析及综合意见记录			
基本概念	技能掌握	语言描述	综合得分

基本训练

一、单项选择题

1. 船方负担装卸费又称（　　）。

A. 班轮条件　　B. 租船条件　　C. 包箱条件　　D. 包船条件

2. （　　）不分箱内货物种类，不计货量，统一收取的定价，它以每个集装箱为计费单位。

A. FAK　　B. FCS　　C. FCB　　D. CFS

3. 传统的件杂货运费，按货物重量或体积运价计收，在运价表中以（　　）表示。

A. 在运价表中以“A・V”或“Ad・Val”表示

B. 在运价表中以“M”表示

C. 在运价表中以“W”表示

C. 在运价表中以“W/M”表示

4. 背书有两种形式，提单上收货人栏显示“TO　ORDER”，则由（　　）背书。

A. shipper　　B. consignee

C. notify　part　　C. container　NO. ,C/N

5. 集装箱货运站的承运人在一个港口或内陆城市可以委托（　　）个集装箱货运站的经营者？

A. 3　　B. 多个　　C. 2　　D. 1

二、多项选择题

1. 整箱货有以下特点（　　）：

A. 发货人负责装箱、计数、填写装箱单和加封志

B. 通常只有一个发货人(shipper)和收货人(consignee)

C. 提单上显示"不知条款"

D. 有多个发货人和收货人

2. 中国的主要海洋航线有( )。

A. 近洋航线　B. 远洋航线　C. 沿海航线　D. 环球航线

3. 世界主要大洋航线有( )。

A. 太平洋航线　B. 大西洋航线　C. 印度洋航线　D. 环球航线

4. 提单包括( )。

A. 分提单　B. 总提单　C. 海运单　D. 装箱单

5. 集装箱的作业场地主要有( )。

A. 集装箱货运站　B. 集装箱堆场　C. 工厂仓库　D. 码头

三、简答题

1. 什么是集装箱？如何选择集装箱？如何省集装箱运费？如何理解集装箱的经济效益？

2. 请分别列出远洋和近洋航线中汉堡、马塞、拉各斯、瓦尔帕莱索、纽约、吉达、热那亚、神户、吉大港、墨尔本、奥克兰、长滩等港口所属的国名。并请向你熟识的国际货运代理公司询问：从你所在城市附近的港口的普通货物20'C海运价格、航行时间和附加费是怎样的？

3. 2012年某月，某出口公司和孟加拉某公司签订销售合同，价格条件为CFR吉大港。由于合同中既未规定"港口拥挤费由买方负担"的条款，报价时又未把港口拥挤因素考虑在内，结果交货时，吉大港空前拥挤，船舶候泊时间长达65天，港口拥挤费增加至基本运费的300%，致使运费在货价中所占比重高达96%。这一笔交易，使我国某公司损失人民币20万元。试问从中能吸取什么教训？

4. 什么是"内装"和"门到门"装箱？请向国际货运代理企业的业内人士咨询两者在人民币费用上的差异。

5. 出口报关一般需要哪些基本单据？请一一举例说明。

四、计算题

某进出口公司向我国港商出口一批灯具，对外报价每台50美元CFR迪拜，后我国港商要求改报FOB价，如接受要求，则我方应该报价是多少美元一台？(已知该货物体积每箱45 cm×40 cm×25 cm，毛重35千克，运费计算标准为W/M，每运费吨基本运费为120美元，并加燃油附加费20%、港口附加费10%)

情境5　企业物流

学习目标

知识目标：学生通过本情境的学习，能了解企业物流及其运作知识，了解包括企业供应物流、生产物流、销售物流和回收物流与废弃物物流等基本内容，掌握企业物流的工作内容和相关的工作流程。

技术目标：掌握企业物流运作过程中的流程，能分析企业物流运作过程中应注意的关键问题。

能力目标：能够掌握企业物流活动的具体工作任务，具备将所学到的知识用于企业物流活动实务初步操作的能力。认知JIT、VMI、MRP、DRP工作原理及工作流程，能分析具体实施效果，并能规划未来的职业生涯。

任务5.1　企业物流基础知识

5.1.1　任务导入

零部件物流的长安模式

汽车零部件物流服务是各个环节必须衔接得十分流畅的高技术物流行业，是国际物流业公认的最复杂、最具专业性的物流领域。长安汽车(集团)有限责任公司在实践中摸索出了一套值得国内汽车企业借鉴的经验和做法。

1. 建立准时制运作模式(JIT)

首先是配套供应商在主机厂周边建立配套工业园区。为了有效地解决零部件的供应问题，缩小运输半径，提高反应速度，零部件生产企业往往会围绕主机厂建立自己的生产基地，从而加强与主机厂的联系，实现均衡生产和准时制供应，并有助于实现降低自身的库存和运输成本的目标。其次是供应商仓储(VMI)和配送中心(RDC)相结合。由于主机厂普遍实施准时制运作模式，同时又客观存在着各个配套供应商的生产水平良莠不齐以及均衡生产问题，因此，为了在现实运作中保证对主机厂的供应，零部件生产、供应企业往往需要通过自建仓库、租用主机厂仓库或社会仓库资源等方式，构建自身的仓储系统，建立在主机厂附近的安全库存，以达到缓冲的目的。这就相当于把一部分零部件成品仓库前移至主机厂的生产线旁，形成了供应商仓储。由供应商负责在客户运作过程中管理存货，检查其可得性、组织供给以及其他一切库存控制工作，从而确保存货在需要的时刻实现准时供应。此外，为了有效地配合主机厂的生产，还要求零部件生产、供应商严格按照其生产节奏和生产需求量，实施“直送工位”的JIT(准时制供货)配送。这样，就形成以供应商仓储和配送中心相结合的物流运作体系。

2. 改善业务流程,优化物流环节

长安民生物流公司根据汽车物流供应链管理的需要,提出了供应链物流一体化的战略,并结合自身实际,不断修正和优化长安集团物流的内外结构及业务流程,形成了一整套高效率、低成本的物流业务流程。

3. 将物流体系价值整合到企业价值链中

在传统的价值链中,物流的价值并未得到完全的体现。传统的价值链观认为,一定水平的价值链是一个特定产业内的各种活动的组合,其基本活动可以分为内部物流、生产经营、外部物流、市场销售、服务。物流的内容仅在内部物流(即工业物流)和外部物流(商业物流)环节有所体现。但是,如果把传统的价值链从生产与流通的角度进行整合和设计价值链结构,物流就会从幕后走向前台,成为主角。改善企业的价值链,是企业在重新审视其整体价值链中最应关注的一点,这样不仅可以优化运作模式,提高企业的整体运作水平,改善企业的财务业绩,而且还有利于企业对整体的战略定位和业务流程进行优化重组,提升企业的核心竞争能力。

问题:

1. 什么是JIT? 什么是VMI?
2. 汽车零部件物流的长安模式有哪些工作流程?

5.1.2 工作任务 企业物流

1. 企业物流的产生

企业物流可理解为围绕企业经营的物流活动,是具体的、微观物流活动的典型领域。

企业系统活动的基本结构是投入一转换一产出。对于生产型的企业来说,是投入原材料、燃料、人力、资本等,经过制造或加工使之转换为产品或服务;对于服务型企业来说,则是设备、人力、管理和运营,转换为对用户的服务。物流活动便是伴随着企业的投入一转换一产出而发生的。企业物流相对于投入的是企业外供应或企业外输入物流,相对于转换的是企业内生产物流或企业内转换物流,相对于产出的是企业外销售物流或企业外服务物流。如图 5-1-1 所示。

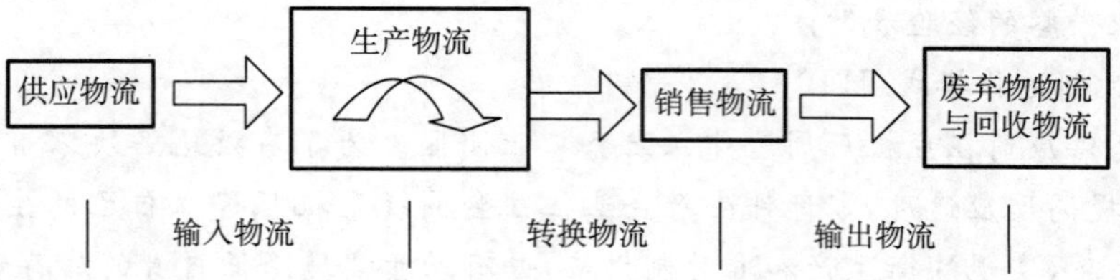

图 5-1-1 企业物流的内容

2. 企业物流的工作内容

在企业经营活动中,物流已渗透到各项经营活动之中。在我国,2001 年 8 月正式颁布实施的中国国家标准(《物流术语》GB/T18354—2001)中对企业物流的定义是:企业物流是企业内部的物品实体流动。

从工作任务本身看,企业物流只包括企业内生产物流或企业内转换物流,但是这个外延是不够全面的。因为企业物流是企业一体化管理的重要组成部分,它是指以客户满意度为目标和驱动力,在企业内和它的供应、营销渠道上,对货物、服务和相关的信息从货源地向目的地进行有效的流通和储存,以满足客户要求。因此,企业物流活动的范围应从原材料采购开始,到产成品送达顾客,甚至连退货、废弃品回收也应涵盖在内,如图 5-1-2 所示。

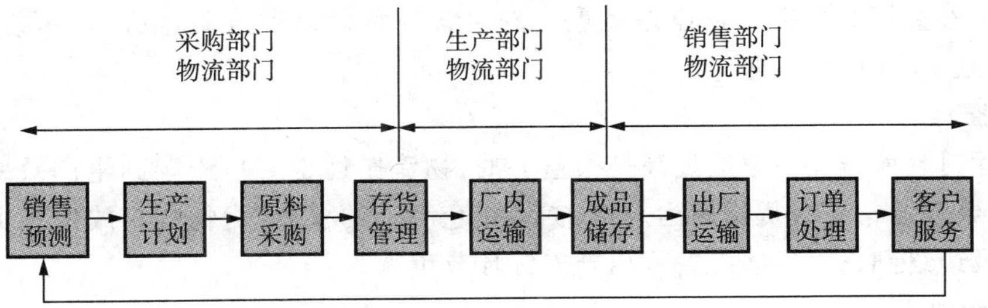

图5-1-2　企业物流示意图

由于工业生产企业物流最具有代表性，为了细分工业生产企业的主题物流活动，人们一般将其归纳为表5-1-1所列的4种类型。

表5-1-1　工业生产企业物流类型

种类	举　例
供应物流突出	采取外协方式生产的机械、汽车制造等工业企业
生产物流突出	生产冶金产品的工业企业，供应大宗矿石，销售大宗冶金产品，而从原材料转化为产品的生产过程及伴随的物流过程都很复杂
销售物流突出	小商品、小五金等，大宗原材料进货，加工也不复杂，销售却遍及全国或很大的地域范围
废弃物流突出	制糖、选煤、造纸、印染等易造成环境污染的工业企业

企业物流现在的趋势，通过物流外包，并不是所有的企业自己承揽下所有的企业物流活动。也可以将部分甚至全过程的物流活动交由第三方物流企业去完成。而且，对于不同类型的企业，物流重点不相同。例如，对于一个制造企业而言，物流活动出现在工厂和仓库之间；对于一个批发商而言，物流活动出现在分销中心；对于一个零售商而言，物流活动出现在分销中心和零售点。

5.1.3　工作任务　企业物流的内容

企业物流在不同的发展阶段包含着不同的内容。随着企业物流从单纯的产品配送向综合物流直至向供应链管理阶段发展，企业物流包含的内容不断地增加、丰富；企业物流涉及的领域不断地扩大。现在看来，企业物流几乎贯穿了企业的整个运营过程。概括地说，企业物流包含着采购、运输、存储、搬运、生产计划、订单处理、包装、客户服务以及存货预测等若干项功能。

1. 采购

把企业采购活动归入企业物流是因为企业运输成本与生产所需要的原材料、零部件等的地理位置有直接关系，采购的数量与物流中的运输与存储成本也有直接关系。把采购归入企业物流领域，企业就可以通过协调原材料的采购地、采购数量、采购周期以及存储方式等来有效地降低运输成本，进而为企业创造更大的价值。

2. 运输

运输是企业物流系统中非常重要的一部分。事实上，运输也是企业物流最为直接的表现形式，因为物流中最重要的是货物的实体移动及移动货物的网络。通常情况下，企业的物流经理负责选择运输方式来运输原材料及产成品，或建立企业自有的运输能力。

3. 存储

存储包括两个既独立又有联系的活动：存货管理与仓储。事实上，运输与存货水平及所需仓库数之间也有着直接的关系。企业许多重要的决策与存储活动有关,包括仓库数目、存货量大小、仓库的选址、仓库的大小等。

4. **物料搬运**

物流搬运对仓库作业效率的提高是很重要的,物流搬运也直接影响到生产效率。在生产型企业中,物流经理通常要对货物搬运入库、货物在仓库中的存放、货物从存放地点到订单分拣区域的移动有及最终到达出货区准备运出仓库等环节负责。

5. **生产计划**

在当前竞争激烈的市场上,生产计划与物流的关系越来越密切。事实上,生产计划往往依赖于对物流的能力及效率进行调整;同时企业的生产计划还与存货能力、存货预测有关。

6. **订单处理**

订单处理过程包括完成客户订单的所有活动。物流领域之所以要直接涉及订单的完成过程,是因为产品物流的一个重要方面是前置期,即备货周期,它是指从客户下达订单开始、至货物完好交于客户为止的时间。从时间或者说前置期的角度来看,订单处理是非常重要的物流功能。订单处理的效率直接影响到备货周期,进而影响到企业的客户服务质量与承诺。

7. **工业包装**

与物流紧密相关的还有工业包装,即外包装。企业物流中的运输方式的选择直接影响到包装要求。一般来说,铁路与水运受到货损的可能性较大,因而需要支出额外的包装费用。

8. **客户服务**

客户服务也是一项重要的物流功能。客户服务水平与物流领域的各项活动有关,存货、运输、仓储的决策等取决于客户服务要求。

9. **存货预测**

准备在存货和物料、零部件的预测是有效存货控制的基础,尤其是使用零库存和物料零计划方法控制存货的企业。因此,存货预测也是企业物流的一项重要功能。

除了上述的几个主要功能外,企业物流还包含诸如工厂和仓库选址、维修与服务支持、回收物品处理、废品处理等功能。当然,不同的企业或企业处于不同的发展阶段,其企业物流不一定会涉及上述的方方面面。

任务 5.2 企业生产物流

5.2.1 任务导入

生产过程中看板管理的应用

准时化生产(Just in Time,缩写为 JIT)是目前汽车工业普遍采用的一种先进的生产组织管理模式,而看板管理又是 JIT 生产方式中一种重要的管理手段。看板是一种辅助工具(载体),是一种用于生产现场控制的作业方法。生产流程设计得合理与否直接影响到生产现场的控制和生产效率。实施看板管理的目的是严格控制前后车间、前后工序之间的在制品周转数量,从而达到减少在制品储备的目的。看板管理采取的是取货制,也就是拉动式生产方式,装配线上需要什么零部件,需要多少零部件,自行去取,不多也不少,没有多余的在制品。前工序在被提取零部件后,由于储备减少,再向它的前一工序提取相应数量的毛坯立即加工,以补充被提走的零部件数量。这样,从最后一道工序走,步步向前追溯,直到原材料的供应部门,使每个生产部门都连锁地同步运行起来,使得现场物流处于最佳状态,做到"准时领取"、"准时转运"、"准时生产"。

JIT生产方式有其独有的特点,它只向最后一道工序以外的各工序发出每月大致的生产品种和数量计划(月度生产计划大纲),作为车间安排生产作业的一个参照标准,而真正作为生产指令的只有下到装配车间的总成装配排产顺序表,其余工序作业现场没有任何生产计划表或生产指令,只是在需要的时候通过"看板",由后工序向前工序传递的次序传达生产指令。生产指令是从装配车间发出的,物流中心具体负责实施,当装配车间用完一箱零件后,就把取货看板挂到看板架上。物流中心负责带着取货看板和空工位器具到上一道工序(车间)去取相应数量的零件,上道工序再从它的上一道工序领取相应数量的零件进行加工,以补充被取走的数量,依次类推,直到原材料供应部门。看板跟着零件走,没有看板不取货,没有看板不生产,防止"过量制造"和"过量运送"。这样就大大降低了在制品的储备数量,减少了资金占用。看板管理还是贯彻"目视管理"的工具,"看板"与在制品同时在一起存放,只要一看"看板"标明的件号和数量,就可以一目了然地知道在制品的品种和数量。通过实施看板管理,企业极大地提高了生产物流和现场管理水平。

问题:

1. 什么是看板管理?
2. 看板管理的工作流程有哪些步骤?

5.2.2 工作任务 生产物流

1. 生产物流的工作内容

生产物流是在生产过程中原材料、在制品、半成品、成品等在企业内部的实体流动。

(1)从生产工艺角度看

企业在生产工艺中的物流活动,是生产工艺的一部分,即物料不断地从上一道工序进入下一工序,不断发生搬上搬下、向前运动、暂时停滞等活动。

(2)从物流范围看

企业生产系统中物流的边界起源于原材料、外购部件的投入,止于成品仓库,贯穿于生产的全过程,横跨整个企业。物料随着时间进程不断改变自己的实物形态和场所位置,物料不是处于加工、装配状态,就是处于储存、搬运和等待状态。

(3)从物流属性看

生产所需物料在空间和时间上的运动过程,是生产系统的动态表现。物料(原材料、辅助材料、零部件、在制品、成品)经历生产系统各个生产阶段或工序的全部运动过程。

生产物流的核心是如何对生产过程的物料流和信息流进行科学的规划、管理与控制。生产物流区别于其他物流系统的最显著的特点是它和企业生产紧密联系在一起。有合理组织的生产物流过程,才有可能使生产过程始终处于最佳状态。如果物流过程的组织水平低,达不到基本要求,即使生产条件、设备再好,也不可能顺利完成生产过程,更谈不上取得较高的经济效益。物流过程要有物流信息服务,即物流信息要支持物流的各项业务活动,通过信息传递,把运输、储存、加工、装配、装卸、搬运等业务活动联系起来,协调一致,以提高物流整体的作业效率。

2. 生产物流的类型

(1)从生产专业化的角度看

根据产品在生产地生产的重复程度,把物料生产过程划分为单件生产、大量生产和成批生产。其具体内容如表5-2-1所列。

表 5-2-1 按物料生产过程分类的生产物流类型

生产方式	特 点	特 征
单件生产	基本上是一次性需求的专用产品，一般不重复生产。产品设计和工艺设计低重复性，一般有 40 个工序	生产重复程度低，物料需求与具体产品制造存在一一对应关系。由于品种多样性，物料消耗不容易确定，外部物流较难控制
大量生产	生产的品种少，每一种产品的批量大，稳定地、不断重复地进行生产。一般这类产品在一定时期内具有相对稳定的需求，有 1～2 个工序	物料加工重复度高，物料需求的外部独立性和内部相关性易于计划和控制。产品设计和工艺设计相对标准和稳定。由于品种单一，供应商较固定，外部物流较易控制
成批生产	产品对象是通用产品，生产具有重复性，介于大量生产和单件生产方式之间。建立正规的生产线和流水线的难度较大，工序介于 2～40 个之间	在生产物流管理上，根据轮番重复生产这一特征，企业可以按对象专业化原则组织生产。由于生产的品种多、生产的稳定性差，外部物流较难控制

(2)从物料流向角度看

从该角度看，可以分为连续型生产物流和离散型生产物流两种，其具体内容见表 5-2-2。

表 5-2-2 按物料流向分类的生产物流类型

生产方式	内容	管理的重点
连续型生产物流	物料均匀、连续地进行，不能中断；生产出的产品和使用的设备、工艺流程都是固定且标准化的；工序之间几乎没有在制品储存	保证连续供应物料和确保每一个生产环节的正常运行
离散型生产物流	产品是由许多零部件构成，各个零部件的加工过程彼此独立；制成的零件通过部件装配和总装配最后成为产品。整个产品的生产工艺是离散的，各个生产环节之间要求有一定的在制品储备	在保证及时供料和零件、部件的加工质量基础上，准确控制零部件的生产进度，缩短生命周期，既要减少在制品积压，又要保证生产的成套性

(3)从物料流经的区域和功能角度看

① 工厂间物流：大型企业各专业厂间运输物流或独立工厂与材料配件供应厂之间的物流。

② 工序间物流：生产过程中车间内部、仓库之间各工序、工位上的物流。其内容包括接受原材料、零部件后的储存活动，加工过程中间的在制品储存活动，成品出厂前的储存活动，仓库向生产车间运送原材料、零部件的搬运活动，各种物料在车间、工序之间的搬运活动。

3. 生产物流的管理目标

生产物流区别于其他物流系统的最显著的特点是，它和企业生产紧密联系在一起。只有合理组织生产过程，才有可能使生产过程始终处于最佳状态。

(1)物流过程的连续性。企业生产是一道工序一道工序地往下进行的，要求物料能够顺畅、最快、最省地走完各个工序，直至成为产品。整个生产过程是连续、顺延、有组织地按进度保质保量地运行，因此物流过程具有连续性。

(2)物流过程的节奏性。企业产品生产过程的各个阶段，从投料开始到产成品完工入库，生产过程是按计划有节奏均衡地进行，使物流过程具有节奏性。

(3)物流过程的平行性。企业生产产品的种类和型号是多种多样的，每种产品包含着多种零部件，各个零部件的生产是平行作业、协调进行的，使物料的投入具有平行性。

(4)物流过程的应变性。企业生产产品的型号和种类发生变化时，生产过程具有较强的应变能力，物流过程也同时具备相应的应变能力。

5.2.3　工作任务　生产物流控制

1. 生产物流控制的模式

生产物流控制有两种模式，即推进式和拉引式。

(1)物流推进式控制

① 推进式控制的工作内容

根据最终的产品需求量，企业在考虑各阶段的生产提前期之后，向各阶段发布生产指令量。企业对生产物流实行集中控制，每个阶段物流活动服从集中控制的指令，各阶段没有独立影响本阶段局部库存的能力。

推进式控制模式，是基于美国计算机信息技术的快速发展和美国制造业大批量生产的基础上提出的以 MRPH(制造资源计划)技术为核心的生产物流控制模式。但从实行结果来看，该模式的长处却在多品种、小批量生产类型的加工装配企业得到了最有效的发挥。其具体做法是，企业在计算机、通信技术控制下制订主生产计划、物料需求计划、能力需求计划、物料采购计划，调节产品需求预测和生产成本核算等环节。生产物料严格按照各工艺顺序确定的物料需要数量、需要时间(物料清单所表示的提前期)，从前道工序“推进”到后道工序或下游车间。在整个控制过程中，信息流往返于每道工序、车间，并与生产物流完全分离。企业通过信息流的控制，保证按生产作业计划的要求完成物料加工任务。

② 推进式物流控制的特点

a. 在生产物流方式上，以零件为中心，强调严格执行计划，维持一定量的在制品库存。

b. 在管理手段上，大量运用计算机管理。

c. 在生产物流计划编制和控制上，以零件要求为依据，计算机编制主生产计划，物料需求计划，生产作业计划。执行中以计划为中心，工作的重点在管理部门，着重处理突发事件。

d. 在对待在制品库存的态度上，认为“风险”是外界的必然，因此必要的库存是合理的，也就是说，是为了防止计划与实际的差异所带来的库存短缺现象。

(2)物流拉引式控制

① 拉引式控制的工作内容

物流拉引式控制的工作内容是，在最后阶段按照外部市场的需求，向前一阶段提出物流供应的要求，前一阶段按本阶段的物料需求量再向前一阶段提出供应要求，依次类推，接受供应要求的阶段再重复地向前一阶段提出供应要求。采用此方式的物流控制原理称为物流拉引式控制原理。

拉引式是以日本制造业提出的 JIT(准时制)技术而革新的生产物流管理模式。具体表现为,使物流始终处于不停滞、不堆积、不超越、按节拍地贯穿于从原材料、毛坯的投入到成品的全过程。该模式强调物流同步管理,要求在适当的时间将适当数量的物料送到适当的地点,采用从后向前拉动控制的方法,即从最终市场需求出发,每道工序、上游车间只生产后道工序、下游车间需要数量的零部件。在拉引式控制中,信息流与物流完全结合在一起,但信息流(生产指令)与生产物流方向相反。信息流控制的目的是保证按后道工序的要求准时完成物料加工任务。

② 拉引式物流控制的特点

a. 实行分散控制。在多道工序的生产中,指令由各阶段各自独立发布,因而属于分散控制。每一分散控制的目标是满足局部要求。通过所有的局部控制达到整体的要求。

b. 在生产物流方式上,以零件为中心,要求前一道工序加工完的零件立即进入后一道工序,强调物流平衡而没有在制品库存,从而保证物流与市场需求同步。

c. 在管理手段上,把计算机管理与看板管理相结合。

d. 在生产物流计划编制和控制上,以零件为中心,采用计算机编制物料生产计划,并应用于来自内部的在制品库存。因此,应将一切库存视为“浪费”,予以消灭。其库存管理思想表现为:一方面强调供应对生产的保证;另一方面强调实现“零库存”,从而消灭库存生产的浪费。

2. 现代制造系统与生产物流(精益生产、敏捷制造)

(1)精益生产

① 精益生产的工作内容

精益生产的要领是由美国麻省理工学院在研究丰田生产方式的基础上提出的,它是准时制生产的进一步提高。精益生产是力求以最小的投入获得最大的产值,以最快的速度进行设计和生产,无休止地降低成本,追求消灭残次品,追求零库存,实现全面、高效、灵活、优质的服务。

② 精益生产的特点

消灭物流浪费是人类无限的追求。虽然在现实中几乎不可能达到这种理想的完美境界,但各部门、各生产环节之间必须有良好的交流,以便更有效地利用资源和最大限度地减少浪费。所以精益生产不间断地追求而产生的效果是惊人的。

(2)敏捷制造

由于准时制生产在美国的实行并取得了明显的效益,美国制造业认为:仅在市场竞争中降低成本和提高产品质量是不够的,还要缩短产品开发周期、加快产品更新换代,从产品的质量、价格、服务和时间上取得竞争力。

① 敏捷制造的工作内容

敏捷制造是指制造系统在满足低成本和高质量的同时,能够对多变的市场需求做出快速反应。这里所说的敏捷性,是指企业对市场变化、技术发展以及社会环境变化做出反应的速度与能力。

② 企业敏捷能力的体现

a. 快速反应能力　能够随市场变化做出判断与预测,并能做出正确而快速的反应。

b. 竞争力　企业具有一定的生产能力、工作效率以及有效参与竞争所需的技能。

c. 灵活性　以同样的人员与设备生产不同产品或实现不同目标的能力。

d. 快速性　以最短的时间执行任务的能力(最短的产品开发周期、最短生产周期、供货准时等)。

任务 5.3　企业采购与供应物流

5.3.1　任务导入

室内物料搬运系统

现代生产企业遇到的一些物料搬运问题，往往是生产线原料补货不稳定，因而补货环节容易成为生产流程的瓶颈。这些问题的主要表现是：其一，原料库存过大，且生产线经常有原料大量堆积；其二，拣货速度慢，效率低下，物料供给不能根据生产线需求变化而快速响应；其三，原料库或产品库过大，货物积累过多，甚至影响到产品的更新换代。针对以上弊端，瑞典希格莱堡公司提出以下搬运方案。

1. 提倡少量多次搬运

少量多次搬运的优点是：实现快速存货，快速送货，提供稳定敏捷的物料流。

首先，不应一味地追求每次搬运的载荷量，若每次搬运的载荷量过大，则整体上物料搬运的瓶颈会集中在物料装卸环节，物料装卸会成为制约搬运速率的瓶颈；其次，大载荷量搬运使得物料流动起伏波动过大，不利于生产线的稳定，且易造成严重的堆料现象。

瑞典希格莱堡公司经过长期对生产企业的科学研究，依据企业情况将载荷量定为 500/1 000 千克，此载荷是有利于使物料运输和装卸速率趋于平衡，给物料搬运的负荷松绑。

2. 突出搬运车辆的小巧与灵活机动

希格莱堡公司主张减少搬运作业的空间与面积，为此，该公司提供了目前世界上最小的搬运车辆，这种车的转弯半径缩小，机动灵活。

3. 针对具体客户，提供方案设计

希格莱堡搬运体系大致可分解成：牵引车＋拖车＋搬运方案。牵引车主要有牵引型、拣选型和叉车型，拖车的范围更广。该公司依据客户的需求提供给客户最优化的方案组合，解决客户遇到的问题，统一标准的接口，使得牵引车与拖车的装卸方便快速。

【应用案例】　法国施耐德电气集团

客户目标：实现精益化生产，削减库存，缩短交货期，降低成本。

措施：对生产线实行精益化的补货，取消托盘，改用料箱和拖车补货，实现每次同时补货多种品项。购置 40 部 panda 牵引车及相关设备、设施进行拣选和补货。

效果：一年后，库房面积减少一半，库存大量减少，生产实现敏捷化。

问题：

1. 瑞典希格莱堡公司的室内搬运系统有哪些具体的做法？
2. 瑞典希格莱堡公司如何实现生产敏捷化？

5.3.2　工作任务　供应物流

1. 供应物流的工作内容

人们对供应物流的认识经过了购买、采购、供应三个阶段。第一个阶段，人们对供应物流的最初认识就是购买，当然，购买行为比较简单，是最原始的阶段。第二个阶段是采购，采购的外延比购买广泛，包括购买、储存、运输、接收、检验、废料处理。而近几年来，随着供应链管理的兴起，供应一词正在逐步取代采购这一职能，发展成为供应物流的第三个阶段。供应是采购部门面向增值的业务活动，它是以流程为导向，强化与供应商关系的战略性活动过程。

供应物流是为组织生产所需要的各种物品供应而进行的物流活动，是企业生产活动所需生产资料的供应。供应物流是从原材料、外协件等的订货、购买开始，通过运输等中间环节，直到收货人收到货入库为止的物流过程，它是企业物流过程的起始阶段。供应物流也指包括原材料等一切生产物资的采购、进货运输、仓储、库存管理、用料管理和供应管理。它是生产物流系统中相对独立性较强的子系统，并和生产系统、财务系统等生产企业各部门以及企业外部的资源市场、运输部门有密切的联系。

供应物流是保证企业生产经营活动正常进行的前提条件。在实际生产中，企业的生产活动要素的投入首先是生产资料的投入。因此，能否适时、适量、齐备、成套地完成供应活动，是保证企业顺利进行生产经营活动的基础。

2. 供应物流系统的组成

(1)采购

① 采购的含义

采购是供应物流与社会物流的衔接点。它是依据企业生产计划所要求的供应计划而制订采购计划并进行原材料外购的作业层，需要承担市场资源、供货方、市场变化等信息的采集和反馈任务。

采购是选择和购买物品的过程，包括了解需求、选择供应商、协议价格、签订合同、选择运输方案、跟踪订单、货物验收入库等作业事项。采购既是一个商流活动，又是一个物流活动。

对于生产企业而言，为销售而生产、为生产而采购是一个环环相扣的物料输入和输出的动态过程。采购是企业物流管理的起点，最初的采购活动成功与否，直接影响到企业生产、销售最终产品的定价情况和整个供应链的最终获利情况，因此企业采购在物流管理中的龙头作用不可轻视。

② 采购管理的含义及目标

采购管理是指保障整个企业物资供应而对企业采购进货活动所进行的管理活动，是整个物流活动的重要组成部分。它所面对的是整个企业，而不仅仅是企业中的采购人员(因为企业组织的其他人员也要进行有关采购的协调配合工作)，采购管理的使命是保证整个企业的物资供应，同时，也拥有调动整个企业资源的权利。

实施采购管理旨在实现以下目标：

a. 正确地按计划用料，加强对用料的控制，预防呆料、废料的产生。

b. 适当的存量管理。通过强化重点管理(如 ABC 管理)，改善库存结构，降低库存量，减少库存资金的占用。

c. 按照适价、适质、适时、适地的原则做好采购工作，降低采购成本。

d. 发挥储存运输功能，确保物品品质，规范收发作业，维护仓库安全。

e. 加强供应商关系管理，与供应商建立一种能促使其不断降低成本、提高质量的长期合作关系。

③ 采购管理的内容

a. 企业采购决策　企业采购决策者应对所需原材料的资源分布、数量、质量和市场供需的要求等情况进行调查，作为制订较长远的采购计划的依据；同时，要及时掌握市场变化的信息，进行采购计划的调整与补充。

b. 选择供货方　企业在选择供货方时，应考虑原材料供应的数量、质量、价格(包括运费)、供货时间保证、供货方式和运输方式等，根据本企业的生产需求进行比较，最后选择供货方。要建立供货商档案，其内容主要有企业概况（地点、规模、营业范围等）、供应资产种类、运输条件及完善的档案数据等，这是选定供货商的重要依据。

c. 采购批量　采购批量在采购决策中是一个重要问题。一般情况下，每次采购的数量越大，在价格上得到的优惠越多，同时因采购次数减少，相对能节省一些采购费用。但一次进货数量过大，容易造成积压，从而占压资金，多支付银行利息和仓储管理费用。如果每次采购的数量过少，在价格上得不到优惠，同时，因采购次数的增多而加大采购费用的支出，并且要承担因供应不及时而造成停产待料的风险。因此，如何控制进货的批量和进货的时间间隔，使企业生产不受影响，同时费用最省，是企业采购决策时应解决的问题。

(2)供应

① 供应的含义

任何企业进行生产经营活动，都要消耗各种物品。为了生产经营不间断地进行，就必须不间断地以新的物品补充生产经营过程的消耗，这种以物品补充生产经营所消耗的过程，就称为供应。供应过程包括采购、储存、供料等环节，涉及商流、物流、信息流和资金流。

供应是供应物流与生产物流的衔接点。供应是根据材料供应计划、物资消耗定额、生产作业计划进行生产资料供给的作业层，负责原材料消耗的控制。供应一般有两种基本方式：一种是传统的领料制；第二种是供应部门根据生产作业信息和作业安排，按生产中材料需要的物料数量、时间、次序、生产进度进行配送供应的方式。

② 供应物流的主要业务

供应物流的主要业务活动包括物资供应计划、物资消耗定额、供应存货与库存控制等。

物资供应计划一方面要适应生产、维修、技术措施、基建、成本、财务等对物资和资金使用方面的要求；另一方面又反过来为其他计划的顺利执行提供物资保证。对企业物资管理来说，物资供应计划是订货、采购、储存、使用物资的依据，起着促进企业加强物资管理的作用。正确地确定物资需要量，是编制物资计划的重要环节。不同用途、不同种类物资需要量的确定方法是不同的，概括来说，有直接计算法和间接计算法两种。

物资消耗定额是在一定的生产技术条件下，为制造单位产品或完成某项任务所规定的物资消耗量标准。物资消耗定额的制定，包括“定质”与“定量”。

(3)库存管理

在今天的企业环境中，库存管理的任务变得越来越复杂，涉及库存管理的方法越来越多，库存决策也变得更加复杂。在管理实践中，管理者需要根据企业的具体情况来选择合适的库存管理方法，以提高企业物流系统的效率。无论企业选择什么样的库存管理方法，总成本最小化是库存管理的关键。

库存是指企业在生产经营过程中为现在和将来的耗用或者销售而储备的资源，包括原材料、燃料、低值易耗品、在产品、半成品、产成品等。

库存是保障生产、调节供需所必需的，同时又是一种闲置。库存量管理的任务是要选择适宜的库存管理制度，确定合理的库存量标准并掌握库存量变化动态，适时进行调整。

库存是指处于储存状态的物品或商品。库存的必要性是由于物品的生产和消费在时间上和空间上的矛盾。由于生产和消费在时间和批量上的差异，在空间地理位置上的分离，使生产出来的物品往往不能立即投入消费，就形成了库存。库存具有整合供给和需求、维持各项活动顺畅进行的功能，是连接和协调企业供、产、销系统各环节以及生产和流通过程中各相关企业经济活动的润滑剂。因此,库存是保证社会再生产不间断进行的客观必要条件。但是,库存又是物品的闲置,是社会产品的一种扣除,只有当物品库存量保持在社会再生产正常进行所必要的限度内,这种库存才具有积极意义。过多的库存会带来物品流转过程的停滞,过少的库存又会造成社会再生产的中断,所以,研究和建立物品库存的意义就在于寻求确定和实现这种库存量的必要限度,以达到保障生产、加速流通、提高企业和社会经济效益的目的。

库存管理是供应物流的核心部分。库存管理是依据企业生产计划的要求和库存控制情况,制订采购计划,对于库存数量和结构加以控制,指导供应物流的合理运行;另外,还包括制订库存控制策略和计划以及根据反馈修改计划。

库存管理的任务是用最低的费用在适当的时间和适当的地点取得适当数量的原材料、消耗品和最终产品。在许多企业中,库存成本是物流总成本的一个重要组成部分,物流成本的高低常常取决于库存管理成本的大小,而且,企业物流系统所保持的库存水平对于企业提供的客户服务水平起着重要作用。库存成本主要包括库存持有成本、订货或生产准备成本、缺货成本和在途库存、储存成本。

5.3.3 工作任务 采购方式的种类与选择

1. 采购方式的种类

采购方式是采购主体获取资源或物品、工程、服务的途径、形式和方法。一般企业在采购时主要有以下几种方式:

(1)传统采购

传统采购是企业一种常规的业务活动过程,即企业根据生产需要,首先由各需要单位在月末季末或年末,编制需要采购物资的申请计划;然后由物资采购供应部门汇总成企业物资计划采购表,报经主管领导审批后,组织具体实施;最后,所需物资采购回来后验收入库,组织供应,以满足企业生产的需要。传统采购存在市场信息不灵、库存量大、资金占用多、库存风险大的不足,经常可能出现供不应求现象,以致影响企业生产经营活动的正常进行,或者库存积压、成本居高不下,影响企业的经济效益。

(2)订货点采购

订货点采购是指由采购人员根据各个品种的需求量和订货提前期的长短,确定每个品种的订货点、订货批量及最高库存水准等,然后建立一种库存检查机制,当发现货物已到达订货点时,就要检查库存,发出订货,订货批量的大小由规定的标准确定。

订货点采购的原理即合理采购,降低订货成本。订货点采购既是一种采购策略,又是一种库存控制策略,因为库存的控制水平是通过采购的订货策略来实现的。

订货点采购包括两大类采购方法:一类是定量订货采购法,另一类是定期订货采购法。

企业采用订货点采购要具备以下条件:

① 订货点采购的前提是物料消耗率与采购提前期不变;

② 物料消耗率指的是生产过程中物料的消耗;

③ 采购提前期指的是每个物料从下订单到收到仓库所需要的周期。

(3)MRP 采购

MRP 是 Material Requirement Planning(物料需求计划)的缩写。

企业怎样才能在规定的时间、规定的地点、按照规定的数量得到真正需要的物料,换句话说,就是库存管理怎样才能符合生产计划的要求,这是物料需求计划应该时刻关注的问题。

MRP是美国生产管理和计算机应用专家首先提出的，并由美国生产与库存管理协会倡导而发展起来的，IBM公司则首先在计算机上实现了MRP处理。

例如：加工装配式企业的工艺顺序是将原材料制成毛坯，再将毛坯加工成各种零件，零件组装成部件，最后将零件和部件组装成产品。如果我们按一定的交货时间提供不同数量的产品，就必须提前一定时间加工所需数量的各种零件；要加工各种零件，就必须提前一定时间准备所需数量的各种毛坯，直至提前一定时间准备各种原材料。由于现代工业产品的结构极其复杂，一单位产品（如一辆汽车）可能由成千上万个零部件构成，用手工方法很难在短时期内确定如此众多的零部件的需要数量和需要时间。据报道，在计算机出现以前，美国有些公司用手工方法计算各种零部件的需要数量和需要时间，一般要6～13周时间。而MRP的出现，使得计算各种零部件的需要数量和需要时间可以缩短到几秒，这正是计算机应用于生产管理的结果。

① MRP的基本任务是：其一，从最终产品的生产计划导出相关物料（原材料、零部件）的需求量和需求时间；其二，根据物料的需求时间和生产周期来确定其开始生产的时间。

② MRP的基本内容是：编制零部件的生产计划和采购计划。然而，要正确编制零件计划，首先必须落实产品的生产进度计划，用MRP的术语就是主生产计划，这是MRP展开的依据。

MRP还需要知道产品的零件结构，即物料清单（BOM），才能把主生产计划（MPS）展开成零件计划；同时，必须知道库存数量才能准确计算出零件的采购数量。

③ MRP的依据是主生产计划、物料清单和库存信息。

(4)JIT采购

① JIT采购的工作内容

又称为准时化采购或零库存采购，就是将企业采购环节的库存保持到最低水平，甚至为零。

② JIT的基本思想

JIT的基本思想是把合适的数量、合适质量的物品、在合适的时间供应到合适的地点，最好地满足用户需要。准时化采购不但能最好地满足用户，而且可以极大地消除库存、最大限度地消除浪费，从而极大地降低企业的采购成本和经营成本，提高企业的竞争力。正是因为JIT采购对于提高企业经济效益有着显著的效果，上世纪80年代以来，西方经济发达国家非常重视对JIT采购的研究与应用。资料显示，到目前为止绝大多数的美国企业已经开始全部或局部应用JIT采购方法，并取得了良好的应用效果。

③ JIT的管理目标

JIT的管理目标是彻底消除无效劳动和浪费，具体要达到以下目标：

a. 废品量最低（零废品）。JIT要求企业消除各种引起不合理的原因，在加工过程中每一工序都要求达到最高水平。

b. 库存量最低（零库存）。JIT认为，库存是生产系统设计不合理、生产过程不协调、生产操作不良的证明。

c. 准备时间最短（零准备时间）。准备时间长短与批量选择相联系，如果准备时间趋于零，准备成本也趋于零，就有可能采用极小批量。

d. 生产提前期最短。短的生产提前期与小批量相结合的系统，应变能力强，柔性好。

e. 减少零件搬运。搬运零件是非增值操作，如果能使零件和装配件运送量减少，搬运次数减少，可以节约装配时间，减少装配时可能出现的问题。

f. 机器损坏率低。

g. 批量小。

④ JIT 系统的实际应用

a. 看板管理系统　1973 年，日本丰田汽车公司的副总裁大野耐一综合了单件生产和批量生产的特点和优点，创造了一种在多品种小批量混合生产条件下高质量、低消耗的生产方式——零库存系统，也就是所谓的看板系统。

看板是附在运送零部件与其他原材料的小箱子上的一块信息牌，每一块信息牌精确标明供应活动的时间和数量。生产卡确定生产产品的数量，需求卡确定从供应作业处所需的原材料。假如确定了每天生产的数量，这些活动不用计算机，就可以用手工完成。最后，系统被用来作为通知作业人员现有的问题，黄色代表有些小问题，红色表示出了大问题，对于这两种情况全体工作人员都能看见。这样，通过这个系统，工人就知道了生产制造过程可能的中断。

b. JIT 配送　在看板管理、单元化生产方式的基础上，日本丰田汽车公司又进行了进一步的拓展。该管理配置方式体现在总装线上，丰田汽车公司要求在总装线上所需的零部件都在总装线的相应位置上，以单元化生产的方式生产和供给，按看板管理掌握生产的品种、节拍和数量，实现了各零部件供应商与丰田公司总装线的同步生产，使总成生产单元要求为其配套的零部件厂将材料或两次配套件按计划直接送到总成单元生产现场，从而节约了零部件总成厂的运费，使其运送费用几乎接近于零。由于零库存管理节约了库存费用和运输费，丰田整车的制造成本显著降低。

看板的形式很多。有塑料夹内装着的卡片、存件箱上的标签、流水线上的小球或电视图像等。表 5－3－1 是最典型的生产看板和取货看板的实例。

表 5－3－1 看板实例

<table>
<tr><th colspan="2">生产看板</th><th>取货看板</th></tr>
<tr><td>工作号</td><td>A521</td><td>工件号　C221</td></tr>
<tr><td>工件名</td><td>主轴</td><td rowspan="2">工件名　曲轴
产品型号　BW—3568
容器容量　20</td></tr>
<tr><td>产品型号</td><td>BW—2170</td></tr>
<tr><td>容器容量</td><td>30</td><td rowspan="3">供应时间　9:00—10:30
存放于　6D—11
前道工序　机加工
后道工序　喷漆</td></tr>
<tr><td>所需物资</td><td>5 号黑色漆</td></tr>
<tr><td>存放于</td><td>三车间 3—6 储藏室</td></tr>
</table>

c. 均衡化生产　为了达到上述目标，JIT 对产品和生产系统设计考虑的主要原则有以下三个方面：一是模块化设计；二是设计的产品尽量使用通用件、标准件；三是设计时应考虑易实现生产自动化。

JIT 的基础之一是均衡化生产，即平均制造产品，使物流在各作业之间、生产线之间、工序之间、工厂之间平衡和均衡地流动。为达到均衡化，在 JIT 中使用月计划、日计划，并根据需求变化及时对计划进行调整。

JIT 可以使生产资源合理利用，包括劳动力和设备的柔性管理。当市场需求波动时，要求劳动力做相应调整。如需求量增加不大时，可通过适当调整具有多种技能的操作者来完成；当需求量降低时，可采用减少生产班次、解雇临时工、分配多余的操作工去参加维护设备等工作。这就是劳动力柔性的含义，而设备柔性是指在产品设计时就考虑加工问题，发展多功能设备。

d. 全面质量管理　JIT 强调全面质量管理，目标是消除不合格品，消除可能引起不合格品的根源，并设法解决问题。JIT 中还包含许多有利于提高产品质量的因素，如批量小、零件很快移到下道工序、质量问题可以及早发现等。

⑤ 实施要点

由于实施 JIT 采购方法对企业的基础工作、人员素质、管理水平等要求较高，在我国实施 JIT 采购方法的企业数量还不太多，主要集中在诸如汽车、电子等行业，应用水平也有待于进一步提高。JIT 作为一种先进的物资采购模式和管理方法，在工程建设、机械行业的应用可以说也是大势所趋。因此，工程建设、机械行业有必要对 JIT 采购模式的原理、特点和实施过程进行深入了解，以便能够结合实际，尽早采用，从而增强整个行业参与全球化竞争的能力，促进企业长足发展。

⑥ 供应链管理

供应链是指围绕核心企业，通过对信息流、物流、资金流的控制，从采购原材料开始，制成中间产品以及最终产品，最后由销售网络把产品送到消费者手中，将供应商、制造商、分销商、零售商直到最终用户编成一个整体功能网链的结构模式。

供应链管理是利用计算机网络技术，全面规划供应链中的商流、物流、信息流、资金流等，并进行计划、组织、协调与控制。

供应链管理的主要内容：合理供应、准时生产、高效物流、满足需求、总成本控制、信息管理有与供应链上各环节成员的战略联盟关系管理，包括客户关系管理等。

⑦ 电子商务采购

电子商务采购是指利用电子商务形式进行的采购活动。因为电子商务主要是在计算机网络上进行的，所以电子商务采购也称为网上采购。

网络的全球化和高速化为采购提供了及时、准确的产品和需求信息，网上采购的前景看好，因此电子商务采购作为一种新型的采购方式，在国际国内采购活动中已成为一道亮丽的风景线。目前，许多企业和公共事业单位已在一定范围内和一定程度上运用了电子商务采购技术。在中国，众多大型企业如海尔集团、万科集团等都纷纷启动了生产资料的网上采购平台。结果显示，实现网上采购的企业在赢利能力方面有了不同程度的提高。网上采购系统包括生产资料采购和非生产资料采购两种，该系统既可通过虚拟的在线商品目录迅速而实时地访问产品信息，通过价格和品质的比较选定产品供应商，也能够实现与内部采购流程无缝集成，对供应商进行科学的管理，以及对采购业务的数据进行分析和决策等。

网上采购系统采用 Java 技术和模块化的体系结构，集成了公司管理、目录管理、采购计划、合同管理、供应商管理、请购单管理、询价管理、采购单管理、订单管理、审批管理和竞拍管理等功能模块，覆盖了企业采购的各个环节，真正实现了采购流程的电子化。

2. 采购方式的选择

采购方式的选择主要取决于企业制度、资源状态、环境、专业、资金、储运水平等。根据采购权限、物品交割时间等的不同，采购方式分为集体采购、分散采购、现货采购、远期合同采购、直接采购、间接采购等。具体内容如表 5-3-2 所列。

表 5-3-2 企业采购方式一览表

划分标准	具体形态	
采购权限	集体采购:企业在核心管理层建立专门的采购机构,统一组织企业所需要物品的采购业务 特点:量大、过程长、手续多、集中度高、决策层次高、支付条件宽松、优惠条件多,专业性强	分散采购:由企业下属各单位如分厂、车间或分店实施的满足自身生产经营需要的采购方式,是集团将权力下放的采购方式 特点:批量小或单位价值低,开支小、过程短、手续简单、决策层次低、对问题反应快、针对性强、方便灵活、占用资金少、库存空间小、保管简单方便
物品的交割时间	现货采购:经济组织与物品或资源持有者协商后,即时交割的采购方式,这是最为传统的采购方式 特点:即时交易、责任明确、灵活、方便、手续简单、易于组织管理、无信誉风险、对市场的依赖性大	远期合同采购:供需双方为稳定供需关系、实现物品均衡供应而签订的远期合同采购方式 特点:时效长、价格稳定、交易成本及物流成本相对较低,交易过程透明有序、易于把握,便于民主、科学决策和管理
完成采购任务的途径	直接采购:采购主体直接向物品制造厂家采购的方式 特点:环节少、时间短、手续简便、意图表达明确、信息反馈快,易于供需双方交流、支持、合作及售后服务与改进。同时,长期合作便于供应商资信认证,能形成战略伙伴关系,实现供应链管理	间接采购:通过中间商实施采购行为的方式,也称中介采购。主要包括流通企业采购、调拨采购 特点:充分发挥工商企业各自的核心能力,减少流动资金占用,增加资金周转率。分散采购风险,减少物品非正常损失,减少交易费用和时间,从而降低采购成本

5.3.4 工作任务 库存控制方法

1. 库存控制的工作内容

库存控制是以控制库存为目的的方法、手段、技术以及操作过程的集合,它是对企业库存进行计划、协调和控制的主要工作。

库存控制的主要工作内容是根据市场需求情况与企业目标,决定企业的库存量、订货时间以及订货量等。

保持高的库存水平是管理和降低缺货风险的简单的库存策略。通过降低订货频率也可以降低库存采购的管理成本,但是,这样会增加存货成本。

(1)准确预测需求

准确预测需求,是以企业生产计划对各类物资的需求为依据确定出的物资供应需求量。

生产计划是根据市场对该产品的需求量来控制的,而供应计划则依据生产计划下达的产品品种、结构、数量的需求以及各种材料的消耗定额和生产工艺时序来制订。供应计划只有做到对各种原材料、购入件的需求量(包括品种、数量)和供货日期的准确需求预测,才能保证生产计划,确定合理的物资消耗定额,这是做到准确预测需求的关键。

(2)合理控制库存

供应物流中断将使生产陷于停顿,所以必须有一定数量的储备,以保证生产的正常进行。

这种储备包括两个方面。一方面是正常库存,因采购是批量进行的,而生产是连续进行的,由于这种节奏的不一致,要保证生产,必须有正常的库存;另一方面是安全库存,为了防止发生意外事故和不可知因素的影响,供应活动受到阻碍时,需要有安全库存,以保证生产的正常进行。

库存控制的内容包括库存控制策略、库存计划及库存动态调整。库存控制是实行合理储存的重要手段,运用这种手段来解决物资供应计划中的合理储备数量问题,将改善物流供应状态。

(3)库存控制

库存控制是对制造业或服务业生产、经营过程的各种物品、产成品以及其他资源进行管理和控制,使其储备保持在经济、合理的水平上。库存控制是使用控制库存的方法,得到更高赢利的商业手段。库存控制要考虑销量、到货周期、采购周期、特殊季节特殊需求等。库存控制需要利用信息化手段,每次进货都记录下来;要有盘库功能,库存的价值与市场同步涨跌;要有生产计划,根据生产计划和采购周期安排采购。

库存量不是越多越好,也不是越少越好,多了会造成积压,少了又会出现不能满足正常所需的供应,因此要求确定合理库存。库存控制是实现合理库存的重要手段。

库存目标是使库存投入最少、对用户的服务水平最高和保证企业的有效经营。

2. 库存管理方法

(1)ABC 库存分类管理法

对于一个企业来讲,一般其库存物料、成品种类繁多,不同品种价格各异,库存数量和价值也不尽相同。有的物资品种不多但价值很大,而有的物资品种很多但价值不高,由于企业的资源有限,因此对所有的库存品种都给予相同程度的重视和管理是不太现实的。为了使有限的时间、资金、人力、物力等企业资源能得到更为有效的利用,应该对库存物资进行分类,将管理的重点放在重要的物资上,进行分类管理和控制。

为了在最小化成本的基础上实现最大化的服务水平,采用库存分类的方法来设置库存水平。一般在帕雷托分析的基础上结合 ABC 分类。

1879 年,意大利经济学家帕雷托经过研究人口和收入分配问题时发现,总收入的大部分由占人口总数量的少部分的人控制,而大多数的人的收入只占总收入的一小部分,即所谓的“关键的少数和次要的多数”。也就是说多数的价值往往属于少数的人。这个说法也称为“80/20 法则”,在企业中也存在类似的问题。

将 ABC 分类法引入库存管理中,就产生了 ABC 库存分类管理法。这种方法可以在品种繁多的库存物资中,迅速发现少数几种需求量较大的品种。这类库存也比较大,占用了较多的流动资金。一般来说,A 类物资种类数占全部库存物资总数的 20%左右,而其需求量却占全部物资总需求量的 70%~80%;B 类物资品种数量一般占总数的 10%~15%,而需求量大致也为总需求量的 15%~20%;C 类物资品种一般占全部物资总数的 70%,而需求量只占 10%。

【例题 5-1】 某物流公司接到华兴贸易公司采购部的电话,要求对库存的电子产品进行 ABC 分类,对 A 类商品,实行重点管理;对 C 类商品实行一般管理;对 B 类商品,根据需要实行重点管理或一般管理(见表 5-3-3)。

表 5-3-3 工作任务

步骤	工作过程	要求
1	收集数据	收集 15 种库存商品的名称、品种及出库金额
2	处理数据	计算 15 种库存商品库存数量百分比、库存数量累计百分比、金额百分比和金额累计百分比
3	进行 ABC 分类	根据库存商品 ABC 分类表，对 15 种库存商品进行分类
4	绘制 ABC 分类管理图	根据 ABC 分类表，绘制 ABC 分类管理图
5	实施分类管理	组织实施货品的分类管理

步骤 1　收集数据，根据实际的存货情况，收集库存中的 15 种商品的名称、数量及金额，并按库存金额降序方式排列，绘制表格。库存商品清单见表 5-3-4。

表 5-3-4 库存商品清单

序号	商品名称	库存数量（台）	库存金额（万元）
1	电脑	48	1 264
2	电视机	100	841.9
3	冰箱	25	72.52
4	洗衣机	52	71.26
5	空调	56	53.25
6	影碟机	14	48.69
7	消毒碗柜	17	47.92
8	数码相机	10	46.6
9	微波炉	103	31.52
10	电饭煲	63	25.02
11	手机	8	11.17
12	音响	30	9.47
13	移动硬盘	62	9.24
14	收音机	84	8.45
15	耳机	48	5.26
小计		720	2 546.28

步骤 2　计算 15 种库存商品库存数量百分比、库存数量累计百分比、库存金额百分比和金额累计百分比，在表 5-3-4 的基础上，绘制表 5-3-5；

表 5-3-5 库存商品分类百分比

序号	名称	库存数量（台）	库存金额（万元）	库存数量（%）	库存数量累计（%）	库存金额（%）	库存金额累计（%）
1	电脑	48	1264	6.67	6.67	49.64	49.64
2	电视机	100	841.9	13.89	20.56	33.06	82.70
3	冰箱	25	72.52	3.47	24.03	2.85	85.55
4	洗衣机	52	71.26	7.22	31.25	2.80	88.35
5	空调	56	53.25	7.78	39.03	2.09	90.44
6	影碟机	14	48.69	1.94	40.97	1.91	92.38
7	消毒碗柜	17	47.92	2.36	43.33	1.88	94.24
8	数码相机	10	46.6	1.39	44.72	1.83	96.07
9	微波炉	103	31.52	14.31	59.03	1.24	97.31
10	电饭煲	63	25.02	8.75	67.78	0.98	98.29
11	手机	8	11.17	1.11	68.89	0.44	98.73
12	音响	30	9.47	4.17	73.06	0.37	99.10
13	移动硬盘	62	9.24	8.61	81.67	0.36	99.46
14	收音机	84	8.45	11.67	93.33	0.33	99.79
15	耳机	48	5.26	6.67	100	0.21	100
小计		720	2 546.28				

步骤3：进行ABC分类表中库存数量累计百分数和出库金额累计百分数，参考A类、B类、C类商品的分类原则，对库存15种商品进行分类，最终如表5-3-6所列。

表 5-3-6 库存商品 ABC 分类表

序号	名称	库存数量（台）	库存金额（万元）	库存数量（%）	库存数量累计（%）	库存金额（%）	库存金额累计（%）	ABC分类
1	电脑	48	1 264	6.67	6.67	49.64	49.64	A
2	电视机	100	841.9	13.89	20.56	33.06	82.70	A
3	冰箱	25	72.52	3.47	24.03	2.85	85.55	B
4	洗衣机	52	71.26	7.22	31.25	2.80	88.35	B
5	空调	56	53.25	7.78	39.03	2.09	90.44	B
6	影碟机	14	48.69	1.94	40.97	1.91	92.38	B
7	消毒碗柜	17	47.92	2.36	43.33	1.88	94.24	C
8	数码相机	10	46.6	1.39	44.72	1.83	96.07	C
9	微波炉	103	31.52	14.31	59.03	1.24	97.31	C
10	电饭煲	63	25.02	8.75	67.78	0.98	98.29	C

（续表）

序号	名称	库存数量（台）	库存金额（万元）	库存数量（%）	库存数量累计（%）	库存金额（%）	库存金额累计（%）	ABC分类
11	手机	8	11.17	1.11	68.89	0.44	98.73	C
12	音响	30	9.47	4.17	73.06	0.37	99.10	C
13	移动硬盘	62	9.24	8.61	81.67	0.36	99.46	C
14	收音机	84	8.45	11.67	93.33	0.33	99.79	C
15	耳机	48	5.26	6.67	100	0.21	100	C
小计		720	2 546.28					

步骤4 绘制ABC分类管理图，如图5-3-1和图5-3-2所示。

步骤5 相应的库存控制策略如下：

A类（品种数量少而占用资金数额多）：严格的控制。其主要措施是精确计算每次的订货数量和再订货点；严格按照预定的数量、时间、地点组织订货；认真进行市场预测和经济分析，尽可能使每次订货量符合实际需要，避免多储或少储。每个月盘点一次。

B类：中等程度控制。其主要措施一般是按大类来确定订购数量和储备金额；根据不同情况灵活选用存货控制方法。每三个月盘点一次。

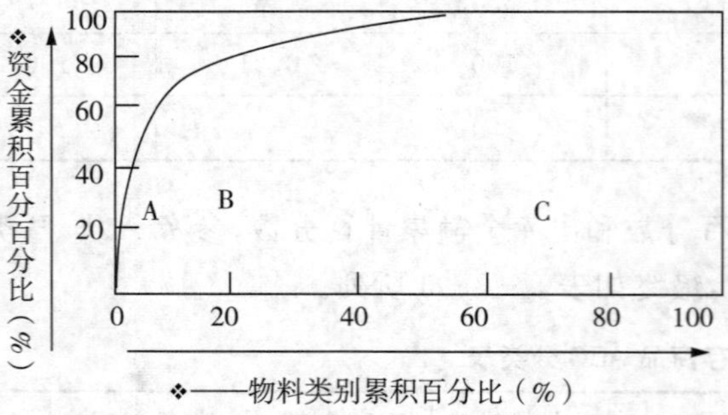

图5-3-1 ABC分类管理图

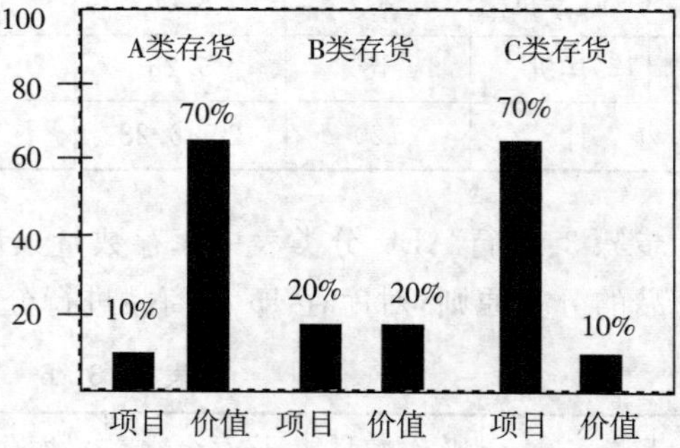

图5-3-2 ABC类存量间的关系

C类：（存货品种数量多而资金占用量大）：最小程度控制。通常的做法是，采用定量订货控制法，集中采购，并适当增大储备定额、保险储备量和每一次的订货批量，相应减少订货次数。ABC分类管理方法及其重要性见表5-3-7所列。

表5-3-7 ABC分类管理方法及其重要性

项次	分类 管理方式	A	B	C
1	控制程度	严格控制	一般控制	简单控制
2	存量计算	依库存模型详细计算	一般计算	简单计算或不计算
3	进出记录	详细记录	一般记录	简单记录
4	存货检查频率	密集	一般	很低
5	安全存量	低	适中	较高

(2)经济订货批量

① 经济订货批量的工作内容

经济订货批量是通过平衡采购进货成本和保管仓储成本核算,以实现总库存成本最低的最佳订货量。由此可知,总库存成本的计算公式如下:

总库存成本=采购进货成本+保管仓储成本

采购进货成本与采购批量呈反比例关系,因为每采购一次,就要花费一次采购成本。当在一定时间内采购总量一定时,每次采购的批量大,采购的次数少,采购成本就低;反之,采购批量小,采购次数多,采购成本就大。

② 经济订货批量的计算

经济订货批量的计算公式如下:

$$TC=OC+SC=D / Q\times K+Q/2\times C=D / Q\times K+Q/2\times PI$$

式中,OC 为采购订货成本,SC 为保管仓储成本,D 为该存货年需要量,Q 为订货量,EOQ 为经济订货批量,K 为每次订货费用,C 为单位存货的年保管仓储成本,P 为进货价格,互为存货的保管成本率,$Q/2$ 为平均储存量。

要使年库存成本最小,求上面公式关于 Q 的极小值,此时的 Q 为经济订货批量。由数学推导可得:

$$ECQ=\sqrt{\frac{2KD}{C}}=\sqrt{\frac{2KD}{PI}}$$

【例题 5-2】 某公司某种材料年需要量 4 000 吨,每次采购订货成本 20 元,每吨仓储保管成本 1 元,试确定经济订货批量、总库存成本、采购次数和采购周期。

解:根据公式

$$ECQ=\sqrt{\frac{2KD}{C}}=\sqrt{\frac{2KD}{PI}}$$

$$ECQ=\sqrt{\frac{2KD}{C}}=\sqrt{\frac{2\times 20\times 4\,000}{1}}=400\text{ 吨}$$

总库存成本$=D / Q\times K+Q/2\times C=(4\,000/400)\times 20+(400/2)\times 1=400$ 元

采购次数$=4\,000/400=10$ 次

采购周期 $360/10=36$(天)

任务 5.4　企业销售物流

5.4.1　工作任务　企业销售物流的工作内容

销售物流是指生产企业、流通企业出售商品时,物品在供方与需方之间的实体流动,是企业为保证本身的经营利益,不断伴随销售活动,将产品所有权转给用户的物流活动。在现代社会中,市场环境是一个完全的买方市场,因此,销售物流活动便带有极强的服务性,以满足买方的要求,最终实现销售。在这个前提下,销售往往以送达用户并经过售后服务才算终止,因此,销售物流的空间范围便很大,这也是销售物流的难度所在。在这种前提下,企业销售物流的特点,是通过包装、送货、配送等一系列物流实现销售,这就需要研究送货方式、包装水平、运输路线等,采取

各种诸如少批量、多批次、定时、定量配送等特殊的物流方式达到目的。

销售物流的起点，一般情况下是生产企业的产成品仓库，经过分销物流，完成长距离、干线的物流活动，再经过配送完成市内和区域范围的物流活动，到达企业、商业用户或最终消费者。销售物流是一个逐渐发散的物流过程，这和供应物流形成了一定程度的镜像对称，通过这种发散的物流，使资源得以广泛配置。

5.4.2 工作任务 销售物流的组织模式

销售物流有三种主要的模式，即生产企业自己组织销售物流、第三方物流企业组织销售物流和用户自己提货的形式。

(1)生产企业自己组织销售物流

这是在买方市场环境下主要的销售物流模式之一，也是我国当前绝大部分企业采用的物流形式。生产企业自己组织销售物流，实际上是把销售物流作为企业生产的一个延伸，或者是看成生产的继续。生产企业销售物流成了生产企业经营的一个环节，而且，这个经营环节是和用户直接联系、直接向用户提供服务的一个环节。在企业“以生产为中心”转向“以市场为中心”的情况下，这个环节逐渐变成了企业的核心竞争环节，已经逐渐不再是生产过程的继续，而是企业经营的中心，生产过程变成了这个环节的支撑力量。

生产企业自己组织销售物流，可以对销售物流的成本进行大幅度的调节，充分发挥它的“成本中心”的作用，同时能够从整个生产企业的经营系统的角度，合理安排和分配销售物流环节的力量。

(2)第三方物流企业组织

在网络经济时代，这种模式是一个发展趋势。由专门的物流服务企业组织企业的销售物流，实际上是生产企业将销售物流外包，将销售物流社会化。由第三方物流企业承担生产企业的销售物流，其最大优点在于，第三方物流企业是社会化的物流企业，它向很多生产企业提供物流服务，因此可以将企业的销售物流和企业的供应物流一体化，可以将众多企业的物流需求一体化，采取统一解决的方案，可以做到专业化和规模化。这两者可以从技术方面和组织方面促使成本的降低和服务水平的提高。

(3)用户自己提货的形式

这种形式实际上是将生产企业的销售物流转嫁给用户，变成了用户自己组织销售物流的形式。对销售方来讲，已经没有了销售物流的职能。这是在计划经济时期广泛采用的模式，将来除非十分特殊的情况下，这种模式不再具有生命力。

5.4.3 工作任务 销售物流服务的要素

销售物流服务的要素分为时间要素、可靠性要素和方便性要素。

(1)时间要素

时间要素主要是指订货周期时间，即从客户确定对某种产品有需求与需求被满足之间的间隔。它主要受几个变量的影响，即订单传送、订单处理、备货和装运。

(2)可靠性因素

可靠性是指根据客户的要求，将其所订的货物安全、准时、无误地送到客户指定的地点。供应商的可靠性对客户的库存水平和缺货损失有直接的影响。

(3)方便性因素

方便性是指销售物流的方法必须灵活。客户对产品包装、运输方式、运输路线、交货时间等的要求各不相同，企业为了更好地满足客户的要求，为不同客户设计适宜的服务方法。

5.4.4　工作任务　销售物流信息系统

过去，由于市场传递信息的缓慢，企业为了保证足够的产品供应市场，往往需要准备大量的库存，然而大量的库存积压却占据了企业宝贵的流动资金，在某些领域如计算机、数码产品、手机制造等高科技产品也存在"存货贬值"的问题。如何使计划生产、库存和市场销售相匹配，获取产品销售渠道和最终消费者之间的流动信息，掌握各地的库存情况，一直是企业关注的焦点。这些问题，企业使用计算机、PDA 的方式固然可以解决，但是面对全国成千上万的销售网点、专卖店、商场柜台，部署计算机、PDA 所需要的成本之大，令绝大部分企业望而却步。

物流信息系统一般分为以下几部分：

① 接受订货系统　办理接受订货手续是交易活动的出发点，为了迅速准确地将商品送到，必须准确迅速地办理接受订货的各种手续。

② 订货系统　订货系统是与接受订货系统、库存管理系统互动的，库存不仅应防止缺货、断货，而且在库存过多或库存不合理时，根据订货情况，适时、适量地调整订货系统。

③ 收货系统　收货系统是根据预定的信息，对收到的货物进行检验，与订货要求进行核对无误之后计入库存、指定货位等的收货管理系统。

④ 库存管理系统　正确把握商品库存，对于制订恰当的采购计划、接受订货计划、收货计划和发货计划是必不可少的，所以库存管理系统是物流信息的中心。

⑤ 发货系统　通过迅速、准确的发货安排，将商品送到客户手中。发货系统是一种与接受订货系统、库存管理系统互动的，向保管场所发出拣选指令或根据不同的配送方向进行分类的系统。

⑥ 配送系统　降低成本对高效配送计划是重要的，配送系统是将商品按配送方向进行分类、指定车辆调配计划和配送路线计划的系统。企业销售渠道的情报系统应畅通，企业应建立起高效、快速的信息情报系统。

5.4.5　工作任务　分销需求计划

在制造行业中，对分销商以及销售分支机构加强管理已经成为企业赢利的一个重要的组成部分。企业要想长期地、最大化地获取利润，并在同行业中取得竞争优势，就必须在一个动态的环境中处理好与各级分销机构的关系。在当前市场竞争如此激烈的情况下，企业提高分销管理水平的一个快速、有效的方式就是求助于高科技，深入而广泛地利用信息技术，加大企业的 IT 投资，建立符合自身特点的信息化分销管理系统。对于制造类企业来说，由于行业的复杂性，建立分销管理体系一定要根据企业的具体特点进行。

1. 分销需求计划的含义

DRP(Distribution Requirement Planning)是分销需求计划的英语缩写。

分销需求计划的狭义含义是指对分销网络上的库存进行计划和管理。DRP 的管理对象主要包括订单、库存、财务往来等方面。

广义的 DRP 系统，在对分销链上的库存、销售订单进行管理的基础上，加入了财务管理、客户关系管理、物流管理等方面的功能。供应商和经销商之间可以实时地提交订单、查询产品供应和库存状况，并获得市场、销售信息及客户支持，实现供应商与经销商之间端到端的供应链管理，从而有效地缩短供销链。新的模式借助互联网的延伸性及便利性，使商务过程不再受时间、地点和人员的限制，企业的工作效率和业务范围都得到了有效的提高。

DRP 系统主要在两类企业中应用。一类是流通企业，例如储运公司、配送中心、物流中心、流通中心等。这些企业不一定做销售，但一定有储存和运输的业务，它们的目标是在满足用户需要的前提下，追求有效利用资源（如车辆等），既做生产又做流通，产品全部或一部分自己销售。另一类是企业中有流通部门承担分销业务，具体组织储、运、销活动。

这两类企业的共同之处如下：

① 以满足社会需求为自己的宗旨；

② 依靠一定的物流能力（储、运、包装、搬运能力等）来满足社会的需求；

③ 从制造企业或物资资源市场组织资源。

2. 分销需求计划的功能

(1)建立统一互动的营销网络业务平台

制造企业非常重视市场营销网络的建设，普遍建立了遍及全国的专业营销网络，实行“统一市场、统一管理”的营销管理政策。随着市场规模的扩大和业务量的增加，企业迫切需要建立更加高效、统一互动的营销网络信息平台。网络化营销管理系统的使用可以大幅度提升企业销售业务流程的自动化水平，减少企业运营成本，提高运作效率，保证在最短的时间里将符合市场需求的产品和服务传递给客户。

(2)市场资源的深入挖掘与利用

随着市场竞争的加剧，制造企业越来越重视市场资源的开发、分析和利用，致力于市场网络的建设。网络化营销管理系统已经不只是狭义上的销售管理系统，更确切地说，应该是市场管理系统，为进行广泛的市场资源挖掘提供有力的系统保障。

(3)完善的营销业务管理

营销业务管理是网络化营销管理系统的基础需求，包括销售业务管理、库存管理、财务管理、结算管理以及费用拨付管理等。制造企业在各个业务环节都存在自己业务的特殊性，在网络化营销管理系统中，对此都应有相应的解决方案。

(4)信用销售与风险控制

由于市场竞争激烈，制造企业一般采用给商业客户一定的信用额度的营销方式进行销售，网络化营销管理系统通过实时控制商业客户应收贷款和应付账款的额度，在保证企业销售灵活性的前提下，最大限度上降低制造企业的商业风险。

(5)收支两条线

有些制造企业的内部财务管理采用贷款、费用分账、收支两条线管理的方式。网络化营销管理系统应充分满足这种管理的需求。

(6)事务警示处理系统

除了在库存管理、信用监控等环节嵌入警示功能外，网络化营销管理系统还在营销管理、财务、市场等部门的日常业务中设置警示处理功能，如送货单需要在预定时间内签收、回款明细单需要在预定时间内完成等。如果特定业务没有在规定时间内完成或某业务运行结果触发了预设警示线，网络化营销管理系统将自动发出提示信息，提醒责任者立即处理，并自动填入警示事件日志备查。同一事件如果提示三次仍没有完成，则次预警事件会层层上报，直至总裁，这样就保证了营销过程中发生的任何问题都能得到及时解决。

(7)市场信息管理

除了以数据流为基础的单据信息、报表信息外，网络化营销管理系统还包括以传递文字信息为主的市场信息管理系统。通过市场信息管理，各职能部门将拥有专有的部门公告栏，以利于部门内的信息交流和沟通。

(8)决策支持管理

网络化营销管理系统的决策支持管理包括各部门在日常业务管理基础上,通过数据汇总和分析取得的各种统计报表和分析图表。这些结果除了满足各职能部门的业务管理需要外,还能为总部决策层提供决策支持,通过这些统计报表和分析图表,决策层能够全面掌握企业的营销运营状况、资金周转状况、市场资源状况、销售人员总体状况等,以便及时制定各项销售政策,适应市场的变化。

DRP系统正是针对当前中国企业具体分销业务的特点而设计开发的,主要是为企业实施分销业务提供一揽子电子商务解决方案,使企业能够全面管理分销业务中的采购、订单、库存、财务、市场分析、客户关系等职能;同时,也使客户能够实现多级分销渠道,实现完整的进、销、存、财务和客户关系管理,为企业发展问题提供最佳解决方案。为了更好地适应企业个性化的分销体系结构和业务流程需要,DRP系统采用B/S技术体系,能够满足各种级别的企业用户大容量数据处理的需要,基于互联网,实现了远程数据的实时传输,从而保证为企业提供可定制、非常便利的分销系统服务。同时,DRP系统可以与企业现有的各种管理信息系统实现信息交换,从而能够在最大限度地适应和保护企业信息过程中已有的软硬件资源投入工作流程。

任务5.5　回收物流与废弃物物流

5.5.1　工作任务　回收物流与废弃物物流的工作内容

1. 回收物流与废弃物物流概述

从生产经过流通直到消费是物资流向的主渠道。在这一过程中有生产过程形成的边角余料、废渣、废水,有流通过程产生的废弃包装器材,也有大量由于变质、损坏、使用寿命终结而丧失了使用价值,或者在生产过程中未能形成合格产品而不具有使用价值的物资,它们就要从物流主渠道中分离出来,成为生产或流通中产生的排泄物。这些排泄物一部分可以回收并再生利用,称为再生资源,形成了回收物流;另一部分在循环利用的过程中,基本或完全失去了使用价值,形成无法再利用的最终排放物,形成了废弃物物流。

2. 回收物流与废弃物物流的含义

(1)回收物流的含义

回收物流是指不合格物品的返修、退货以及周转使用的包装容器从需方返回到供方所形成的物品实体流动,即企业在生产、供应、销售的活动中总会产生各种边角余料和废料,这些东西的回收是需要伴随物流活动的。如果回收物品处理不当,往往会影响整个生产环境,甚至影响产品的质量,占用很大空间,造成浪费。例如,废纸被加工成纸浆,又成为造纸的原材料;废钢被分拣加工后进入冶炼炉,变成新的钢材;废水经净化后又被循环使用等。这些过程被称为回收,这类物质的流动形成回收物流。

(2)废弃物物流的概念

废弃物物流是指将经济活动中失去原有使用价值的物品,根据实际需要进行收集、分类、加工、包装、搬运、储存等,并分别送到专门处理场所时所形成的物品实体流动。它仅从环境保护的角度出发,不管对象物有没有价值或利用价值,而将其妥善处理,以免造成环境污染。

3. 回收物流与废弃物物流的作用

(1)回收物流的作用

回收物流的作用是考虑到被废弃的对象有再利用价值,将其进行加工、拣选、分解、净化,使其成为有用的物资或转化为能量而重新投入生产和生活循环系统。

(2)废弃物物流的作用

废弃物物流的作用是无视对象的价值或对象物已没有再利用价值,仅从环境保护出发,将其焚烧、作化学处理或运到特定地点堆放、掩埋。

5.5.2　工作任务　回收物流和废弃物物流的特点

现在人们通常将废弃物物流和回收物流统称为逆向物流。逆向物流和正向物流方向相反,而且总是发生(如图 5-5-1 所示)。逆向物流的特点是:

(1)废弃和回收物流产生的时间、地点、数量是难以预见的;

(2)发生地点为分散、无序的;

(3)发生的原因通常与质量、数量异常有关;

(4)处理的系统和方式复杂多样,不同的处理手段对资源价值的贡献有显著差异。

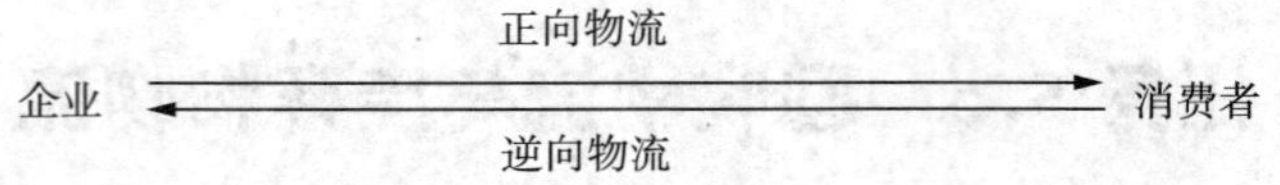

图 5-5-1　逆向物流和正向物流关系图

对逆向物流的处理程序是将逆向物流的物资中有再利用价值的部分加以分拣、加工、分解,使其成为有用的物质,重新进入生产和消费领域。另一部分基本或完全丧失了使用价值的最终排泄物或焚烧,或送到指定地点堆放、掩埋,对含有放射性物质或有毒物质等一类特殊的工业废物,还要采取特殊的处理方法,返回自然界(如图 5-5-2 所示)。

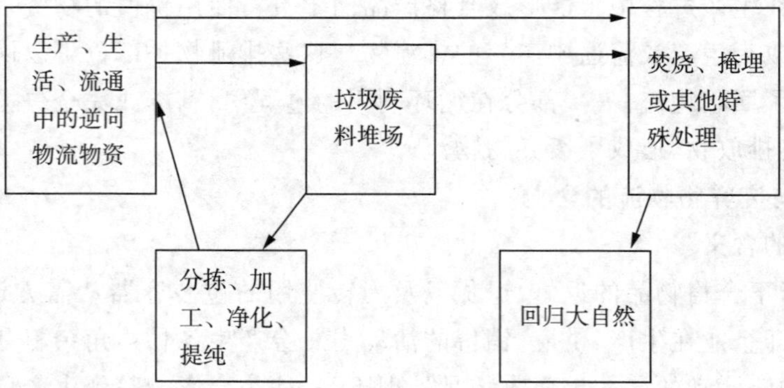

图 5-5-2　逆向物流过程示意图

5.5.3　工作任务　回收物流与废弃物物流的意义

1. 回收物流是社会物资大循环的组成部分

自然界的物资是有限的,森林的采伐、矿山的开采都是有一定限度的,在资源已日渐枯竭的今天,人类社会越来越重视通过回收物流将可以利用的废弃物收集、加工、重新补充到生产、消费的系统中去。例如废纸回收已成为造纸业原料供应不可缺少的一环。据统计,钢铁产量有 1/3

来自回收的废钢铁。在日本每年报废的汽车半数以上被分解成废钢、橡胶和玻璃而回收利用。城市垃圾中的一些成分也可以加工成肥料或燃料，甚至有些废物、废材经过适当加工，可以直接成为商品进入消费领域。

2. 回收物流与废弃物物流合理化的经济意义

废弃物是一种资源，但和自然资源不同，它们曾有过若干加工过程，本身凝聚着能量和劳动力的价值，因而常被称为载能资源。回收物资重新进入生产领域作为原材料会带来很高的经济效益。

3. 回收物流与废弃物物流合理化的社会意义

由于废弃物的大量生产严重地影响人类赖以生存的环境，必须有效地组织回收物流与废弃物物流，使废弃物得以重新进入生产、生活循环或得到妥善处理。

5.5.4　工作任务　回收物流与废弃物物流技术

1. 回收物流与废弃物物流技术的特点

(1)小型化、专用化的装运设备

使用各种机动车和非机动车，采用多阶段收集、逐步集中的方式，将分布广泛的各类生产和生活废弃物回收处理。

(2)多样化的流通加工

对回收的废弃物根据其类别，采用分拣、分解、分类、压块、捆扎、切断和破碎等方式进行加工处理。

(3)简易包装与储存

对于废弃物多数无须包装，只需露天堆放，但对一些特殊废弃物应讲究其包装并妥善储存，以防止对环境的污染。

2. 回收物流技术

(1)以废汽车为代表的拆解及破碎分选物流技术

废汽车再生资源的物流过程中，流通加工占着重要位置，所有的废旧汽车几乎都通过一定的流通加工，然后以各种新资源的形式进入到新一轮循环利用中。

(2)以废玻璃瓶为代表的回送复用技术

废玻璃瓶作为再生利用资源物流，有一个回送复用的运输系统，依靠这个运输系统，可将用过后的玻璃瓶再回运给生产企业，成为再生资源。

(3)以废纸为代表的收集集货物流技术

废纸回收资源的物流，有一个收集废纸的废纸收集物流系统，这种收集系统是集货系统的一种，废纸需要收集、集中，才能批量提供给回收加工企业。

(4)以粉煤灰为代表的联产供应物流技术

粉煤灰再生资源的物流，采用管道这种物流手段，将电厂排放的粉煤灰，通过管道直接运送供应给生产企业，进行加工处理。

3. 回收物流技术流程

(1)原厂复用技术流程

原厂生产废旧物品→原厂回收→原厂分类→原厂复用。

采用这一回收流程的典型例子有钢铁的回收再利用。

(2)通用回收复用技术流程

通用化、标准化的同类废旧物品→统一回收→按品种、规格、型号分类→达到复用标准后再进行通用化处理。

(3)外厂代用复用技术流程

本厂过时的、生产转户及规格不符合标准的废旧物品→外厂统一回收→按降低规格、型号、等级分类或按代用品分类→外厂验收→外厂复用。

(4)加工改制复用技术流程

需改制的废旧物品→统一回收→按规格、尺寸、品种分类→拼接→验收→复用。

(5)综合利用技术流程

工业生产的边角余料、废旧纸、木制包装容器→统一回收→综合利用→验收→复用。

(6)回炉复用技术流程

需回炉加工的废旧物品→统一回收→由各专业生产厂家进行再生产性的工艺加工→重新制造原物品→验收→复用。

例如：废玻璃、废布料、废锡箔纸等采用这一类回收物流流程。

4. 废弃物物流技术

(1)垃圾掩埋。在一定规划区内，利用原来的废弃坑塘或用人工挖出来深坑，将垃圾运来后倒入，达到一定处理量之后，表面用土掩埋。

(2)垃圾焚烧，在一定地区用高温焚烧垃圾以减少垃圾，防止污染以及产生病菌。

(3)垃圾堆放。在远离城市地区的沟、坑、塘、谷中，选择合适位置直接倒垃圾，也是一种物流技术。

(4)净化处理加工。对垃圾进行净化处理，以减少对环境危害的废弃物物流技术，尤其是废水的净化处理。回收与废弃物物流具有良好的社会效益，同时对资源的再利用起到较大的作用。

基本训练

一、填空题

1. 企业物流包括________、________、________和________。
2. 供应物流系统由________、________、________、________所构成。
3. 生产物流具有________、________和________的特点。
4. 企业销售物流是通过________、________、________等一系列环节实现物质的销售。
5. 废弃物物流技术包括________、________、________、________等。

二、选择题

1. 企业敏捷能力体现在快速反应能力，(　　)。

　A. 竞争力　　B. 灵活性　　C. 快速性　　D. 经济性

2. 销售系统的功能是：调查与需求预测、(　　)。

　A. 编制销售计划　　B. 组织管理订货合同　　C. 组织产品推销　　D. 组织售后服务

3. MRP 表示(　　)。

　A. 物料需求计划　　B. 生产需求计划　　C. 准时制　　D. 销售策略计划

4. 各个工序对所需要的物资都按精密的计划适时、足量地供应，一般不会生产超量库存，从而使在制品实现零库存，达到节约库存费用的效果，这反映了(　　)。

　A. 需求的相关性　　B. 需求的确定性　　C. MRP 的优越性　　D. 计划的复杂性

5. 企业物流管理的最终目标是(　　)。

A. 用户服务　　B. 物料管理　　C. 组织系统管理　　D. 优化物流渠道

三、思考题

1. 企业物流过程有哪些？

2. 库存控制的目标是什么？

3. 生产物流控制原理是什么？控制方法有哪些？

4. 什么是销售物流？

5. 什么是回收物流？什么是废弃物物流？它们各有什么意义？

6. 怎样理解经济订购批量公式？

7. 什么是精益生产？什么是敏捷制造？

四、案例分析题

星期三早晨刚上班。TT 公司采购部的贺经理就接到通知。有一个紧急会议要他参加。当贺经理来到会议室发现公司刘总与销售副总、财务副总和其他几个部门的经理都在座，原来会议的主题是讨论如何解决近期公司所面临的财务困境。

贺经理对近期公司的状况也有所感觉。公司销量在下滑，回款也不好。刘总与几位副总和人力部门的经理谈了很长一段时间，主要是如何采取措施让销售人员增加订货和加紧回款。突然刘总话锋一转问贺经理："上星期盘点财务部说原料仓库存有不少进口的 XXX 部件，放在仓库申的时间也不短了，怎么回事？"

贺经理说："上次湖南长沙的客户订了不少台。后来又说不要了，结果这些产品的零部件到现在还没来得及处理，一直压在仓库"。

刘总看了一眼负责销售的副总。又对贺经理说："财务部统计说这几个月原料库存压着的资金一直都是 150 万左右，比以前多了不少。"

贺经理感到有些无辜："我们采购部已经向供应商订了不少备件。可售后服务部门为了维修，等不及把一些成品拆了，备件来了后也没人要了……。"

会议开了一个上午，最后决定由财务副总配合贺经理在近期把原料库存压缩下来。贺经理回到办公室马上叫下属联系其他厂商，看一看仓库中压的这些零部件有谁需要。他又让下属列出清单，看看哪些物品可以过一段时间再买，哪些物品可以少买一些。他还与财务副总协商，严格控制采购的审批。二个月以后，TT 公司原料库存占用的资金降到 50 多万。贺经理心想这下可以松口气了。可是没几天。刘总又把贺经理叫去了，这次是因为生产、销售、售后服务都把贺经理给告了，说原料、备件供应不上，使他们的工作非常被动。

从总经理室出来，贺经理感到有些委曲，这点委曲倒不算什么，下一步该怎么办呢？根据以上案例。回答问题。

1. 结合案例，贺经理已经成功地降低了原材料库存，但为什么引起了公司其他部的不满？

2. 结合案例内容，贺经理采用了哪些方法降低了原材料库存占压的资金？

3. 除了案例中采取的万法。你认为还可以采取哪些合理的措施降低库存，对这些措施你需要有简要的论述。

4. 在案例中对于库存情况 TT 公司主要考虑库存资金的占用，除此之外在考查库存费用时还应该包括哪些项目？

情境6　快递实务

学习目标

知识目标：通过本情境的学习，认识快递基础知识，了解快递业产生的背景，了解现代快递业发展的过程和发展趋势；掌握快递行业发展的基本理念、快递的基本性质与特点，掌握快递作业的相关知识；理解国内快递和国际快递的具体操作流程，理解快递岗位的标准和职责要求。

技术目标：掌握快递业发展变化趋势以及对国民经济发展的贡献。能分析快递业发展的特点，并分析我国快递业发展水平与国外的差距。

能力目标：通过对快递的了解，提高对快递行业发展的认识，并能提高快递操作的技能。

任务6.1　快递基础知识

6.1.1　任务导入

全球快递巨头之一——联邦快递的发展历史

联邦快递(FedEx)隶属于美国联邦快递集团(FedEx Corp.)，是集团快递运输业务的中坚力量。

联邦快递集团为遍及全球的顾客和企业提供涵盖运输、电子商务和商业运作等一系列的全面服务。作为一个久负盛名的企业品牌，联邦快递集团通过相互竞争和协调管理的运营模式，提供了一套综合的商务应用解决方案，使其年收入高达320亿美元。

1. 联邦快递电子商务与实际操作

联邦快递的快件处理中心，处理包裹和信息的人员比例是1∶5。联邦快递现在运行的有代表性的电子商务系统主要有邮件跟踪和查询系统、地面运行系统。

目前，其他的快运公司都没有对邮件包裹进行百分之百的跟踪，并在邮件包裹快递途中的每个点上提供单据查询服务，而联邦快递能够完全提供这两种服务。联邦快递在包裹投递途中对包裹扫描超过十次以上，每一次都将数据从运货车传送到600个美国城市快递站点中的一个站点，使用无线信号将数据传送到HP 9000服务器和工作站上。呼叫中心和POWERSHIP程序是联邦快递帮助客户实现查询和跟踪的两大渠道。在美国有16个呼叫中心提供客户服务，为要求查询的客户提供实时的包裹状态报告。呼叫中心的工作人员通过应用服务器和终端，访问运行在HP 9000 G50服务器上的数据库系统。POWERSHIP程序已经为将近100 000个在互联网上的客户提供服务。POWERSHIP使这些客户能够从邮件收取到交货，一直跟踪其联邦速递邮件包裹的状态，实现每天自行制作单据、制备专门化的管理报告。

联邦快递每天在美国承担的投递任务大约有250万个包裹。快递站管理人员运用数字协助派遣系统(DADS)传送最新的快件路线计划表,使其显示分布在全国各地的40 000辆联邦快递运货车的个人电脑上。有300多个HP 9000 E25服务器,连同75个型号为715/100的工作站用于地址定位和计划应用。联邦快递在美国有600个城市快递站点收取和交付这些邮件包裹。600个站点中的每一个站点雇佣平均大约75名快递员。快递站经营管理人员肩负着预测、计划和安排这些路线,随后进行分析和报告的繁重任务。联邦快递为他们提供了业界性能最优的工具,包括由Genasys所推出的称为GenaMap的地理信息系统。

利用GenaMap的帮助,线路计划人员可以安排联邦快递的快递员途经的所有地点。GenaMap在地图上极为详细地显示途经的实际地点,并根据具体的参数用彩色代码表示。管理人员可以评估他们是否有效地安排了线路,并在必要的时候重新计划线路。

2. 联邦快递公司电子托运工具

联邦快递公司的服务范围涵盖占全球国民生产总值百分之九十的区域,能在24到48个小时之内,提供门到门、代为清关的国际快递服务。公司无与伦比的航线权及基础设施使其成为全球最大的快递公司,向211个国家及地区提供快速、可靠、及时的快递运输服务。联邦快递每个工作日运送的包裹超过330万个,其在全球拥有超过143 000名员工、43 000个投递点、640架飞机和45 000辆车。公司通过FedEx Ship Manager at fedex. com、FedEx PowerShip、FedEx Shipping Assistant与全球100多万客户保持密切的电子通信联系。

以前只有大客户才能享用的高科技软件,现在也用于普通百姓家。

以往,联邦快递只为大客户预装终端系统;而现在,随着科技的不断进步、电脑的日益普及,联邦快递也为普通客户提供傻瓜式的应用软件。

问题:

1. 联邦快递的信息技术有哪些优势?
2. 联邦快递电子平台的不足有哪些?

6.1.2　工作任务　快递业的产生与特性

1. 快递的背景

(1)顺应了市场经济快速发展的需求

人类进入20世纪以后,欧美国家的经济快速发展,特别是对"运输、递送、分拨"的需求日益增强。虽然电话和电传已经广泛使用,但是那些"正本协议、合同、标书、银行票据"等,必须原本交换,绝不可以复印。此外,急需送交客户的样品和零件等物品,若通过邮局递送,短则几天、多则十几天,甚至更长,这一问题困扰着各种商业机构。合同、票据的迟交,意味着巨大的经济损失;样品的迟交,意味着失掉订货机会;当地购不到的机器零件,即使空运也需要一个星期才能运到,这样工厂只有停工待件,这种情况时常发生。

(2)全球经济一体化的客观要求

国际贸易的快速发展,呼唤全球一体化的快递方式的出现。与此同时,经济发达国家的资本向其他国家急速扩张,特别是向廉价劳动力的发展中国家扩张,发展中国家为了自身的经济发展,也急需外国资本进入本国。伴随这一现象,对商务文件、合同、票据、样品、零件、试验品等快速递送的需求日益增强、供求矛盾更加突出。正是在经济贸易全球一体化的背景下,快递业水到渠成、应运而生了。

(3)客观规律的必然产物

事物发展到一定阶段,总会有一种适应客观需要的新的运作方式产生,这与哲学中所讲的生产力与生产关系的矛盾如出一辙，即生产力发展到一定阶段时，旧的生产关系必然要改变，来适应生产力的新发展。快递业的产生也是这个道理，快递正是顺应了国际贸易和商务活动的客观需求而产生的最新型的运输方式。这一大胆创新归功于那些走在世界经济发展最前沿的"快递先驱者"。

2. **快递的性质**

(1)快递是最新型的运输方式

快递服务起因于市场经济的客观要求，它是在"邮政服务和传统运输"都不能适应商业发展需求的情况下诞生的，因而更具有前瞻性和先进性，它是最具创新意识的、最敢想敢为的时代青年的创新成果。可以说，快递业就是先进生产力的代表之一。

快递行业的创业者打破常规，使用最快捷的运输工具(空运＋陆运)，将物品(文件或者包裹)直接递送到真正的收件人手中，以全新的运作方式和特殊服务，来满足商业发展的新需要。敦豪速递的创始人 D. H. L，联邦快递的创始人史密斯，英国的大卫·艾伦，中国的陈平，香港的钟普祥，都是当之无愧的快递先锋，这些人物将在下一章节中有所介绍。

(2)快递是典型的商业运作

快递不属于政府行为，即不具有普遍服务的属性。为了理解这一定义，可以从"商业快递与邮政普通服务的区别"这一角度来认识。

① 起源时间不同

快递业是近几十年才兴起的新型服务，而邮政的普遍服务已有 300 年历史。虽然现在邮政部门也有快递业务，但是非邮政企业的快递业务产生于邮政部门的快递业务之前，不论外国和中国，都是如此。

② 运费标准不同

快递从诞生之日起，收费远远高于邮政普遍服务，也高于传统空运收费标准，由于它是提供应急服务，因此具有较高的商业价值；它只为部分需要它的群体服务，而不具有邮政普遍服务的性质。

③ 运输渠道不同

邮政的普遍服务是通过邮局之间进行投递，国际邮政服务是通过政府间的邮政协议进行的，而快递服务是通过快递公司的内部网络或公司之间的代理协议进行的。

④ 服务方式不同

快递是"门到门、桌到桌"的服务，确切地说，是"发件人到收件人的签字式服务"；而邮政服务主要是"信箱到信箱"的简单而又省事的服务。

6.1.3 工作任务 快递的工作内容和特点

1. **快递常识**

快递、速递、快运、快件、航空快递/快件，这些只是名称的不同，其工作内容都是指"物件的快捷运送"。航空运送是快递的主要方式，特别是国际快件和领土广阔的国家更是如此。

快递的工作内容可以这样描述：快递是指具有独立法人资格的货物运输代理企业，将客户的文件、物品或货物，通过自身网络或代理网络，从发件人手中送达收件人手中的最快捷、最安全的运输方式。

2. **快递的特点**

快递的特点，是指它与传统运输方式不同的方面。

(1)运作方面的特点

传统运输中,最大的问题有两个:一是速度慢,二是时间长。快递是经过多年实践和研究,努力克服"慢和等"而形成的最新型的运送方式。

① 充分利用当今最快捷、最适合本地域的各种运输工具(飞机、汽车、快艇、自行车等),使快件最大限度和最大可能地处于不间断的运送状态直到快件送达收件人手中。

② 对于国际快件和领土广阔的国家,它的飞机必须全天候飞行,并与分拨中心形成最完美的结合。

③ 它实现了"先端信息技术与快件的运输过程(收件、分拨、录入、预报、查询、报关、派送、统计、结算等作业)"的最完美结合。

④ 它打破了传统的简慢的投递方式,而采用了"门到门、桌到桌"的方式,即"从发件人委托到收件人签收"的新型、稳妥的投递方式。

(2)快递公司的自然特点

① 它必须拥有自身的运输网络;

② 快递公司从创建到成熟,至少需要 15 年的时间,一旦走上规模化经营的道路,就会形成相对的自然垄断,成为领先市场、利润丰厚的行业巨头。

(3)中国快递的两个特点

① 快递业对于中国而言,是完全意义上的新生事物,它是改革开放的产物,也是我国对外贸易事业发展的必然结果;

② 中国是先有国际快递,后有国内快递,这与国外的情形正好相反。

6.1.4　工作任务　快递的种类和方式

1. 快递的种类

快递分为两大类,即国内快递和国际快递。

(1)国内快递

国内快递是指快件在同一个国家内的递送过程,即从始发地到目的地都不超过国界的运送方式。

① 全国快递　全国快递是国内快递的一种,它是"跨区域"的递送服务方式。大型快递企业一般把本公司的运输网络分成若干区域,每个区域都辐射到周边省市。

② 区域快递　区域快递是国内快递的一种,它是"区域内"的递送服务方式。例如长三角、珠三角、京津唐环渤海高速公路网的形成,为这三个经济热点区域提供了以高速、陆运为主的特殊优越条件,上述三个区域内的快递业务,就是区域快递。

③ 同城快递　同城快递是国内快递的一种,它是发件人和收件人都在同一城市的递送服务方式。它成本投入少,取件和送件及时,能为客户解燃眉之急,受到社会各界的欢迎。

(2)国际快递

国际快递是指快件从一个国家到另一个国家的跨国界的递送过程。国际快件到达"目的国口岸"之后,常常需要在目的国再次转运,才能将快件送达最终目的地,此时该快件只是国际快递的延伸,而不是目的国的国内快件。因此,国际快递中核心的要素是:国际快递公司在各个国家一定要拥有自身的网络,至少要有代理网络,否则就没有经营国际快递业务的资格。

2. 快递的递送方式

① 门到门　这是历史上的习惯说法,是指从发件人委托发件开始,到收件人在运单上签收,

快件公司承运一票快件的全过程。

② 门到机场　这是应客户的要求，或因收件人一时难以找到而产生的特殊服务方式。

③ 专人派送　这是一种由快递公司派专人亲自登机，携带并护送快件、直到送到客户手中的特殊方式。

6.1.5 工作任务　中国快递业的前景展望

1. 中国快递业发展的前景

快递服务是顺应市场经济快速发展的新型运输方式，它是社会发展的基础性行业，是发展现代物流业的基础之一，是促进对外贸易和国民经济发展的重要因素。

国际快递进入中国，恰逢中国改革开放。二十多年来，它极大地促进了中国的对外贸易和对外交流，拉动了国民经济的快速增长。中国市场上的国际快递服务水平虽然是世界一流的，但它不是中国人自己的，我们迫切期待着中国人自己的国际快递公司，早日屹立于全球快递业的强手之林。

特别应当指出的是，越来越多的企业认识到国内快递是最具潜力的朝阳产业，开始投资于国内快递。据估算，全国至少有 2 万家以上规模不等的快递公司活跃在各大中小城市，在优胜劣汰的市场经济之下，必须有一批“千里马”胜出。

中国的国内快递尚处于起步阶段，它是中国物流业发展的瓶颈之一，它已经严重影响了国民经济的发展，也影响了中国人的生活质量。如今的中国快递市场，数以万计的民营快递公司铺天盖地而来，外国资本也虎视眈眈、寻机而入；中国快递市场急需引导、扶持、规范和重组。不论快递业的发展之路多么曲折，就像是几年前的中国汽车业和手机业一样，在不久的将来，一批真正符合行业标准的、具有相当规模的、与国际接轨的国内快递公司，一定会现身于中国经济的大舞台，我们期待着这一天的早日到来。

2. 快递行业的职业领域

快递行业的职业领域还没有完全得到市场化细分，按照我国目前的行业结构特点和我国现行的职业划分进行分类，我们可将目前被大众接受的职业划分归入表 6-1-1。

表 6-1-1　我国物流从业基本类型(职业领域)及能力要求

序号	项目	职业类型	能力要求	学历要求
1	作业员	收派员、司机、仓管员、分拣员	驾驶证、快递员初级和中级等相关资格证书	高中(中职)或以上文化程度
2	客服专员	接单员、售后服务专员等	公共关系资格证或其他相关资格证书	大专、高职或以上文化程度
3	运营管理专员	运作员、运营经理等	高级快递员等资格证书	大学本科或以上文化程度
4	分点部主管	点部主管、分部经理等	物流师或其他相关中级专业技术职务资格证书	大学本科或以上文化程度

6.1.6 任务处理

任务处理如表 6-1-2 所列。

表 6-1-2　任务安排

任务内容	参观南昌 DHL 有限公司
任务目标	了解国外快递企业发展状况；加深学生对国外快递企业的认知
任务安排	登陆 DHL 公司网，了解其业务产品及服务内容，时间为 30 分钟
活动考核	1. 在班级组织一次以小组为单位的讨论——如果步入快递行业，应具备哪些专业知识及职业素质？ 2. 教师根据学生在交流与讨论中的表现给予评分

6.1.7　任务评估

表 6-1-3　任务评估

<table>
<tr><td>交流 1</td><td colspan="3">记录各小组陈述</td></tr>
<tr><td colspan="4">交流人：
交流内容：</td></tr>
<tr><td colspan="4">评估 2　指导教师的分析及综合意见记录</td></tr>
<tr><td>基本概念</td><td>技能掌握</td><td>语言描述</td><td>综合得分</td></tr>
<tr><td></td><td></td><td></td><td></td></tr>
</table>

任务 6.2　快递作业 1——国内快递

6.2.1　任务导入

国内快递巨头——顺丰速运

顺丰速运(集团)有限公司(以下简称顺丰速运)于 1993 年成立，总部设在深圳，是一家主要经营国内、国际快递及相关业务的服务性企业。

自成立以来，顺丰速运始终专注于服务质量的提升，不断满足市场的需求，在大中华地区(包括港、澳、台地区)建立了庞大的信息采集、市场开发、物流配送、快件收派等业务机构，建立服务客户的全国性网络，同时，也积极拓展国际件服务，目前已开通新加坡、韩国、马来西亚、日本及美国业务。

长期以来，顺丰速运不断投入资金加强公司的基础建设，积极研发和引进具有高科技含量的

信息技术与设备，不断提升作业自动化水平，实现了对快件流转的全过程、全环节的信息监控、跟踪、查询及资源调度工作，促进了快递网络的不断优化，确保了服务质量的稳步提升，奠定了业内客户服务满意度的领先地位。

问题：

1. 顺丰速运发展的特点。
2. 顺丰速运与国内其他民营快递企业的区别。

6.2.2 工作任务 国内快递作业知识

1. 作业流程

国内快递的作业流程如下：寄件地分拣—班车转运—区域集散操作—分拨转运—目的地集散操作—班车转运—收件地派送。

根据不同的情况，集散分拨有以下三种方式：

(1)接收预报—提货—接货—分拣—集散—装车—运送；

(2)接收预报—提货—订仓—线路安排—发货安排—装车—运送；

(3)接收预报—提货订仓—线路安排—发货安排—发出预报—交运。

2. 快件分类

(1)按照运输方式分类

① 同城件——往来于本市或本县内的快件；

② 省内件——往来于同一省份不同地市间的快件；

③ 省外件——往来于本地与外省之间的快件。

(2)按照目的地分类

按照目的地快件可分为陆运件(同城/省内)和空运件(省外/香港)。

① 陆运件

体积重量公式 长×宽×高(cm)÷12 000

体积大小要求 长不超过 2.5 米，宽和高不超过 1.5 米，否则会给运输造成很大的麻烦。

② 空运件

体积重量公式 长×宽×高(cm)÷6 000

体积大小要求 长不超过 2.5 米，宽不超过 1 米，高不超过 0.8 米，否则不能通过机场安检机。

(3)按照付款方式分类

① 寄付件——运费由寄方客户(公司或个人)支付。

② 到付件——运费由收方客户(公司或个人)支付。

③ 月结件——月末或月初统一结算运费(适用于经常寄件的大宗客户)。

(4)按照运转状态分类

① 特殊件(转运/委托/自取)

a. 转寄件——由 A 地寄至 B 地的快件，客户又要求转寄 C 地。

b. 委托件——第三方(丙)委托快件公司，到甲方客户公司取件，送到乙方客户公司。

c. 自取件——因超出服务范围等，要求客户自取；或因涉及商业秘密等，客户要求自取。

② 问题件(拒付/滞留/退回/错发)

a. 拒付件——因客户原因或因操作失误，收件人拒绝支付运费(不同意到付)。

b. 滞留件——无法派送的快件(原因包括客户、快件、收派员、其他)。

c. 退回件——因操作失误造成无法派送退回作业中心,或客户要求退回须收取双程运费。

d. 错发件——由A地寄往B地的快件,因客户或收派员失误,错将快件寄至C地。

③ 异常件(损坏/破损/遗失)

a. 破损件——因包装不良、操作失误等原因,快件包装破损,须免费补寄。

b. 损坏件——因包装不良、操作失误等原因,快件内容损坏,须协商赔偿。

c. 遗失件——收派员在取件后,由于某种原因,将快件全部或部分遗失,给客户造成经济损失。

3. 快件操作

操作流程:客户下单—通知取件—上门取件—快件入库—分拨转运—出库派送—客户签收—交款交单。

(1)客户下单

如果是新客户,客服部应为客户设立账号,收派员取件时发给客户账号卡。接单员接单时,务必记录客户地址、公司名称和联系电话,告知大致取件时间,但不能肯定承诺。

(2)通知取件

① 接单员接到客户下单后,通知所属路区的收派员,力争第一时间上门取件。

② 收派员若接到错误信息(非自己所属路区),应与客服部联系,及时改换通知对象。

(3)上门取件

① 带好必备的用品和工具,注意行车安全,遵守交通法规。

② 按作业标准,拒收禁运品、规范填单、完美包装、准确称重、正确收费。

③ 注意保护易碎品,轻拿轻放,确保快件安全。

(4)快件入库

① 收派员回到公司交件前,应再次检查重量、运单、代码、标签等是否操作无误。

② 仓管员要把好最后一关,确保“运单、重量、件数、数据”一致。

(5)分拨转运

① 各营业中心(办事处)的车辆,须在规定时间内,到达作业中心参加分拨。

② 遵守分拨转运的操作规范,文明装卸和运载,确保快件安全无损。

③ 注意清场,切勿错拿快件,或将快件落在分拨转运中心(分拣大厅)。

(6)出库派送

① 仓管员将到达本营业中心的快件,按所属路区交相关收派员派送。

② 收派员填写派送路单,做好派送前的各项准备工作。

③ 仓管员清点核对快件,收回派送路单底联备查。

(7)客户签收

① 收派员按照最佳路线,在规定时间内,将快件送达客户手中。

② 原则上,谁的件由谁签收;代收签收时,务必由当事人签字,或由单位加盖公章。

③ 务必带回作为客户已签收凭证的“运单存联”(快件公司存留联)。

(8)交款交单

① 收派员回到公司,将所收运费交财务部。

② 将派送记录单交仓管员。

4. 承运规定

(1)承运品

① 皂类:香皂、肥皂等。

② 资料类:文件、货单、单证等。

③ 玩具:布娃娃、电子玩具、金属玩具、机械玩具等。

④ 皮毛类:羊毛、羊绒、牛皮、猪皮、羊皮等,限重50千克。

⑤ 包袋类:皮包、钱包、挎包、背包、胶袋、皮袋、皮箱、旅行袋等。

⑥ 五金类:钢管、钢针、铁链、铁钉、螺丝、螺母、铁垫圈、弹簧、轴承等。

⑦ 衣物:风衣、毛衣、皮衣、棉衣、西装、童装、羽绒服、T恤衫、牛仔衫、运动衫等。

⑧ 电子类:电子管、线路板、电路板、游戏卡、内存条、计算机主板、收音机、电话机、计算器等。

(2)限运品(有条件)

① 无防压、防震保护措施的易碎物品。如:陶瓷、灯饰、灯具、玻璃制品等。

② 食品类:海产品(鱼翅等),限制在5千克以下。

③ 凭证明文件报关的出口物品。如:自行车、电风扇、黑白电视机、黑白显示器、茶叶、羊绒等。

④ 需证明文件报关的进口物品。如:电子零配件、电子元器件、机械零件、空调机和压缩机、21英寸以下彩电及显像管、收录机、激光唱机、手表、照相机、摄像机等。

(3)禁运品

① 仿冒名牌商品的物品。

② 动植物及其标本、新鲜或冰冻肉制品、观赏植物。

③ 容易腐烂的物品。如:鲜鱼、鲜肉、水果、蔬菜等。

④ 国防法令禁止流通或寄运的物品。如:文物、武器、弹药、仿真武器等。

⑤ 妨碍公共卫生的物品。如:尸骨(包括骨灰)、未经硝制的兽皮、未经药制的兽骨等。

⑥ 威胁航空飞行安全的物品。如:未加消磁场防护包装的磁铁、磁钢等含强磁的制品等。

⑦ 各类烈性毒药、麻醉药物和精神药品。如:砒霜、鸦片、吗啡、可卡因、海洛因、大麻等。

⑧ 无法分辨内容的含有反动、淫秽内容的物品。如:反动或淫秽报刊书籍、图片、宣传品、音像制品、激光视盘、计算机软盘及光盘等。

⑨ 难以估算价值的有价证券以及易丢失的物品。如:提货单、配额证、许可证、执照、护照、身份证、汇票、发票、现金、金银饰、人造首饰等。

⑩ 易燃易爆、腐蚀性、毒性、强酸、碱性和放射性危险品。如雷管、火药、火柴、打火机、爆竹、汽油、煤油、酒精(液体和固体)、油漆、硫酸、盐酸、硝酸、有机溶剂、农药、手机、粉状物、液体,以及其他危险化学药品等。

6.2.3 工作任务 接单服务

1. 接单工作

(1)岗位要求

① 语言流利、规范、简练、声音柔美。

② 急客户所急、想客户所想的服务意识。

③ 顾全大局、维护公司信誉的职业操守。

④ 严谨的工作态度，良好的沟通和协调能力。

⑤ 熟悉当地地理环境和收派员的区域划分情况。

⑥ 能解答客户一般咨询，能初步处理客户投诉。

⑦ 传递信息与电脑记录时能迅速、准确、完整、反应灵敏。

⑧ 耐心聆听客户投诉，具有应变能力，处理事情不卑不亢。

⑨ 熟悉公司业务，包括服务区域、货件种类、运送时间、运费计算、报关知识、快件流程等。

(2)工作任务

① 接单(客户发件)

a. 对于新客户，要详细询问发件人姓名、公司名称、地址、电话、联系人、派送目的地、快件重量和体积，告诉客户上门取件的大致时间，并致结束语。

b. 对于老客户，要在客户报出公司名称或电话号码时，从电脑中迅速调出客户资料，核对联系人、联系电话、派送目的地；复述相关信息，得到客户确认后，告诉客户上门取件的大致时间，并致结束语。

c. 收到客户委托件的传真，记录收方和寄方客户信息(公司名称、联系人、联系电话、特殊要求、付款方式等)；如有传真不清楚、付款方式不明确、地址不详等问题，要及时与委托方客户联系确认；如果没有问题，收到传真后，与寄方客户联系确认。

② 下单(通知取件)

a. 准确记录接单内容，快速输入电脑，保证客户资料的准确性。

b. 力争 5 分钟内，通知快件所属区域的收派员取件。

c. 如果是重货(大件)，通知中转库主管，再通知大货司机取件。

③ 跟进(取件)

a. 在规定的时限内，客户反映无人取件，请客户继续等待，再次通知收派员尽快取件。

b. 超出规定时限，客户反映还未取件，将情况通知作业主管，派机动人员前往取件。

c. 如因截单时间已到，再迟就无法赶上作业班车，造成收派员取件失约，应向客户表示歉意，征求客户同意后，另约取件时间，并记录这一情况。

④ 查询

a. 回答客户的业务查询时，要做到准确、到位。包括：服务热线、营业时间、服务范围、服务形式、产品种类、运费计算、禁运品、报关单证、收派时限、截单时间、作业班车时间表等。

b. 灵活使用《服务手册》，向客户作出留有余地的回答，对派送时间不可完全承诺。

⑤ 投诉(协调)

a. 情节较轻、情况单纯的投诉，当时给予答复和解决。

b. 接单员回答不了的、取件方面的投诉，转交接单组主管处理。

c. 接单员回答不了的、其他方面的投诉，转交查询组主管处理。

(3)注意事项

① 文明语：您好、请、欢迎、对不起、谢谢。

② 禁用语：不知道、不清楚、没办法、不关我的事、你找别的部门等。

③ 不要做出完全承诺，只能说正常情况下什么时间可以送达。

④ 接听客户查询电话，要耐心听取、认真记录，不明白的地方主动问清楚。

⑤ 对待收派员态度和蔼，尽可能为收派员提供便利。

⑥ 不可把工作情绪转移到收派员身上，影响一线服务质量。

⑦ 收派员手机无法联系时，应将情况做好记录，移交作业主管处理。

2. 日常接单服务

操作流程和服务用语，是接单工作的标准和规范，离开标准和规范，就谈不上优质服务。

(1)操作流程 1——新客户

① 接听电话，致问候语；

② 询问相关信息，打开新客户建卡界面(电脑)；

③ 输入客户姓名、公司名称、地址、联络人、电话；

④ 选择所属路区的收派员，下达取件通知。

(2)操作流程 2——老客户

① 接听电话，致问候语；

② 询问姓名，输入编号，核对该公司名称；

③ 询问品名，确认是否禁运；

④ 询问目的地，确认是否在服务范围之内；

⑤ 询问件数、重量、体积，确认轻货和重货；

⑥ 告诉客户大致取件时间，结束语；

⑦ 下达取件通知(收派员或专职司机)。

(3)操作流程 3——禁运品/限运品

① 接听电话，致问候语；

② 询问姓名，输入编号，核对公司名称；

③ 询问品名，确认是否禁运；

④ 向客户解释不能承运的原因(解答依据是，《道路运输法》和《航空运输法》)，致结束语。

(4)操作流程 4——客户投诉

① 接听电话—致问候语—询问卡号。

② 确认公司名称地址—确认并记录客户要求。

③ 填写《客户投诉意见表》—告诉客户回复时间。

④ 将该记录交查询组同时跟进—结束语。

(5)结束语的种类

① 正常接单：欢迎您再次使用我们的服务，谢谢，再见！

② 禁运品：非常抱歉，希望下次有机会帮助您，再见！

③ 客户投诉：感谢您的意见和建议，我们会不断地改进服务，再见！

3. 其他服务事项

(1)回答客户咨询

① 服务范围

a. 您说的地址，属于我们的服务范围，可以取件和派送；如果您的物品准备好了，请随时来电，通知我们取件；谢谢您的惠顾，希望再次听到您的电话，再见！

b. 实在抱歉，您说的收件人地址，不属于我们的服务范围，暂时无法派送；如果方便的话，可以先寄到“离收件人最近的”我们的分公司(营业中心)，再联系您的收件人，自己上门取件。

② 快件价格

上海到广州的快件，首重运费 1 千克 20 元(基价)；50 千克以内，每增加 1 千克，按标准加收运费(加价)；具体的计算方法，请登录我们的网站下载价格表，也可以到我们的营业中心直接索取。

③ 普货价格

货物超过 100 千克，免收首重运费，每千克 5 元，200 千克以上，每千克 4 元，派送时间比快件晚一个工作日；如果您时间允许的话，建议您使用比较经济的普货服务。

④ 重货价格

重货 300－500 千克，免收首重运费，每千克 8 元；501－1 000 千克，每千克 7 元；1001 千克以上，每千克 6 元；派送时间和普货基本相同。

(2)答复客户要求

① 索要发票

a. 非常抱歉，给您带来不便；收取运费的同时，为客户开具发票，这是我们的职责；

b. 由于收派员身上所带的发票有限，所以未能及时给您开发票；

c. 请您放心，我会敦促收派员，在一个工作日内，把发票送到您那里，好吗？

② 要求报价

关于快件报价问题，实在抱歉，由于某些原因，我们目前还没有推出这这项服务，请您谅解。

③ 要求寄高价值物品

a. 价值超过 5 000 元人民币的贵重物品，我们是不能收寄的。

b. 如果您的快件是寄往香港的，在海关例行检查时，您填写的价值与实际价值相差太大的话，您的快件可能会被扣留，要求重新估价重新制单，再决定是否放行，这样就会延误派送，给您带来损失和麻烦。

④ 索要收派员手机号码

实在抱歉，收派员的手机号码，我无法向您提供；您可以留下您的电话，我会通知收派员与您联系，可以吗？

⑤ 要求到站接货(委托)

a. 如果是到行李房取件，我们无法提供收件人证明，也不能垫付寄存费；请您想其他办法解决，好吗？

b. 如果是直接到车上取件，就不存在前面说的问题，我会安排同事去提货，我们随时与您保持联系。

(3)平息客户不满

① 取件员不愿等待

a. 非常抱歉，我们的服务还不能让您满意，我代表公司向您表示歉意。

b. 我们的收派员，每天都必须在规定的时间内，赶回公司交件，才能保证快件准时运出。

c. 如果取件时停留时间过长，就会延缓当天快件的操作时间，影响到及时出运。

d. 这一点，请您谅解和协作。您的快件准备好了吗？

e. 我会安排人员尽快取件。请随时和我联系，我是 3 号查询员，我姓王。

② 开箱检查快件

a. 开箱核对货物的内容和数量，是对客户负责的必要手续，也是为了保证货物安全、准时送达目的地。

b. 有些货物在运输中可能会对其他货物造成损伤，或者是某些国家禁运的。

c. 特别是香港件或航空件，海关或机场都会做详细检查，如果被查出有违禁品，货物就会被扣留，甚至拿不回来；在时间和金钱上，都会给您或您的公司带来损失和麻烦。

6.2.4 工作任务 查询服务

1. 查询工作

(1)查询服务内容

① 做好数据统计,进行分类登记,将相关资料认真归档;

② 受理种类查询、咨询、投诉、理赔以及各项问题件的处理工作;

③ 受理各项问题后,与相关部门和人员及时沟通,做好跟进处理;

④ 配合其他区域和营业中心的工作,发挥协调和桥梁作用,提升全公司的整体客服水平。

(2)查询岗位要求

① 接听态度

a. 多用"请问、请稍等、谢谢"等礼貌用语。

b. 声音要清晰,语调要自然,语气要得体,音量要柔和。

c. 节奏要适中,避免急而快;每说一小节,须略作停顿,让对方消化。

d. 要表现出热情、耐心、诚心;要有问必答,不可搪塞或顶撞来电者。

e. 对客户或同事,避免命令式语言,如:你快点儿回复我! 你马上去收件!

② 接听方法

a. 迅速接听。电话铃响三声内,必须接听。因故铃声久响才接听,应首先向客户道歉。如:实在抱歉,让你久等了;能告诉我,您的客户卡号吗?

b. 留言待复。接听电话前,准备好笔、纸,记录电话信息。内容包括对方卡号、姓名、电话及服务需求。客户来电处理完毕,要及时作出回复。

c. 礼貌挂机。要等客人挂机后,才可放下话筒;客户挂机前,要向客户致结束语;客户挂机前,不可与同事议论或抱怨客户;客户讲了粗话,也要耐心听完,不可提前挂机。

2. 查询业务知识

(1)业务流程

发件人电话委托(下单)—发件地营业中心接单—收件员上门取件—营业中心接件—转至分拨中心—目的地营业中心取件出仓—派件员上门送件—收件人签收(回执)—目的地营业中心收单。具体操作:

① 接单下单:客户通过电话委托,要求取件(发件),客服部叫做接单,俗称客户下单。

② 通知取件:接单组根据客户提供的资料,将取件信息编成收件短信,转发给相应区域的收派员。

③ 取件接件:收派员接到通知后1小时内,前往客户处取件;在当班快件收完后,在规定时间内,将全部快件送回营业中心。

④ 输单分拨:营业中心对快件进行汇总,运单交客服部输单,快件送往本区域分拨中心分拣。

⑤ 分拣转运:分拨中心通过各线路作业班车,将不同快件分别送往目的地分拨中心。

⑥ 再分拣再转运:目的地分拨中心对快件再细分,送往最终目的地(收件人所在地区的营业中心)

⑦ 到达最终目的地后,快件出仓2小时内,由派件员送达收件人手中(快件出现异常情况时,由发件地和收件地的双方客服部协同查询后妥善解决)。

(2)快件和运单

① 按目的地分类

a. 同城件:往来于本市或本县内的快件。

b. 省内件:往来于同一省份不同地市间的快件。

c. 省外件:往来于本地与外省之间的快件。

② 按运单类型分类

a. 国内件:指省内件、省外件和同城件。

b. 内部件:指快递公司的内部快件(在网络内部运转传递)。

c. 普货件:指大宗货物(非快件),运费和速度与快件有别。

③ 运单各联的作用

a. 第一联(取件单):寄件客户填写的运单(快件公司存查)。

b. 第二联(随见单):贴在快件外包上,随快件一起运送。

c. 第三联(海关单):报关时提供给海关的运单(海关存查)。

d. 第四联(派件单):收件客户签收的运单(快件公司存查)。

e. 第五联(收件单):收件客户(个人或公司)存留备查。

f. 第六联(寄件单):寄件客户(个人或公司)存留备查。

3. 查询业务操作

(1)准备工作

① 接听来电前,预先坐到岗位上,准时开始工作。

② 将登记册、服务手册、笔和纸等物品摆放好。

③ 启动电脑,打开 center - call 接单系统。

④ 检查电脑、电话操作是否正常。

⑤ 桌面整洁、心境开朗、专心致志。

(2)服务规范

① 接听要求:电话铃声响起时,应尽快接听,有礼貌地问候客户后,根据客户的要求,立即提供快捷、准确、无误的服务,让客户感到亲切、热忱、彬彬有礼。

② 应做到:

a. 电话铃声响起三声内接听。

b. 热情、诚恳、亲切、自然、专注。

c. 清楚地致以问候语,有礼貌地打招呼。

③ 应避免:

a. 与客户争论,或赌气挂机。

b. 回答问题时有气无力,无精打采。

c. 使用过长的技术性的行业术语。

d. 不等客户挂机,为抢电话量提前挂机。

f. 与同事商量处理办法,把客户冷落在一边。

④ 禁用语

a. 我不知道,我不清楚,电话不是我接的。

b. 这事儿不归我管,你打别的电话吧!

c. 有事儿说事儿,不要扯别的。

d. 什么事呵？说话呀！

⑤ 挂机规范要求：结束查询前，应致以亲切的结束语，等客户先挂机，才可放下话筒，切忌用力挂机。结束语有以下几种。

a. 一般情况下：谢谢您的来电，再见！

b. 挂机前确认：您还有其他事情，需要我帮助吗？

c. 客户感谢时：不必客气，欢迎您随时来电，再见！

⑥ 转接要求：客户所要查询的快件，是其他同事负责跟进的快件，此事要向客人作出解释。

a. 先告诉客户：您的快件情况，我的同事比我清楚，我要与同事沟通一下，请您稍待一会儿。

b. 用手按住话筒下端，或按电话机上的 Flash 键，设置音乐让客户静候。

c. 压低讲话音量，不要让客户听到同事间的对话。

d. 沟通协商后，力争 30 秒内回复客户。

e. 即使没有满意的查询结果，也要尽快告诉客户：不好意思，让您久等了；现在暂时无法答复您，需要再作了解；能否留下电话，我会在 10 分钟内给您回复。

f. 务必兑现承诺，无论情况如何，力争 10 分钟内回复客户。

(3)业务分类

① 咨询服务

操作流程：接通电话—招呼用语—询问姓名—聆听问题(不要抢话)—3 分钟内回答客户提问(可查阅服务手册)—询问客户是否还需要其他帮助—确认无其他需求—结束用语—客户挂机后再挂机。

a. 如客户索取业务宣传资料，记录客户传真号码和联系人后，30 分钟内回复客户。

b. 如不能及时回答客户问题，则记录客户所提出的问题、电话号码和联系人，挂机后致电相关部门查询，30 分钟以内回复客户。

c. 对业务流程要相当熟悉，尽量减少客户的等待时间。

d. 不可随意将内部电话、内部资料等告诉客户。内部电话是指服务热线以外的所有后勤电话号码。内部资料是指营业执照复印件、网络内联络方式表、公司制度以及客户资料等，所涉及商业机密的资料。

② 查询服务

操作流程：接听电话—招呼用语—询问姓名及快件单号—复述客户资料(以免听错或客户报错)—登录内部网站查询快件状态—3 分钟内解答客户提问—询问客户是否还需要其他帮助—确认无其他需求—结束用语—客户挂机后再挂机。

a. 如果查单系统里，没有所查快件资料或资料不完整，应记录下客户提出问题、联系电话和联系人，挂机后致电相关部门再做了解，力争 30 分钟内回复客户查询的结果。

b. 如果派件延误属实，则询问客户资料及联系电话，向辖区派件员或其他区查询员催派此件，30 分钟内回复客户。

c. 如果系统显示无回单资料，或客户反映无此签收人，则按派件人的员工号查询，询问客户资料及联系电话，告知客户回复时间

d. 如果客户索要签收单，可以从电脑中调出后打印再传真；或请作业内勤协助，直接传给客户，也可以建议客户上网查看自己打印。

6.2.5　工作任务　收取服务

1. 收取工作

(1)收件员岗位职责

① 服从公司调遣,协助其他岗位。

② 开发新客户,维护老客户,促进业务量增长。

③ 及时收回应收账款,在规定时间内如数上交。

④ 满足客户的合理要求,同时坚决维护公司利益。

⑤ 努力完成业务培训及考核,不断实现自我增值。

⑥ 遗失或损坏运单和货物,立即向公司汇报,不得隐瞒。

⑦ 熟悉快件流程和业务知识,熟悉所负责路区的地理环境。

(2)取件服务规范

① 合理安排运输路线,努力做到完美包装。

② 爱护快件、轻拿轻放,保持快件和运单的整洁。

③ 文明驾驶,遵守交通法规,确保人身和货物安全。

④ 遵守客户单位的规章制度,不得随意动用客户物品。

⑤ 对待客户热情有礼,不与客户发生语言或行为冲突。

⑥ 着装整洁、举止文明、语言礼貌,体现公司良好形象。

⑦ 确保快件安全,准时送达客户手中,保持联络状态。

⑧ 始终保持手机电量充足,确保与公司保持良好联络状态。

⑨ 称重计价准确,运单填写规范、内容完整,粘贴符合要求。

⑩ 遇到特殊状况或突发事件,及时准确地向上级汇报并解决。

(3)操作要领

① 收到接单员的取件通知后,做好记录并立即前往取件。

② 到达客户处,礼貌地表明身份,寻找寄件人或联络人。

③ 必须检查快件物品,无禁运品、无损坏才可接收;已经装好的货物,也要开箱检查。

④ 协助客户进行包装,对易破损、易变形的货物,贴上“易碎件”标签。

⑤ 现场称重计价,填制运单,正确解释价格标准和计费原则。

⑥ 收取运费后,将运单的收件人存留联交给客户。

⑦ 到付件须向寄件人声明:若收件人拒付,则改为寄付,须加收服务费。

⑧ 将运单第一联装入透明塑料袋,用封箱胶带将运单粘贴在快件外包装之上。

⑨ 填写取件清单,包括运单号、取件路区、公司名称、重量、金额等。

⑩ 将取件清单、运单和货物,交给仓管员,办理交接手续。

(4)注意事项

① 客户交寄大件货物时,应通知作业中心安排汽车取件。

② 客户所交寄的物品有损坏的,请客户在运单上注明。

③ 对一票多件的货物,将运单复印,每件货物上须粘贴一份。

④ 取件时,若发现禁运物品,或超出服务范围,要向客户耐心解释。

⑤ 对客户已填写的运单,须检查是否符合规范;不符合要求的,必须重新填写。

⑥ 若寄件人不在,由他人交代快件时,须在运单上注明关系,回公司后再与寄件人确认并作

登记。

⑦ 单件货物的外形尺寸如下:空运件长不超过 2.5 米,宽不超过 1 米,高不超过 0.8 米,否则,不能通过机场安检机;陆运件长不超过 2.5 米,宽和高不超过 1.5 米,否则,将会给运输带来相当大困难。

⑧ 原则上,取件时限为 1 小时以内(派送时限为 2 小时以内),无特殊原因,超过服务时限的,责任人应受到处罚。

⑨ 原则上,当天收取的款项,应当天交财务部;最迟应在收取运费后的 48 小时内,将款项上交公司,否则视为无故挪用或侵占公司财产的行为。

2. 收取作业详述

流程:取件准备－货物查验－完美包装－填制运单－收取运费－运输入库。

(1)取件准备

① 检查交通运输工具和通信工具是否正常,保证其性能良好

② 带齐取件所需的物品和工具。包括运单、包装袋、胶带、卷尺、手提秤、小刀、圆珠笔、大头笔、收据(发票一般不准带)、内部服务手册等。

③ 收到接单组取件通知后,一小时内必须赶到寄件客户处。

④ 收到通知后发现,寄件客户不在自己所负责的路区内,应立即通知接单组,更改通知对象。

⑤ 如果客户所寄货物尚未准备好,应礼貌地询问还需要多久;如果 15 分钟内不能准备好的话,应向客户作出解释:因时间紧张,还有其他取件任务,不能长时间等候;客户准备好以后,可再打电话通知接单组下单,另约时间前往取件,同时取件员还须向接单组备案,说明这一情况。

(2)货物查验

① 在征得客户同意后,当面打开货物包装,用小刀划开包装时,注意不要划得过深过猛,以免割坏里面的货物。

② 客户拒绝查验时,应耐心解释公司的规定;如果客户坚决不同意开箱查验,取件员可以拒收此件,但要做好解释工作,不应发生争执和口角。

③ 如果发现禁运品,要礼貌地解释不能承运的理由;同时安抚客户说,下次如有其他物品托寄,我们会为您提供满意服务。

④ 清点货物数量,应按每种物品的最小计量单位计数,如个、件、只、把、片等。

⑤ 外包装容易破损的,应提醒客户加固包装,以防运输中破损,造成货物遗失或损坏,并协助客户把货物包装好。

⑥ 对易碎品快件,更要提醒客户加固包装,否则在运输中一旦损坏,取件员要承担责任。

⑦ 称重。轻抛物,每千克体积大于 6 000 立方厘米;非轻抛物,一般情况下,用自带的弹簧秤称重;货物较多,无法使用弹簧秤,可借用客户的秤称重;如果客户也无法称重,则向客户说明。带回公司称重的货物,应及时通知客户最终计费重量和实际运费;如需更改运单资料,必须填写运单更改确认书,请客户签名确认;否则,取件员要承担由此造成的后果。

(3)完美包装

① 箱体包装

a. 改换包装:如果客户自己的包装不符合运输要求,应告知客户可免费为其更换;如果客户拒绝快件公司提供的包装,取件员可礼貌地拒收此件;如果客户同意更换包装,取件员将货物带回公司后,改换其所在公司的包装箱,切不可遗留任何一件物品,尽可能恢复原先的摆放顺序;如

果因为箱体尺寸的差异,而使原重量有所改变,应致电客户,告知现行重量,以免产生误会。

b. 箱体检查:包装箱体外表有无破损、箱体封口是否封好封牢,发现问题立即妥善处理。

② 胶带包装

a. 体积小而重量轻的货物,如衣服、布样,图纸等,装入胶袋后,用封箱胶带扎好,胶带封口处,还需用胶带封粘,以防封口黏度不够而开口。

b. 体积不大却比较重的货物,如拉链、铁片、模具等,应尽可能多用几个胶带装好,并用封箱胶带扎牢,以防运输中因碰撞而裂开,以致货物从中掉落。

c. 体积大的货物(无论轻重与否),如泡沫、海绵、大袋衣物等,如果客户包装材料是塑料薄膜,应告知客户此种包装不符合运输要求,须改用公司免费提供的纸箱包装。

d. 胶带包装封口后,袋内常会充满空气使胶带膨胀,搬运中容易发生爆裂使货物掉落的现象,此时,可用刀片在胶袋边缘,割开一个小小的口子,使气体自行排出,再用胶带将小口子封好,以确保货物安全。

③ 特殊物品包装

a. 易碎品的包装:如塑料类物品、胶卷、小电器等。应尽量用纸箱包装,在纸箱内填充抗震物料,如泡沫、纸屑等,仔细封好封牢。如果无法用纸箱包装,应在装车中单独拿出此件,放在车内较安全的地方。

b. 不规则物品的包装:如工艺藤椅等,此种物品占用空间大,而且易碎易变形,原则上拒收;如果客户坚持要托运的话,要轻拿轻放,单独把此类物品放于车厢一角。

(4)填制运单

运单是快件的身份证明,运单的每一联,都有各自的用途。

① 运单构成

a. 第一联为收件存根(蓝单):它由快递公司的发货地作业中心留存,用来计算取件票数和营业收入,以及客户查询。

b. 第二联为随件单(红单):它是货物转运的凭证,粘贴在快件包装上,始终跟着货物走。

c. 第三联为报关单(绿单);它由海关和机场留存,用于香港件的报关。

d. 第四联为派件存根(黄单);它由快递公司的接货地作业中心留存,用来计算派送票数和营业收入,以及客户查询。

e. 第五联为收件人存根:它由收件客户留存,用于快件查询。

f. 第六联为寄件人存根:它由发件客户留存,用于快件查询。

② 运单事项

a. 运单号码(简称单号):它是快件的扫描条形码(八位或十位),用于快件操作与客户查询。

b. 原寄地:指寄出快件的地区,原寄地的填写,以快件公司统一规定的代码为准。目的地:指快件送达的地区,目的地的填写,以快件公司统一规定的代码为准。

c. 寄件方:指托寄快件的企业或个人,包括地址、电话、联络人等;收件方:指快件送达的企业或个人,包括地区、电话、联络人等。

d. 自取件:指由于距离、时间等原因,或应客户要求,快件到达目的地后,无须派送员上门送件,而由收件人自行前往快件公司提取快件。

e. 托寄物(品名):指托寄快件的具体名称,此项必须真实填写;价值:指客户对所寄快件的估价,它与快件的报关价值有所不同,只作为参考来填写;数量:指快件的具体数量,详细到“个、件、只、条”等单位;重量:指快件的实际重量,它区别于体积重量;体积重量:也叫体积加收,是针对轻抛货物而规定的计重计费方式。

f. 运费：指快件的实际运输费用；付款方式：指快件的运费由哪一方客户支付；月结账号：指月末或月初统一结算运费的付款方式，适用于经常寄件的大宗客户。

g. 收件员（取件员）：指派送员、收派员的姓名或代码；派件员（派送员）：指派送员、收派员的姓名或代码；收件人签收：此栏要求收方客户亲笔签名，表示快件已成功送达客户手中，快件公司不再承担责任。

③ 填写要领

a. 寄件方

名称：公司写全称，个人写全名；地址：×省×市×区×镇村，或×省×市×区×路×门牌号码；电话：区位号＋本机号码，准确无误、数字清晰；联系人：写全名（寄件人与联系人，可以是同一个人，也可以是两个人）。一旦发生拒付拒收、无人签收，或收件方地址不详、搬迁等情况，可用来及时联络寄件方。

b. 寄件时间

×月×日×时（24 小时制）×分（按时钟正确填写），必须由客户自己填写。事后，客户指责延误派送时，可用来作为服务时限的凭证。寄件方签名，由寄件人亲笔签名（寄件人与联系人，可以是同一个人，也可以是两个人）。

c. 收件方

名称：公司写全称（最好详细到具体部门），个人写全名；地址：×省×市×区×镇村，或×省×市×区×路×门牌号码；电话：区位号＋本机号码，准确无误、数字清晰；联系人：写全名（寄件人与联系人，可以是同一个人，也可以是两个人）。如果寄件方无法提供收件方的详细地址、电话和联系人，应向客户说明，可能会延误派送或无法派送，快件一旦退回要收取双程运费。如果客户执意要寄，应在运单上注明：寄件人只能提供此地址，或者要求收件人自取。

d. 收件时间

×月×日×时（24 小时制）×分（按时钟正确填写），必须由客户自己填写。事后，客户指责延误派送时，可用来作为服务时限的凭证。收件方签收，应由收件人亲笔签名（收件人与联系人，可以是同一个人，也可以是两个人）。如果无人签收，须加盖收件方公司公章（原则上盖章人应签字）；收派员签名、签字并填写员工工号，出现问题时，可查找责任人，也用来考核收派员的工作绩效。

e. 原寄地/目的地代码

根据《内部服务手册》中的各营业中心（分公司/办事处）代码一览表，正确填写。目的地实行大区操作的，写上大区代码即可。用于作业分拨和财务记账，目的地代码稍有差错，就会导致快件错分，延误派送时间。

f. 托寄物内容和数量

托寄物须与实际内容相符，只能用中文填写，数量须与实际托寄物数量相符。这样，快件在运输中发生包装破裂时，能准确判断托寄物品是否缺少，防止收件方误认为是快件公司将货物丢失。出口报关的香港件，一定要填写详细，不可使用“五金零件、衣服”等笼统字眼。

g. 托寄物详细资料

件数栏：须与单独包装数相符（便于在快件运输中，准确判断件数是否缺少）。

备注栏：填写客户的特殊要求，如急件、易碎件、自取件等。

h. 托寄物价值

按托寄物(实际内容)的本身价值估算,不含任何附加值。

注意事项:托寄物价值必须限制在 3 000 元人民币以下,必须由客户亲自填写;客户执意填写 3 000 元以上时,收派员应拒绝收寄;收派员私自更改或代客户填写货物价值,引发赔偿纠纷的,后果由收派员个人承担。如果客户愿意投保,可根据投保额填写货物价值,但多数快递公司无此项服务。

④ 收费件补充说明

a. 客户填写运单时,应提醒客户叠齐运单,并用力书写,以确保底联字迹清楚。

b. 客户填好运单后,必须认真检查:运单各联字迹是否清晰,各联内容是否一致;付款方式、重量及运费,是否明确、准确、正确。

c. 如因运单未对齐,造成后几联的付款方的对钩(√)打在方框(□)的外面,应及时予以修正;选择与首联一致的付款方,先画圆圈做标注,再将后几联错位的地方打上钩。

d. 如后几联的重量栏和运费栏字迹不清,须重新描写与首联一致的重量或运费。

e. 如因收派员违反操作规范,没有认真核实运单信息内容,而影响到派送质量,由此引发的问题件和客户投诉,由收派员承担责任。

⑤ 免费件补充说明

a. 免费件也必须填写运单,必须写明具体重量和运费,备注栏须注明免费原因。

b. 免费件,必须由发件地作业中心的经理在运单各联的运费栏内签名确认。

⑥ 收取运费

a. 客户付款时,应仔细清点,并向客户致谢。

b. 清点钱款时,不可手沾唾沫、影响公司形象。

c. 客户索要发票时,撕下同等金额的定额发票交给客户。

d. 发票用完或票额不足时,向客户作出解释,下一个班次带来。

e. 如果客户不要定额发票,要向顾客说明:收派员只准携带定额发票,手开发票须由公司财务部开出,只能下一班次带过来,并与客户约定时间。

f. 收取运费后,如果客户又要添加少量物品,在时间允许的情况下,应满足客户要求;无须更改重量的,仍使用原单:需要更改重量的,必须重新填单。

⑦ 运输入库

收派员完成取件任务后,应按规定时间返回公司,运输过程中须注意以下几点:

a. 装车和卸车时,要轻拿轻放、摆放整齐,以防散包或物品损坏。

b. 大件物品或超长、超重的货物,要由两人一起搬动,应请人帮忙。

c. 体积小的易碎件,应放在大件或重货的上面;体积大的易碎件,应通知公司用大车运回,以免损坏。

d. 用摩托车和自行车驮运时,应将文件类的小件装入随身背包里,以免运送中不慎掉落。

e. 用摩托车和自行车驮运时,应用胶带将快件捆绑牢固,以免运送中不慎掉落。

6.2.6　工作任务　派送服务

1. 派送工作概述

(1)派送员岗位职责

① 服从公司调遣,协助其他岗位。

② 在所负责的路区内，从事客户开发与维护。

③ 及时收回应收业务款，并在规定时间内如数上交。

④ 按公司价格规定正确报价，及时收回到付运费。

⑤ 满足客户的合理要求，同时坚决维护公司利益。

⑥ 努力完成业务培训及考核，不断实现自我价值。

⑦ 遵守客户单位的规章制度，不得随意动用客户的物品。

⑧ 确保快件安全，准时送达客户手中，办好签收手续。

⑨ 始终保持手机电量充足，确保与公司保持良好的联络状态。

⑩ 遇到特殊情况或突发事件，及时准确地向上级汇报并解决。

(2)派送员服务规范

① 语言要求

a. 五词：请、您好、抱歉、谢谢、再见。

b. 五语：称呼语、欢迎词、介绍语、征询语、问询语。

c. 五声：问候声、请求声、道歉声、感谢声、告别声。

d. 杜绝语：粗话、气话、玩笑话、否定的话、不耐烦的话。

e. 标准语：您好！我是中华快速公司的，有您的快件，请签收。

② 形象要求

a. 穿工作服，佩戴胸卡，整洁得体，精神饱满。

b. 在客户面前，热情大方，姿态端正，举止稳重。

c. 与客户交谈，用心聆听、语气温和、词语文明。

d. 进入客户公司前，雨具或头盔必须脱下才可进入。

e. 工作时间，不准外面只穿背心，不准穿休闲鞋和拖鞋。

f. 不许留长发、染异色头发、剃光头、蓄小胡子、戴墨镜。

③ 动作要求

a. 轻轻敲门（只可敲两下，如无反应，停顿片刻再敲），有回应后，方可进入。

b. 先调整好气息，然后问好，身体微微前倾，面带微笑。

c. 以较轻的声调，询问客户公司员工（不可影响他人）。

d. 如果是大件，放在脚下或门口。

e.（对熟悉的人）您好，我找王先生，有份快件给他。

f.（对不熟悉的人）您好，我是中华快递公司的，找王先生，有份快件请他签收。

2. 派送作业详述

装车流程：装车准备—出车须知—到达派送地点—寻找收件人—客户验收—客户签字—代收代签—到付收款—新客户开发—告辞返回—交款交单—其他情况。

(1)装车准备

① 货物出库后，小件放在随身携带的挎包里，体积较大的放在车上。

② 货物要捆绑结实，注意保护易碎品快件。

③ 摩托车派送时，不可携带过长、过大、过多、过重的快件。

④ 自行车派送时，大件放在车尾架上，绑好绑牢，防止路上遗失。

(2)出车须知

① 带齐所有必备证件（驾驶证、身份证、工作证等）。

② 行驶中不开快车、不逆行、禁闯红灯，遵守交通法规。

③ 遇到塞车、故障等情况，要冷静处理，及时报告公司。

④ 合理安排行驶路线，滞留件和特急件要优先派送。

(3)到达派送地点

① 到达客户处，先向保安说明来意，征得同意后方可进入。

② 在保安指引下，停放车辆、上锁。

③ 车辆及车上的快件，请保安代为看管。

④ 不知收件人的房间，可向保安询问。

(4)寻找收件人

① 进入客户办公区之前，先调整好气息，整理好工服、胸卡、头发。

② 取出运单，把快件托在手里。

③ 如果是老客户，向身边人询问收件人在哪儿，然后走近收件人：李先生，您好！我是中华快递公司的，有您的快件，请您签收。

④ 如果收件人很快会回来，应在室外站立等候 10 分钟，若被允许在室内等候，须做到：不吸烟、不吐痰、不翻阅客户书籍或文件等。

(5)客户验收

快件交给客户时，应提醒客户当面验收，如果客户有异议应作以下处理：

① 如果快件外包装完好、封箱胶带无异常、重量同运单上一致，应向客户解释：我们是专业快递公司，运输全程都是内部网络，多快件全程监控。请接件人同寄件人联系，客户提出无理要求时，不应与其争执，要沉着冷静，及时向公司汇报，请示处理意见。

② 如果快件包装有破损，封箱胶带有异常，但重量同运单上一致，处理方法同①。

③ 如果快件包装有破损，封箱胶带有异常，重量比运单上的重量少，先请收件人与寄件人联系，确认重量不符后，要诚心诚意道歉，协商解决方案或赔偿办法；客户提出无理要求时，不应与其争执，要沉着冷静，及时向公司汇报，请示处理意见。

④ 如果快件物品被损坏，处理办法同③。

(6)客户签字

① 客户验收无异议后，请客户在运单上签字；如果签名难以辨认，请客户重新写清楚。

② 为确保派送的准确性，必要时要有礼貌地请收件人出示身份证。

③ 如果是他人代收代签，应提醒代收人，签写全名后，再写上“代”字。

④ 如果代收人只想在签收栏内盖公章，须请代收人写上其本人姓名。

(7)代收代签

① 如果收件人不能很快回来，可向他的同事询问，是否有人愿意代收？

② 如果有人代收，应提醒代收人，注意快件的状态(重量、价格、包装等)，然后请其签全名。

③ 回到作业中心后，与收件人取得联系，告知快件已送达，由其同事某某人代收。

④ 如果同事不愿代签代收，要填写《派送通知单》，放在办公桌上的显眼的地方，请求他的同事转告和转交，不得在无人知情的情况下，随意将快件放在客户处。

(8)到付收款

① 收取现金时，应双手接钱，仔细清点后，要说谢谢。

② 如果客户称，财务人员不在，无法付款，应征求客户意见，能否先由个人垫付？

③ 如果无人付款，应向客户解释；只能将快件暂时带回，何时付款另行安排派送。

④ 如果客户拒付，应询问其理由，并说明：可征求寄方客户意见，将到付改为寄付（由发件人付款），但要加收 20 元手续费，发件人付款后，另行安排派送。

⑤ 如果客户索要发票，应向客户解释：根据财务部门的规定，只能先开收据为凭，回到公司后才能开发票，送发票要另约时间。

⑥ 如果是月结客户，要在运单的月结栏内打钩，并填月结账号。

(9)新客户开发

① 如果收件人是新客户，收派员有责任做好开发工作。

② 向客户介绍快件操作知识、服务范围和价格

③ 发放价格表和公司服务卡，建立客户档案，再做登门拜访。

3. 滞留件的处理

(1)原因

客户、快件、其他、收派员四方面的原因。

① 客户：放假、出差、外出、下班、搬迁、拒付、公司无人、要求转寄、另约派送时间、要求退回原寄地、要求自取而未取。

② 快件：破损件、错分件、有单无件、地址不详、地址错误、电话错误。

③ 其他：改送、查无此人。地方偏僻、门卫不让进、送多次而无人、双方拒付（快件作废）。

④ 收派员：时间不够（来不及派送）等。

(2)登记

填写问题原因时，应依据《内部服务手册》中的滞留件代码。

(3)处理办法

① 交其他人签收，在运单空白处注明代收人与收件人的关系；回公司后，打电话并做登记。

② 若无人签收，填写派送通知单，交给门卫或放在显眼位置；回公司后，通知客服部，另外安排。

③ 客户拒绝或拒付时，如果客户要求改写为寄付，在寄方客户同意前，快件必须带回，不得交给客户。

④ 特急件，应优先派送；错分件，第一时间派送。

6.2.7 任务处理

任务处理如表 6－2－1 所列。

表 6－2－1 任务安排

任务内容	现场参观顺丰快运校内实训基地
任务目标	理解快递各操作环节
任务安排	参观顺丰快运昌北中转场，了解快递业务流程中的分拣、收派等环节。
活动考核	1. 在班级组织一次以小组为单位的讨论——国内快递业发展的问题 2. 教师根据学生在交流与讨论中的表现给予评分

6.2.8　任务评估

表 6-2-2　任务评估

<table>
<tr><td>交流 1</td><td colspan="4">记录各小组陈述</td></tr>
<tr><td colspan="5">交流人：
交流内容：</td></tr>
<tr><td colspan="5">评估 2　指导教师的分析及综合意见记录</td></tr>
<tr><td colspan="2">基本概念</td><td>技能掌握</td><td>语言描述</td><td>综合得分</td></tr>
<tr><td colspan="2"></td><td></td><td></td><td></td></tr>
</table>

任务 6.3　快递作业 2——国际快递

6.3.1　任务导入

DHL 国际快递业务集团

“快递行业为全球贸易的发展提供动力。我们专注于满足国内外客户的运输需求，服务覆盖全球。我为我们的 100 000 名员工感到自豪，他们不辞辛劳地递送我们的服务承诺。在 DHL 快递，我们创造了团结协作的氛围，促使员工与客户建立个人友好关系，引领公司走向成功。”快递集团首席执行官——Ken Allen 说。

该集团管理人员介绍：通过遍及全球 220 多个国家和地区、500 多个机场的网络，我们提供对企业和私人客户的信件和快递服务。不论是文件还是包裹，当日快递、限时快递还是限日快递，DHL 快递都能满足您的需求。

问题：

1. DHL 如何满足客户不同的快递需求？
2. DHL 如何建立团队协作关系？

6.3.2　工作任务　国际快递作业知识

1. 国际快递的工作内容

国际快递是快递业务中最重要的组成部分，它是 DHL、UPS、FedEx 等快递业“巨头”的主营业务，每年的业务量以 30％的速度增长，在我国对外贸易工作中发挥了举足轻重的作用，为中国经济融入全球一体化作出了贡献，取得了令人瞩目的社会经济效益。

现代航空快递，是传统航空货运的发展和延伸，是从航空货运代理业（简称“货代”）派生出来的。因此，要了解和掌握国际快递业务，还应学习与国际货代有关的业务知识。但国际货代业务并非本书的论述范围，本章只对“进出口作业流程及海关政策规定”等相关知识点，做一引领式的概述。

2. 国际快递作业简介

（1）作业的基本内容

① 进件口：提货、清关\分拨、交接、转运\派送、签收\录入。

② 出口件:取件、制单\录入、交接\报关、出境\提货、派送(国外代理)。

③ 单证操作:报关单\分运单\转运单(派送清单)\形式发票等。

④ 完美操作:单证检查\安全检查\包装要领\异常件处理等。

⑤ 数据处理:扫描\录入\检查\核对\查询等。

(2)出口环节

① 发件人打电话,委托快件公司发件。

② 客户服务代表记录,并通知派送员取件。

③ 派送员取件后回公司,交给出口作业人员(内勤)。

④ 出口作业人员制作出口单证,将货物交给指定承运人装袋。

⑤ 口岸作业单证员制作出口单证,将货物交给指定承运人(民航)。

⑥ 国际航班将货物运至跨国快递公司的指定分拣中心(世界各地)。

⑦ 该分拣中心将"来自不同地区的、发往同一地区的"货物进行合并,转运至最终目的地。

(3)进口环节

① 货物到达目的地口岸,进口作业人员清关提货后,转至进口分拣中心。

② 分拣中心作业人员,将货物进行分拣。

③ 本地快件交派送员,非本地快件再继续运转。

④ 派送员完成派送,收件人在派送路单上签字。

⑤ 派送员将签收人姓名输入扫描枪,回到公司后将该信息传输到作业系统。

3. 作业举例

(1)出口作业

① 流程粗览:取件－分拣－制单－报关－海关放行－卫生检疫－安全检查－复磅入库－民航交单－出口预报。

② 作业提要:取件记录—通知取件—派送员取件—出口交接—出口准备—报关交运—发送预报。

a. 取件记录:记录客户要求,填写计件单。

b. 通知取件:传达取件信息,确认通知已否,确认取件已否。

c. 派送员取件:做好取件前的准备,按要求完成取件任务。

d. 出口交接:返回公司,将货物及取件路单交出口人员分拣,现金交财务部;转运出口件提货后,将货物及转运清单交出口人员核对、分拣。

e. 出口准备:核对及查验、对分运单及发票进行 CIA 扫描、输机、出口分拣与拼装、填写报关单、挂签/封包/称重、填写民航交接单、汇总报关文件、打印出口清单、打印总运单。

f. 报关交运:货发机场、报关、海关检查、安全检查、与民航完成货物及单据的交接。

g. 发预报:航班预报、货物预报。

(2)进口作业

① 流程粗览:

a. 进口航班预报—民航调单—进口检疫—录入仓单—民航仓库提货—货入海关监管库(快件公司自己的仓库)。

b. 进口清关:进口航班预报—EDI 报关—海关回执—通知客户准备清关文件—制单—报关/转关(监管)—放行/出库—派送—转运。

② 作业提要:接收预报—预清关—提货—进库—清关—分拣—中转—派送。

a. 接收预报：填写每日进口航班报表，完成每日航班日志。

b. 预清关：将货物名称译成中文，将数据传输到海关，接收海关反馈（放行/报关/查验）。

c. 提货：从民航窗口提取随机单据，从民航仓库提货。

d. 进库：到货扫描、核对货物、粗分拣、存放。

e. 清关：进口直运件，通知收件人准备清关文件；进口运转件，办理监督转运手续。

f. 分拣：做DOX（文件）的AR（货物到达）扫描；本地按路区分拣，外地按城市分拣；做WC（准备派送）；FD（转交其他快件公司）扫描；打印派送路单及外地转运清单；异常货物的处理。

g. 中转：选择便捷的运输方式，将货运转至目的地。

h. 送件：合理安排派送路线，收取相关费用（垫付的关税、到付运费等），客户签收。

i. 交接/核对：报告派送结果，上交派送路单及疑难件。

4. 作业

（1）订单

① 订单流程

接听客户电话—记录客户信息—记录发件信息—确认发件要求。

② 基本要求

a. 熟悉各快件中心和取件路区的划分。

b. 熟悉各路区的运输工具配置情况。

c. 熟悉各路区的客户情况。

d. 全面掌握快件相关知识。

e. 了解快件中心的作业流程。

（2）调度

① 调度流程

接收取件信息—通知派送员取件—派送员完成取件—确认取件完成。

② 作业标准

时间差：从接收取件信息（电话确认），到通知派送员取件，在15分钟内完成。

③ 基本要求

a. 熟悉各快件中心和取件路区的划分。

b. 熟悉各路区的运输工具配置情况。

c. 熟悉各路区的客户情况。

d. 全面掌握快件相关知识。

e. 了解快件中心的作业流程。

（3）取件

① 取件准备：接到通知－确认时间－准备物料－安排路线（按时间标准）－填写路单。

② 上门取件：三确认（客户身份、相关单据、发件物品）－收取运费（现销客户）－货件签收－回执返还。

③ 完美操作：单证核对－快件检查（问题处理）－记重复查－标准包装－公司签收－取件员获得回执。

（4）分拣

① 分拣流程

a. 本地件：分拣扫描－数据核对－制作清单路单－转运件核对－签字交接－路区派送。

b. 外地件:分拣扫描—数据核对—制作清单路单—转运件核对—签字交接—快件转运。

② 分拣规范

a. 一票多件时,必须扫描每个包装上的复印条形码。

b. 快件务必轻拿轻放。

c. 分拣后包装的分运单,务必面朝上。

d. 分拣后,必须扫描快件包装上的条形码。

e. 全部扫描完成后,务必进行数据核对。

③ 分拣扫描

a. 扫描某路段区区位的已分拣快件前,先将扫描枪设置为分拣扫描状态。

b. 设定该扫描区域的区域代码,然后逐票扫描包装上的分运单。

c. 对一票多件的快件,必须对每个包装上的复印条形码进行扫描。

d. 扫描的同时,复核分拣区域是否正确。

e. 数据导入系统,完成对分拣结果的核对,并生成检查点和附属信息。

f. 出现数据差异,立即查找快件,扫描后导入系统。

④ 派送单/转运单

确认各区域分拣正确无误,从系统导出各区域数据,分别制作"外地转运单"和"路区派送单";部分快件,还需标注"二次派送"字样。清单项目包括:

a. 每票信息:分运单号码、件数、收件人地址、到付运费、备注。

b. 总体信息:区域、日期、件数、制作人、交接人、接收人、时间。

⑤ 分运单的检查要点

a. 手写:收件人和收件人姓名、地址,书写有误或地址不详。

b. 文字:发件人和收件人姓名、地址,使用英文以外的文字;不能模糊,字迹难以辨认,或扫描后内容看不清。

c. 单票快件多张发票时,未提供全部形式发票号码。

d. 件数、重量、付款、印章等项目,填写不全、信息缺失。

⑥ 形式发票的检查要点

a. 手写:发件人和收件人姓名、地址,所申报物品的内容、数量、价格等,书写有误或地址不详。

b. 文字:上述内容,使用英文以外的文字;模糊:字迹难以辨认,或扫描后内容看不清。

c. 其他:分运单号码、客户签字、加盖公章等项目,填写不全、信息缺失。

(5)交接

① 出口件交接

a. 流程:货件核对—快件检查(货件及单据问题处理)—公司签收(取件员或司机获得回执)—快件操作。

b. 种类:内部件、正常件、报关件、特殊处理件。

② 进口件交接

a. 本地件:分拣扫描—数据核对—制作清单路单—派送件核对—签字交接—路区派送。

b. 外地件:分拣扫描—数据核对—制作清单路单—派送件核对—签字交接—快件转运。

c. 种类:内部件、本地件、外地件(正常件/转运件)。

(6)派送

派送工作的基本流程如下:快件核对—签字交接—派送准备—路区派送—结果登记

一单货交接。

① 快件核对：特殊件处理、错分件处理、缺货件处理、派送路线安排。

② 签字交接：确认或修订派送清单内容；派送员和分拣员在清单上签字，双方各执一份备查；快件装车，将紧急件、到付件等分别放置；从财务部领取关税发票、到付运费发票及对账单等。

③ 派送准备：用品检查（派送清单及活页夹、派送日志及签字笔、票据夹及各类发票。记账客户对账单、快件到达通知单、通信工具等。）

④ 路区派送：原则上应将快件交给分运单上的指定收件人；若收件人所在单位有统一的接收部门，可交给该部门人员；其他人员代为签收时，必须以签收者本人名义签字，或加盖单位公章；客户签收后，应及时在分运单上标记签收日期和时间；取得客户原始签字的分运单后，再将快件交付客户。

⑤ 结果登记：每票快件派送成功后，应及时在清单上做出已经派送标记；派送失败时，在清单上记录具体原因（客户拒收、收件人迁址等）。派送日志的记录内容包括运费或税款的收取情况、各类发票或付款通知等的交付情况。

⑥ 单货交接：派送员将派送清单、客户签字的回执、派送未成的快件带回公司；内勤人员经核对确认无误、在清单上签字后，将上述物品转为“无法派送件”处理；收取的运费、关税等与财务人员交接；派送失败件，交由专人保管并登记，及时联系客户自取，或安排第二次派送。

(7)完美操作

完美操作的基本环节如下：

分运单检查—单证检查—包装检查—安全检查—异常件处理—正常出口。

6.3.3　工作任务　地面作业

1. 标准作业流程

(1)预定—调度—取件—离站—出口—转运—进口—进站—派送。

(2)各作业部门的职能分工如下：

① 地面作业部：调度、取件、离站操作、进站操作、派送。

② 客户服务部：预定/接单（接收客户的取件信息并做记录）。

③ 口岸作业部：除进出口常规作业外，主要负责关务及清关等工作。

④ 转运中心：快件转运（收取各地快件、整体分拣、发往最终目的）。

如上所述，快件从发件人到收件人手中，要经过九个环节，每个环节都由不同的人员在不同的地点进行操作。其中，地面作业是核心作业，涉及“调度、取件、离站/进站操作、派送”五个环节。为此，本节重点介绍地面作业。

2. 作业调度

(1)作业调度的职能

作业调度的主要职能是，从客户服务部获知客户的发件要求，再将取件信息传达给路区中的派送员（同时也是取件员）。客服人员在预定环节中（客户要求发件/预约取件）通过接听电话、查询网络记录等方式，获取客户发件信息，再把这些信息输入 CSM 系统，调度人员就是从这个系统中查询到取件信息。

调度工作对调度员的路区知识要求较高。在 CSM 界面中看到一个地址，马上要作出反应：这个地址属于哪个派送员的负责范围？下达通知时，以“沟通迅速、传输质量高、反馈方便及时”为原则。一般来说，依托中国电信的 CSM 网络，以手机短信方式通知派送员取件，这一方式的优点是:传输快捷、操作简便、可双向通信、也节省费用。

(2)调度提示

调度人员在CSM系统中,取得客户的发件信息后,将取件任务通知派送员,使用的通信工具包括对讲机、手机短信。根据调度人员对路区的熟悉程度,有时会发生错发路区的情况,此时派送员要及时提醒调度人员,以便重新发送给正确的路区。

在调度正确的情况下,派送员基于工作量、交通状况等原因,决定是否接受这个取件任务;如果接受任务,派送员会自行安排取件路线。如果派送员不接受任务,分为两种情况:一是派送员根本拒绝收取这票快件,二是希望与客户约定时间再取件。这一信息,反馈给调度人员后,调度人员应重新分配取件任务。应将这一情况立即通知客服人员,并与客户商定(议妥):是取消预定要求,还是同意改时取件?如果取消预定,调度人员应及时通知派送员;如果是改时取件,也应及时反馈给派送员。之后,调度人员又开始了一个新的调度过程。调度作业流程如图6-3-1所示。

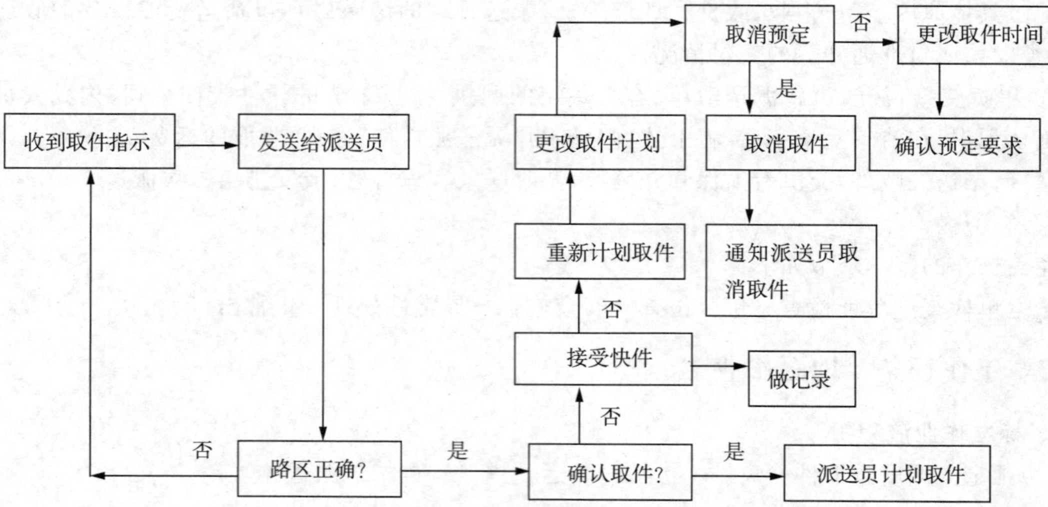

图6-3-1 调度作业流程图

(3)调度流程

流程提要:

① 从客户服务部接收客户发件信息。

② 向派送员下达收取快件的通知。

③ 通知派送员,说明取件要求已更改或已取消。

④ 从派送员那里接收“取件异常情况”的信息。

⑤ 将取件异常情况的信息反馈给客户服务部。

(4)预约取件作业标准

① 提前预定,要在出车之前,通知派送员。

② 在接到电话取件要求5分钟之内,在约定取件时间30分钟之前,通知派送员。

③ 在接到更改或取消取件信息的5分钟之内,在约定取件时间之前,通知派送员。

④ 派送员收到取件任务后,要通知调度人员,是否接受这一取件任务。

⑤ 如发生任何可能影响约定取件时间的事件,派送员要及时通知调度员。

⑥ 派送员要在取件发生异常情况的5分钟之内,通知调度人员。

(5)通知取件作业标准

调度员向派送员发的取件信息,包括以下内容:

发件人名称、联系人、联系电话、取件地址(具体地点)、最迟取件时间、快件就绪时间、快件重量、快件尺寸、快件件数、目的地、货物品名、货物价值、服务种类、保险需求、特殊要求、增值服务、预付赊销账号或现金支付信息等。

关于调度工作注意事项的说明:

① 调度员向派送员下达取件任务时,必须考虑的问题是:应当向派送员提供哪些信息?信息不足,会影响派送员顺利完成任务;信息过多,会增加不必要的工作量,并有可能影响信息传送质量。上述信息,是根据操作标准的要求,提供给派送员的必要信息。

② 对于经常发件的大客户,并不一定刻板地遵循这些规定,可以视具体情况有所变通。实际上 SMS 调度系统,只有"取件地址、联系人、联系电话、就绪时间、最迟时间"几个栏目要求强制输入,其他信息并非强制录入。

(6)作业管理标准

① 对"取件要求和取件执行"进行沟通与协调;

② 保持"漏取件为零"的记录;

说明:在 TSP 项目(标准化作业)中,要求对协调员和派送员的工作绩效进行考评,考核的重点是:调度员向派送员发出的取件任务是否全部完成?即发出的调度指令与实际取回的件数是否相符?这项考评非常严格,调度员发出了多少取件指示,派送员必须取回多少快件,决不允许"漏取"情况发生。

3. 取件

(1)取件描述

取件工作相对来说比较繁杂,这一岗位是公司与客户接触的最前沿,他们在履行常规作业标准的同时,还要保持整洁的穿着、礼貌的谈吐等。即使常规的工作,也涵盖了比较多的内容。取件员接到取件任务后,要根据当时的工作量、交通状况等来决定:是否能够及时到达客户的处所收取快件,在收取快件时,还必须遵循作业标准,履行常规的检查手续。

(2)取件提示

① 快件在网络中流动,始于取件员从客户手中收取快件。取件工作,是鉴别快件是否可以承运(拒收危险品)的第一关。一般情况下,要求现金顾客提交尚未包装的物品,要在取件员的监视下做包装,或带回公司作业部再包装。

② 为了保证运单内信息的准确性,要求由客户当面完整地填写运单。

③ 收取费用,也是取件工作的重要内容;派送员要随身携带称重设备、价格计算表和发票,以便准确、规范地收取费用。

④ 将取件状态的信息输入扫描枪中,回到作业中心后,再传输到公司内部网络中。

⑤ 不论取件任务是否完成,都要及时通知调度人员,以便对客户要求做出相应处理。

(3)取件流程

取件流程如图 6-3-2 所示。

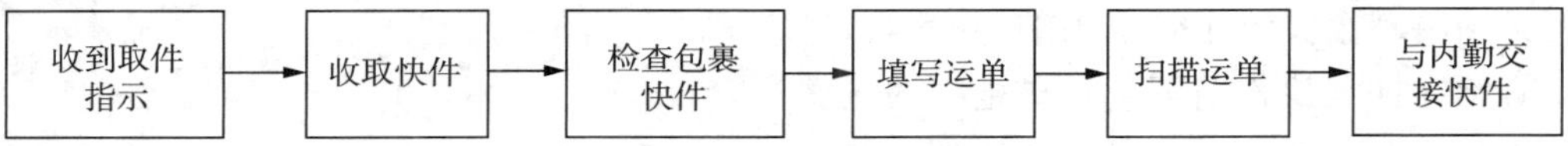

图 6-3-2　取件作业流程图

流程提要如下:

① 根据承运标准，进行快件的安全检查；

② 检查快件的包装，确认是否可以安全运输；

③ 完整填写并签署运单；

④ 正确包装并贴好标签；

⑤ 按规定收取费用；

⑥ 产生 PU 检查点或异常情况检查点；

⑦ 通知调度人员取件异常情况；

⑧ 通知调度人员取件任务完成。

(4)取件时的作业标准

① 快件的运单与发票，必须符合“完美快件”的填写要求，并以英文书写；

② 快件的包装与单证，必须满足可发送的要求；

③ 检查收件人的地址有效，并确认可以派送；

④ 运单的填写必须完整，适用情况下必须贴有安全检查及其他标签；

⑤ 需核对所有的发票、文件和特殊许可证；

⑥ 必须要求客户在运单和发票上签字；

⑦ 需将运单的客户留存联交给客户，将其他运输单证贴附在快件上；

⑧ 需将运费发票交给客户；

⑨ 必须产生 PU 检查点，并记录快件的详细资料；

⑩ 必须拒收所有的危险品。

说明：现金支付运费，从宾馆、旅店中发快件的客户，因是短期行为，都有潜在发送危险品的可能性，因此，对所有现金、宾馆和汽车旅店的快件，必须进行 100％的安全检查。

(5)取件时的操作要领

① 收取快件时，首先要判定：是文件还是包裹？包裹快件，需要检查发票、产地证明等清关必需的文件。文件快件，不需要清关，没有必要准备上述文件。

② 对于收件人地址的检查，不可能完全保证其有效并可以派送，只要保证这是一个完整的地址就可以了，比如城市、街道、门牌号码都要完整。

③ 对于现金客户的快件，必须进行安全检查，要判定这票快件是否属于危险品的范围。也就是说，必须当面包装；如果客户已经包装好，也必须打开检查，检查后才可以决定，是否接受这票快件。

④ 账号客户，因有长期业务关系，一般信誉较好，从取件效率角度考虑，可以把安全检查的工作留给内勤人员完成。

⑤ 检查完现金客户的快件后，要贴上标签，表示经过安检，还要收取现金。

⑥ 填写运单的工作，要在确定快件可以承运后进行，要扫描 PU 检查点，表示取件成功。

⑦ 在一个出车周期之后，派送员收取的所有快件，都要与内勤人员进行交换。

(6)取件后的操作标准

① 必须将现金交给主管或出纳，并签收；

② 必须在卸载快件前下载扫描枪中的数据；

③ 必须将所有不能上流水线的快件卸载到 NCY 区域；

④ 必须将可上流水线的箱装快件直接卸载到流水线上；

⑤ 必须保证快件贴有运单的一面朝上，并面向操作员；

⑥ 必须将封装包裹快件放到专用的筐/袋中，并放于流水线之上；

⑦ 必须保证，所有一票多件快件的件数齐全；

⑧ 必须保证，一票多件快件的每一件上都附有运单的复印件；

⑨ 必须卸载所有的快件，并分别放到文件与包裹的流水线上；

⑩ 必须将所有一票多件快件的所有货物放在一起。

4. 派送

(1)派送描述

派送是快件在快递网络中移动的最后环节。派送之后，收件人会签收，表示收到了完好的货物，这一票快件的服务到此为止，不再承担任何责任。这一环节的工作，是由派送员在路区中完成的。主要包括：向客户收取关税、运费等费用、把派送结果(无论是成功派送、还是发生异常情况)记录在扫描枪中，如果没有按时派送，要及时通知客户。回到作业部后，派送员要将收到的现金和派送路单，交给相关的内勤人员。派送作业流程如图 6-3-3 所示。

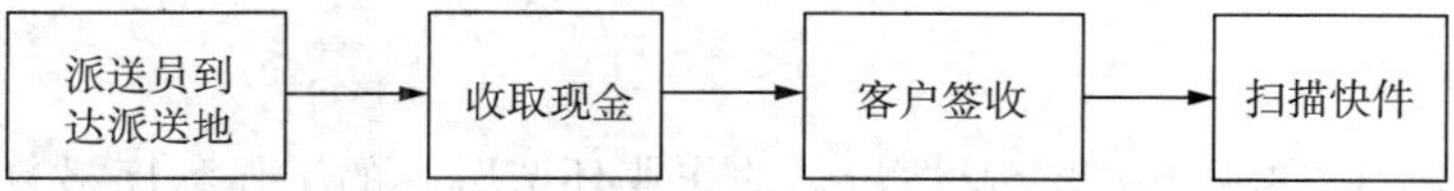

图 6-3-3　派送作业流程图

(2)派送提示

派送员到达派送地点后，先将快件交给收件人；收取款项的快件，要收到现金后，再交付快件。如果遇到客户拒绝付款，或其他异常情况，应妥善保管好快件，并在扫描枪中，做好相应记录。在交付快件后，要求客户在派送路单上签字。回到作业部后，将扫描枪中的数据上传到网络中。此外，所有应在上一派送时段派送的快件，在本派送时段，必须优先派送。派送员必须将派送路单交给数据录入人员。

(3)派送流程

派送流程提要如下：

① 收取费用；

② 记录派送信息；

③ 记录派送异常情况；

④ 转交现金及派送路单；

⑤ 将错过派送时段的快件通知客户；

⑥ 将无法派送件交给服务中心。

(4)作业标准

① 派送准备

a. 必须进行派送用品检查，包括派送清单、派送日志、签字笔、票据夹、各类发票、记账客户对账单、快件到达通知单、通信工具等。

b. 必须在交接单上签字，派送员和分拣员各执一份备查。

c. 必须将“紧急件、到付件”等在快件装车时区别放置。

② 路区派送

a. 必须让代收人以其本人的名义签字，或加盖单位公章；

b. 必须及时在分运单上标记签收日期和时间；

c. 必须及时在分运单上取得客户签字后，再将快件交付客户；

d. 收件人不在时，必须留下《快件到达通知单》，日后安排第二次派送。

③ 结果登记

a. 必须及时在清单上作出已成功派送标记；

b. 必须将留有客户签字的派送回执(POD)附在派送清单背面；

c. 必须在清单上记录派送失败的具体原因(客户拒收、收件人迁址等)；

d. 必须在派送日志中记录运费或税费的收取、各类发票或付款通知等的交付情况。

④ 内勤交接

a. 必须将"派送清单、派送失败件"带回作业中心；

b. 必须在内勤人员核对确认签字后，将上述物品转为"无法派送件"处理；

c. 必须将客户回执交内勤人员，录入客户查询系统；

d. 必须将收取的运费、关税等于当天上交财务部。

6.3.4 工作任务 口岸作业

1. 口岸作业

口岸作业是国际快递业务中"专业性最强的作业环节"，它的工作程序最复杂，对它的操作要求也最严格，这正是国际快递区别于国内快递的特殊性所在。

2. 海关基础知识

(1)快件的分类

根据海关总署的2003年发布的《中华人民共和国进出境快件监管办法》的规定，进口快件分为文件类、个人物品类和货物类等三类，其中货物类又分为以下三类：

① 货物1类是指我国海关法定免税货物(关税及增值税之和小于等于50元人民币)

② 货物2类是指符合海关规定的货样广告品类货物；

③ 货物3类是除其他两类货物外的货物。

(2)口岸作业(AOP)的支持系统

① ACA系统：用于清关状态查询。

② FSQ系统：进出口货物全球网络查询。

③ STM系统：进口扣关货物清关疑难查询。

④ ECE系统：进口预清关系统。

⑤ CIA系统：进口货物PPWK下载。

⑥ IAS系统：进口征税货物出具发票。

(3)ACA中常见状态的意思表达

① IRLS——查验放行

② CLR——EDI放行(自动)

③ RKJ3——KJ3货到后放行

④ CKJ3——KJ3货到前放行

⑤ INSP——海关查验

⑥ IHLD——查验扣关

⑦ FORM——高价值扣关(要求正式申报)

⑧ BHLD——代理抽单自报关

⑨ BRLS——客户货物自提

(4)错发货退出所检查点

① Checkpoint——分拣错误(MS)/代码错误(MC)

② Comment——退运航班号及总单号

(5)原货退出所检查点

① Checkpoint——退回发件地(RT)

② Comment——新运单号

(6)滞报金规定

进出境货物在超过正常申报期限(14 天)后申报(含 14 天),每日需缴纳完税价格的万分之五的滞报金。

(7)进口快件的完税

进口快件的完税价格,以到岸价格为审定基础,到岸价格(CIF)包括货物的价值、运费、保险费。

(8)KJ3 货样广告品类快件的报关

货样广告品类,是指国外发货人免费提供适量的作为货样和广告品、不需要支付外汇的快件。其优点是:手续简单,环节减少;增强竞争优势;通关速度明显提高;降低成本。

根据海关规定,KJ3(普通进口行邮税)货样广告品类快件的适用范围如下:

① 原则上其价值没有上限和下限,在实际操作中,要依据海关的规定办理。

② 贸易性质的样品,不需对外付汇,但仍需征税,无正本税单。

③ 不属于海关进口许可证管理的货物。

④ 不属于出入境检验检疫部门强制认证的货物(如食品、药品、含木质类,来自疫区的货物等)。

⑤ 收件人不需要正本税单。

3. 出入境检验检疫

(1)检验检疫管制的内容:① 商品的质量、规格、完整性,以及是否符合安全、卫生的要求;② 商品的装载容器、包装物以及来自疫区的运输工具。

(2)D 类报关方式的商检所需单证:报检单、报关单、发票、免表(美日韩三国进口货,不需提供非木质包装证明复印件或熏蒸证明正本)。

(3)国家检验检疫法规禁止出入境的货物:土壤;动物干体;动植物病原体(包括菌种、毒种);害虫及其他有害生物;动植物疫情流行的国家和地区的有关动植物;动植物产品及其他检疫物。

4. 进口清关

(1)常见的进口贸易方式

① 征税类:一般贸易,其他免费提供,外商投资,KJ3 征税,超过保修条款期限的修理物品;

② 免税类:来料加工、进料加工、辅料免税、出口退运、无代价抵偿、在保修条款期限内的修理物品和外商投资设备。

(2)进口清关程序

商检申报—商检检疫—海关申报—征税—放行—结关。

① 海关检查

海关检查是为确认“进出口货物的性质、原产地、货物状况、数量、价格等是否与货物申报单所填内容相符”,海关依法对货物进行的例行检查。

② 查验形式

a. 彻底检查，对货物逐件开箱检查；

b. 选择检查，对货物有选择地开箱查验核对；

c. 外形查验，对货物唛头进行核对，利用地磅和X光机进行查验。

进口货物查验后一旦被扣关，不得抽单交由代理报关，不得退运。

(3)进口清关单证要求

① 一般贸易

a. 国有企业提供合同，三资企业发票无付汇方式，也需提供合同。

b. 机电类产品，需提供电表。

c. 根据产品，提供重工证/特定商品证明/其他许可证。

d. 税单需双抬头的，要求提供代理协议和国税证明。

e. 发票上无赠送或样品字样。

② 样品、赠品

根据进口商品，提供相关的进口证明，无须合同。

③ 修理物品

提供出口报关单和修理协议。

④ 办公用品

提供办公用品关封，临时十位进出口编码和国税证明。

⑤ 进料加工

提供进(来)料加工手册，运单收货人和手册单位必须保持一致。

⑥ 辅料免税品

a. 辅料免税证明(如有加工单位，申报时必须填写；收货人与辅料免税证明必须一致)。

b. 申报品名必须为78种辅料，金额不超过5 000美元。

⑦ 私人物品

提供收件人护照复印件。

⑧ 投资设备

提供投资设备证明；需提供商检合同；收货人和以上证明必须一致(进口EDI数据和CIA Image数据，是进行进口预报关时国外始发地送到目的地的、必不可少的数据)。

(4)预清关的数据申报

分为三个步骤：数据准备—舱单发送；回收—报关单发送；回收。

(5)关税计算(例)

某快件为光盘，价值50美元；

成交方式为FOB，商品编号：85243920；

关税税率为0；增值税税率为17%，计算结果如下：

完税价格＝50×8.227.1.15/0.997＝477

关税＝477×0＝0

增值税＝(477＋0)×17%＝81.09

总的关税＝关税＋增值税＝0＋81.09×1.05＝85(取整数，1.05包括5%手续费)

(6)关税和其他费用

① 总关税：关税、增值税、消费税、反倾销税等。

② 其他费用：手续费、滞报金、商检费、海关监管费等。

(7)海关对监管库的管理

监管库是指经海关批准、设在国际机场品岸的、存放海关监管货物的仓储区。

① 监管库必须严格划分区域，进出口仓储区必须严格隔离，并划定堆放的库位号；

② 经营监管库业务的企业，应当经海关注册，按照海关的规定办理收存、交付手续；

③ 在海关监管区域外，存放海关监管的货物，应当经海关同意，并接受海关监管；

④ 监管库内的监管货物，未经海关同意，任何人不得开拆、提取、交付、发运、调换、改装、抵押、转让，或更换标志、移作他用，或者进行其他处理；

⑤ 监管仓库内的监管货物，不得超过规定期限(一般为三个月)；

⑥ 逾期货物管理：要求特别堆放，存入海关指定仓库，每月清理上报海关；

⑦ 监管库须设有特别区域，用于存放商检监控货物。

违反海关监管的规定，或者在保管海关货物期间，造成海关监管货物损毁或灭失的(不可抗拒力除外)，企业经营者须承担纳税义务和法律责任。

5. 出口报关

(1)报关流程

接单—制单—客户联络—审单(商检)—打单—电脑审单(打通关)—现场报关—查验—放行—核销。

(2)出口三免

免税、免证、免检疫。

(3)三免件流程

接收数据—翻译数据—打制总运单—打制报关单—现场报关—查验—放行—核销。

(4)制单要项

① 录入单证信息；

② 审核单证，是否齐备；

③ 根据客户提供的原始资料，填写报关单证；

④ 如有疑问，及时联络；

⑤ 单证无误后，交报关员打制报关单。

(5)根据客户提供的原始资料填写报关单证

报关单填写内容：

总运单号、分运单号、经营单位名称、备案号贸易方式、结汇方式、指运国、运抵国、核销号、件数、毛重、净重、商品编号、商品名称、数量、单位及总价(如有单证不详或需要查验，要及时通知客户货物不能准时出运的原因)。

(6)出口报关一般所需的单证

报关单、发票、报关委托书、核销单、装箱单。

(7)其他单证

手册、合同、出口许可证、中外双方协议、出口商品检验检疫通关单、正本进口报关单、正本保证金收据。

(8)出口报关要求及规定

① 出境的快件，应当在运输工具离境前两2小时内，办理报关手续；

② 快件的保管和查验，应在运营人所在地海关办公时间和专门监管场所内进行。

(9)出口检验检疫的分类

① 出口商品的检验；

② 出境动植物检疫；

③ 卫生检疫。

(10)出口商检流程

接单—制单—审单—换证凭单(换证凭条)—预录入—接受回执—现场审单—付检疫费—打印通关单。

(11)出口报关单退单流程

将内部件在系统中登记—打印运单—在交接表单上登记相关信息—内部件的流转—在FSQ中查询内部件信息。

关于出口报关单退单的说明：

① 将所要派送的内部单证，在Easy-Ship(客户便捷发件系统)中登记，内容包括：发件人/收件人信息、所及货物的名称及单证编号。

② 完成登记后按打印键，Easy-Ship自动打印四联运单，将其中两联随内部件寄出，其余两联归档，并于两天内，在FSQ中进行跟踪，确保内部件安全送达。

③ 内部件的运单号码，由Easy-ship随机产生。正常单证退单流程实践为9个工作日。

(12)核销中的常见问题

无舱单数据、数据未备案、舱单数据有误、不正常到货、数据超时。

6. 民航交接

(1)民航交接的作用

在进出口作业流程中，民航交接是整个物流中的最重要的环节之一，它将当地快件公司与外地分公司、口岸公司的进出口作业连接在一起，成为整个网络操作的关键一环。

(2)订舱

① 它是航空运输操作中的第一环节；

② 订舱工作是代理人向航空公司预定装载货物所需要空间的过程；

③ 通常在航班起飞前24小时或者更早时进行；

④ 需向航空公司说明日期、目的地、航班号、货物性质及体积。

(3)订舱的重要性

① 通知航空公司，有货出运，便于操作准备；

② 确保货物出运时有足够的容纳空间；

③ 确保特殊货物(超大、超长、需要温控、贵重品、危险品等)的安全和顺利出运。

(4)参与订舱的部门

① 口岸作业部：收集舱位需求信息，提供舱位需求预报；

② 口岸转运部：处理舱位需求(转换成订舱数据)，向航空公司预定舱位；

③ 各分公司(服务网点)：提供特殊货物信息(超大、超长、超重件等)。

(5)运费种类

① 航空运费：货物计费重量×相应运价＝费用(以元为单位，元以下四舍五入)；

② 声明价值附加费：托运人向承运人特别声明的、其托运货物在目的地交付实际价值、面向托运人收取的费用；

③ 地面运费：地面运输工具在机场范围以外运送货物而收取的费用；

④ 其他费用：印花税、燃油附加费等。

(6)民航交接的进口操作流程

① 民航交接员持网络组预报(航班号、总运单、板箱号),将交接航班信息传真至机场货站;

② 民航交接员协同其他人员,现场核对货物、清点数量、查验板箱号是否相符,到抽单处查询是否有总单及舱单记录;

③ 将快件提回快件中心,与地面作业人员交接;

④ 查询正本运单的海关监管章,是否回盖完毕,若完毕则抽出;

⑤ 将接货信息反馈给口岸作业部网络组;

⑥ 每日所有航班交接完毕后,将所有正本运单放入指定地点,由次日上班人员登记后借给理单组。

(7)民航交接的出口操作流程

① 民航交接员整理好出口交接所需要单证(运单、交接单、清单、安检单、报关单复印件);

② 协助地面代理,将出口集装袋装车;

③ 到货站交货,记录实称重量,相符后将出口单证交给配载员,并在交接单上签字;

④ 航班起飞前 30 分钟打电话到配载处,查询航班出运情况,若有不正常情况,立即向主管汇报;

⑤ 将出口交接单交给口岸作业部网络组。

6.3.5　工作任务　进出口操作

1. 外勤作业

外勤人员主要从事派送和取件工作,为客户提供优质、快捷的门到门服务。

(1)进口作业(派送)

① 作业要点

a. 特别服务件,应优先派送;

b. 严格按照运单填写的信息进行派送,不得随意改变派送地址;

c. 派送原则是:先集中后分散,先近后远,先易后难,先重后轻,超重最后;

d. 遇有收费信息的快件,原则上收费后方可将快件交给收件人,不得先放货后收费。

② 作业标准

a. 整理各自路区的快件,按最佳派送路线进行排序。

b. 对一票多件的缺件货物、文件要派送,包裹按退件处理。

c. 快件送达后,必须跟进相应的检查点,以符合网络全程跟踪的作业标准。

d. 发现货物有损坏,要向主管汇报,及时申报备案;外包装有破损的,要进行再包装。

e. 要完全了解当天的关税件和到付件,并对单件、货物和数据进行核实,以免漏收账款。

f. 对错分快件,应听从主管安排,尽早安排派送;确实无法安排的,可交由内勤安排 UNDEL(无法成功派送的快件)作业。

③ 未成功派送件的操作

a. 收件人姓名、地址不详的快件,应尽快找出派送线索,争取当天派送成功;

b. 上门无人收取的派送件,必须完整填写留言卡,并确保客户能看到;

c. 再次安排派送后,如仍然无法派送,则转为 UNDEL 件,做升级查询;

d. 按照 SMMS 的规定,用扫描枪正确记录原因;

e. 填写派送延误单,写明原因,尽量提供查询信息;

f. 派送延误单须贴在快件正面，并经主管签字确认；

g. 填好退件交接单后，方可退回(转为)UNDEL 件，同时做好快件安全交接。

快件在移动过程中，每个环节都有对应的检查点，网络内使用统一的标准代码，来解释快件的动态，以提高快件的透明度，这是全程网络跟踪查询的需要。

(2)出口作业(取件)

① 作业标准

a. 取件时，应得到发件人的确认和签字；

b. 取件时，应对客户的产品的选择进行核对；

c. 取件时，应对快件的安全性进行初步核查；

d. 取件时，应完成相应的网络检查点；

e. 完成取件的同时，应完成部分“完美操作”。

② 作业要点

a. 应携带必备的作业工具，确保取件工作的顺利完成；

b. 完成取件数据扫描时，应确保数据的真实性和准确性；

c. 账号或付款方式确认，应在第一时间完成，以免引起服务争议；

d. 应指导协助客户，完成各类单证的填写工作，但不可代理客户填写；

e. 因故取件任务中止时，要做好说明记录工作，同时向客户提供服务信息，争取下次合作的机会。

③ 注意事项

a. 快件的地面操作，应尽可能与网络的转运要求相匹配；

b. 派送或取件中的清单和路单，须按作业标准整理存档，以备复查；

c. 派送或取件所设计的各类款项，须按财务制度进行交纳工作；

d. 进出口快件的数据，应做好初步核查工作，并完成传输数据的工作；

e. 派送或取件中的单证交接，必须符合网络和作业标准，安全并且一一对应。

2. 内勤作业

内勤人员主要从事分拣、录入、数据传输、转运交接等工作，为外勤人员提供内部服务。

(1)进口作业

① 作业标准

a. 通过内部系统，完成数据传输、监控、对比，确保客户利益；

b. 进口派送件到达作业中心后，必须完成 AR(货物必须到达)检查点；

c. 完成进出口快件的数据检查点，按网络的要求抓取和传输快件信息；

d. 将进出口快件按相应路区，进行正确分拣，配合外勤人员的派送工作；

e. 完整掌握和记录当日进口航班信息，核对口岸与作业中心的当日交接信息；

f. 每天对 UNDEL 库进行交接盘点，完成每票 UNDEL 件的检查点。

② 作业要点

a. UNDEL 件的检查点记录，必须按照网络的要求注明原因；

b. UNDEL 件交接时，应核对所有相关信息是否已完成转达；

c. 对有特殊服务要求的快件，应安排专人交接(相关主管)，确保提前完成派送；

d. 对特殊件(超大、超长、超重、危险品等)，应协助外勤做好派送准备，以便顺利完任务。

(2)出口作业

① 作业标准

a. 须对快件进行 MPS 检查；

b. 须将每票出口快件的运单信息，详尽准确地录入 SCL(快件控制信息库)系统中；

c. 须对包裹运单及形式发票的信息，做 CIA 扫描(货物数据下载)；

d. 完成数据录入和传输的同时，对快件进行出口分拣，依照目的地 3 字代码进行操作；

e. 在规定时间内，须将当日出口航班的信息预报等，准确无误地发送至口岸作业部。

② 作业要点

a. 须严格按照网络安全条例操作，充分保证快件作业的安全；

b. 对高价值的特殊快件，须进行特殊交接，严格执行快件保管制度；

c. 对重要产品的信息(投保件、报关件)，录入须准确完整，必要时还须登记备案；

d. 对有特殊要求的快件，须联系相关部门，及时完成快件检测或订舱工作，以确保客户利益；

e. 对送件上门的客户，须核对客户证件、检查快件、确认价值及账号、填写运单、核对报关单位等。

3. 疑难件操作

(1)作业标准

① 应依据无法派送的具体原因，制定有效处理方案；

② 首先从客户电话入手，寻找和查明成功派送的线索；

③ 再次派送时，应提供明确的派送信息，保证第二次派送成功；

④ UNDEL 快件的任何处理结果，都必须记录和注明，以便查询和跟踪；

⑤ 所有处理完毕的 UNDEL 快件上，必须注明正确的中心代码，准确分派；

⑥ 对有收费疑问的 UNDEL 快件，应充分考虑客户利益，尽快完成快件处理；

⑦ 3 个月后仍无法派送的 UNDEL 快件，应按网络标准进行销毁。

(2)作业要点

① 特殊情况须使用专用标贴，并且要有落款；

② UNDEL 件的处理必须准确及时，快件须与数据同步操作；

③ 派送延误单上，要填写地址不详的具体原因，切忌信息笼统、不正确。

④ 对上门提货的客户，必须提供相关证明(身份证、工作证、单位介绍信等)；

⑤ 内勤人员不得在快件上直接书写改送的地址、分区错误、地址不详等内容和字样；

⑥ 无论是做了留言卡还是等待客户来取，都须做好检查点记录，货物交作业中心前台保管；

⑦ 所有改送件，须以客服部的通知为准，内勤人员无权自行决定通知派送员更改派送地址。

6.3.6 任务处理

任务处理如表 6-3-1 所列。

表 6-3-1 任务安排

任务内容	国际快递进出口作业流程及规范要求
任务目标	理解国际快递各环节的作业标准
任务安排	针对 DHL 公司标准化建设进行讨论
活动考核	1. 在班级组织一次以小组为单位的见习活动，对 DHL 南昌公司作调研； 2. 教师根据学生在交流与讨论中的表现给予评分

6.3.7 任务评估

表 6-3-2 任务评估

<table>
<tr><td>交流 1</td><td colspan="4">记录各小组陈述</td></tr>
<tr><td colspan="5">交流人：
交流内容：</td></tr>
<tr><td colspan="5">评估 2 指导教师的分析及综合意见记录</td></tr>
<tr><td colspan="2">基本概念</td><td>技能掌握</td><td>语言描述</td><td>综合得分</td></tr>
</table>

基本训练

一、单项选择题

1. 下面哪项不是航空快递的特点(　　)?

A. 速度快　B. 价格便宜　C. 更安全　D. 更方便

2. 下面哪项不是快递的递送方式(　　)?

A. 自提　B. 门到门　C. 门到机场　D. 专人派送

3. 下面哪项不是民营快递公司(　　)?

A. 申通　B. 圆通　C. 韵达　D. 民航快递

4. 英文词组 value-added service 的意思是(　　)?

A. 价格上涨　B. 服务优先　C. 增值服务　D. 加价原则

5. 下面哪项是成都的城市代码(　　)?

A. CSX　B. CTU　C. CKG　D. CGQ

二、多项选择题

1. 下面哪项是国际快递企业(　　)?

A. DHL　B. UPS　C. CAE　D. TNT

2. 下面哪项是快递的递送方式(　　)?

自提　B. 门到门　C. 门到机场　D. 专人派送

3. 下面哪项是民营快递公司(　　)?

A. 申通　B. 圆通　C. 韵达　D. 民航快递

4. 下面哪项是国内快递(　　)?

A. 全国快递　B. 区域快递　C. 同城快递　D. 国际快递

5. 下面哪项是国营快递公司(　　)?

A. 邮政速递　B. 民航快递　C. 申通　D. 中铁快运

三、简答题

1. 快递产生的背景。
2. 快递的特点。
3. 国内快递业滞后的原因。

情境 7　冷链物流

学习目标

知识目标：通过本情境的学习，学生能了解冷链物流基础知识及冷链物流发展的过程和趋势；了解国家对冷链物流发展的最新政策；理解冷链物流中心的作用、选址和建设，掌握冷链物流中心的运营流程；掌握冷链物流运输的相关知识；掌握冷链物流仓储的相关知识。

技术目标：掌握冷链物流运输车辆选择的标准，能对冷链物流运输做合理化配载；了解食品腐烂变质的原因，掌握食品冷冻冷藏及保鲜的相关技术。

能力目标：通过对冷链物流的了解，学生能提高对冷链物流行业发展的认识，培养吃苦耐劳的精神，树立高度的责任意识。

任务 7.1　冷链物流基础知识

7.1.1　任务导入

冷冻链和物流管理成功案例分析

和路雪（中国）有限公司（以下简称“和路雪公司”）拥有可爱多、梦龙、百乐宝、蔓登琳等著名品牌，深受消费者喜爱。和路雪公司的宗旨是不断创新，为中国消费者带来全新的冰淇淋体验，成为主导中国冰淇淋市场的领导品牌。

和路雪公司自 1994 年成立以来，其创新的产品和市场策略，使“和路雪”这一著名品牌在中国取得长足发展，2000 年 9 月的市场调查资料显示：和路雪在北京、上海、广州、深圳、武汉等城市的知名度超过 90%，市场占有率雄踞榜首。

和路雪会取得这么大的成功，与其在生产管理和物流渠道等方面下足工夫是分不开的。下面主要选择冷冻链和物流管理这两方面加以介绍：

1. 冷冻链

冷冻链没有强制执行的标准，但因为和路雪公司的产品用料和花色对温度非常敏感，温差会影响产品质量，所以一定要有一套完善的冷冻流程去控制。

和路雪公司采用联合利华公司的全球标准，对冷冻链有明确规定：

一级冷冻链（厂家到分销商）的温度要保持在零下 20 摄氏度以下；

二级冷冻链（分销商到批发站和大卖场）要求温度保持在零下 18 摄氏度以下；

三级冷冻链（批发站到终端网点）的温度则要保持在零下 15 摄氏度以下。

现举例如下：

一级冷冻链：冷库－28℃→冷库出货区－10℃→一级运输车辆－22℃→批发商冷库－20℃；

二级冷冻链：分销商－20℃→二级运输车辆－20℃→批发商－18℃；

三级冷冻链：批发商－18℃→直销车－18℃→超市－16℃和零售冰柜－16℃。

2. **物流管理**

和路雪公司目前有分销和直营两种销售模式。与其他同行企业将物流外包给多家服务商的做法不一样，和路雪公司在整个北方地区的物流外包是交给北京华日飞天物流有限公司独家运营。这样，这家公司对和路雪公司的企业的忠诚度就非常高，对和路雪产品及变化规律也越来越熟悉。同时他们也会严格按照和路雪公司的要求操作，按照和路雪公司的思路去改变他们自己的组织结构和管理方式。

严格的流程化管理，是和路雪公司对物流服务商提出的一项新要求。目前，和路雪公司对操作规范的要求越来越细化了，甚至规定到每一个步骤。比如：汽车进厂区后的限速，停车的步骤和具体位置，多少分钟内装完车，甚至于对司机的穿着也有规定。

和路雪公司每年的销售旺季从1月份到9月份，通常从1月份就开始铺设网点、建库存。和路雪公司在冷饮市场多年巩固下来的地位，使其终端网点的数量比较固定。在一年的销售旺季结束时，公司的物流部门就开始制订下一年的物流计划，并下发给合作的物流企业。

一般物流计划都是以公司次年的生产和销售预测为基础的，而预测主要是依据上一年的销售情况和市场部的新产品计划。尽管和路雪公司方面称其产品销售具有一定的规律性，在没有新产品冲击的情况下月销量基本固定，浮动也会在公司的控制范围内，但冷饮消费具有明显的季节性和随机性，预测有时也会失灵。比如在旺季销售期间，某一天，分销商突然集中订货，一开始公司没想到会卖得这么好，于是某款产品断货了。

在这种情况出现后，和路雪公司通常的做法是首先稳定客户，同时制订紧急方案，加快生产，采取临时调用更多车辆增加运力、分区配货等一系列做法。这时更需要物流企业的紧密配合。所以可以说，生产企业与物流企业协调与否，对于企业的市场应急至关重要。

据了解，在物流环节，和路雪公司目前在中国市场上是唯一一家采用铲板式运作的企业。这是一种国际化标准的铲板式包装，能使单个冷藏车的满载量减少2/3，成本相应高出20%左右。但是，和路雪公司的优势是能够保证质量，产品破损少，并且装卸快，明显提高了配送效率。这体现了物流制胜不光指成本优势，还包括物流的及时性，和路雪公司非常看重及时有效。在这方面，和路雪公司花掉的物流成本比别的公司多得多，当然这也成了和路雪公司的一个竞争优势。

2007年第一季度的市场报告显示，这家在中国冷饮市场占据龙头地位的公司的增长幅度持续高于整个冰淇淋行业的平均水平。在过去的一年，和路雪公司的销售额增幅达到了两位数，其母公司联合利华2006年在华总销售额70多亿元中，它占到12%左右。人们可以相信，在和路雪公司的持续、有效的管理下，和路雪品牌的明天会更美好！

问题：

① 和路雪公司在中国北方的物流外包模式是怎样的？这种做法的利弊是什么？

② 和路雪公司的物流计划是如何制订的，在预测失灵时的应急措施是什么？

③ 和路雪公司采用铲板式运作的特点是什么？这种运作方式的优缺点是什么？

7.1.2 工作任务 冷链物流及市场分析

冷链物流泛指冷藏冷冻类食品在生产、储藏、运输、销售到消费前的各个环节中始终处于规定的低温环境下，以保证食品质量、减少食品损耗的一项系统工程。它是随着科学技术的进步、制冷技术的发展而建立起来的，是以冷冻工艺学为基础、以制冷技术为手段的低温物流过程。冷链物流一般遵循3T原则，即产品最终质量取决于在冷链中贮藏和流通的时间(Time)、温度

(Temperature)和产品耐藏性(Tolerance)。冷链物流的适用范围包括初级农产品，例如蔬菜、水果、肉、禽、蛋，水产品、花卉产品；加工食品，例如速冻食品、禽、肉、水产等包装熟食、冰淇淋和奶制品、巧克力、快餐原料；特殊商品，例如药品。由于食品冷链是以保证易腐食品品质为目的、以保持低温环境为核心要求的供应链系统，所以它比一般常温物流系统的要求更高、更复杂，建设投资也要大很多，是一个庞大的系统工程。由于易腐食品的时效性要求冷链各环节具有更高的组织协调性，所以，食品冷链的运作始终是和能耗成本相关联的，有效控制运作成本与食品冷链的发展密切相关。我们分别从以下五个冷链物流市场来分析。

1. 冷饮物流市场分析

中国冷饮物流市场的消费总量从1990年的55万吨增长到2002年的147万吨。消费的季节性差异逐步消失，目前国内人均消费量已达到1.1千克，但与世界平均水平和发达国家相比，差距很大，市场潜力也很大。上海市食品研究所公布的资料显示，2005年全国冷饮产量达200万吨，2010年达到260万吨，人均消费量可达2千克/年；预计到2015年产量将达到310万吨，人均消费量可达到2.4千克/年。随着人们冷饮消费习惯的改变、人均收入的增加、消费群体的不断扩大以及中国城市化的发展，一个时期内，冷饮的生产销售仍将呈上升趋势。中国冷饮物流生产企业主要集中在经济较为发达的华东、华北和中南三大地区，广东、北京、上海、东北是目前产销量最集中的四大地区。2002年，冷饮行业销售量超亿元的大型企业只有9家，中型企业也不过18家，其中内蒙古伊利集团的产品全国产销量超过10万吨，实现销售额近9亿元，为全行业第一；伊利、蒙牛等品牌在主流市场的占有率超过80%，已初步形成寡头垄断的局面。虽然国内冷饮产销稳步上升，但是由于市场竞争十分激烈，冷饮生产进入微利时代。统计资料显示，食品工业年平均销售利润率最低的就是冷冻饮品行业，目前行业整体处于亏损状态。

2. 肉制品市场分析

国内市场的肉类消费将由2001年的6 373万吨增长到2010年的10 000万吨左右，继续保持稳步上升趋势。国内市场的肉制品消费将由目前的250万吨增长到2010年的1 300万吨左右，未来增长空间巨大。中国肉制品加工业已经经历市场启动阶段，目前正值成长期。此阶段的特点是消费群体迅速壮大，产量与销售额持续增长，而我国的肉类制品人均占有量远低于发达国家。在未来10年内，肉类加工业将进入一个新的高速发展时期。肉类食品的消费除在城市仍有扩展的余地外，在农村有着更大的增长潜力。随着中国农村城市化进程的加快和农民收入水平的提高，肉类食品消费数量会在较长时期内持续增长。到2010年，国内肉制品人均年消费量将达10千克，肉制品占肉类总产量的比重将上升到13%左右，但也只达到目前发达国家肉类转化率1/3的水平。肉制品的加工利润率为2.93%，经济效益比较好。2002年，肉制品企业中，销售收入超过50亿元的有两家，分别是河南双汇实业集团公司和山东金锣企业集团总公司。超过20亿元的有两家，分别是山东大龙实业公司和山东华盛集团总公司。超过10亿元的有四家，有近1/2的产品销售收入集中在大型企业。山东、河南两省丰富的原料资源和独特的区位优势，使其成为国内肉类加工业的集中地。2002年山东省肉类加工企业达162家，占全行业总数量的16%，其次是河南省有139家。2002年山东省占全国总销售额的40%，达263.64亿元，位居第一；河南省约占20%，为126.96亿元。两省合计超过全行业的60%，行业集中度比较高。

3. 速冻食品市场分析

速冻食品是企业利用现代速冻技术，在零下25摄氏度将食品迅速冻结，然后在零下18摄氏度或更低温条件下贮藏并远距离的运输、长期保存的一种新兴食品，常见的有速冻水饺、速冻汤圆、速冻馒头等。从1995年起，中国速冻食品的年产量每年以20%的幅度递增，年产量接近1

000 万吨。据不完全统计，近年来，中国现有各类速冻食品生产厂家近 2 000 家，年销售额达 100 亿元。自 1999 年起的连续 3 年，全国连锁超市中销售的食品日用品中，速冻食品销售额均名列第一。速冻食品品牌中，三全、思念占据重要位置，并均以超过 10% 的市场占有率雄踞第一集团。三全更以 5 亿元的年销售额成为全国速冻食品市场的龙头企业。第二集团品类众多，但每一种所占市场份额均十分有限。速冻食品对贮藏运输的要求十分严格，必须保证在零下 18 摄氏度以下。目前，专业化、社会化并能不断适应市场变化的速冻食品冷链配送体系尚未形成。

4. 乳制品市场分析

自 1990 年以来，中国以牛奶为主的乳制品进入快速发展期。1990—2000 年，我国牛奶的平均增长率为 12.1%，位居世界第一；2003 年产量达到 1625 万吨，人均占有量达到 10.4 千克。一般情况下，生产的鲜奶都需要运至乳品厂进行加工，属于鲜度要求严格的商品，天天都要配送。如果运输不当，会导致鲜奶变质，造成重大损失。为保证质量，鲜奶运输有特殊的要求：为防止鲜奶在运输中温度升高，尤其是在夏季，输运一般选择在早晚或夜间进行；运输工具一般都是专用的奶罐车；为缩短运输时间，严禁中途停留；运输容器要严格消毒，避免在运输过程中污染，容器内必须装满盖严，以防止在运输过程中因震动而升温或溅出。正因为如此，为了保证质量，专业奶类企业大都是希望自己运输，外包物流的意愿不是很高；即使外包，也大多是部分区域短途配送和路线运输外包，而且对技术和质量的要求比较高。

5. 农产品市场分析

据有关媒体报道，全国每年仅运输途中腐烂变质的水果、蔬菜等食品价值约为 700 亿元，造成了巨大的经济浪费。这一损失正是由于采用不恰当的运输方式所造成的，如果在农产品运输过程中引入一站式冷链物流服务，就能最大限度地减少果蔬运输过程中的损耗，因此农产品冷链物流增长空间巨大，未来五年内社会投资将新增 2 000 亿元。到 2015 年，我国将初步建成农产品冷链物流网络服务体系，使果蔬、肉类、水产品冷链流通率分别达到 20%、30%、36%以上，流通环节产品腐损率分别降至 15%、8%、10%以下。目前，我国果蔬、肉类、水产品进入冷链系统的比重只有 5%、15%、23%，而在欧美和日本等发达国家，农产品进入冷链系统在 95%以上。

农产品冷链物流需掌握三大特点：

(1)建设投资大，系统庞大复杂

由于食品冷链是以保证易腐食品品质为目的、以保持低温环境为核心要求的供应链系统，比一般常温物流系统的要求更高、更复杂，建设投资也要大很多，是一个庞大的系统工程。

(2)时效性

要求各环节具有更高的组织协调性。易腐食品的时效性，要求冷链体系中的各个环节具有更高的组织协调性，所以食品冷链的运作始终是和能耗成本相关联的，有效控制运作成本与食品冷链的发展密切相关。

(3)高成本性

为了确保生鲜果蔬等在流通各环节中始终处于规定的低温条件下，必须安装温控设备，使用冷藏车或低温仓库，采用先进的信息系统等。农产品冷链物流的成本要比其他物流系统成本偏高。

6. 农产品冷链物流

农产品冷链物流泛指水果、蔬菜、肉类等物品在生产、储藏运输、销售，到消费前的各个环节中始终处于规定的低温环境下，以保证物品质量和性能的一项系统工程。它由冷冻加工、冷冻储藏、冷藏运输及配送、冷冻销售四个方面构成。冷链物流需要综合考虑生产、运输、销售、经济和技术性等各个要素,并协调好各要素间的关系,以确保易腐、生鲜食品在加工、运输和销售过程中保值增值。冷链所适用的食品范围包括蔬菜、肉类、水产品、奶制品和速冻食品等。

7.1.3 工作任务 中国冷链物流的发展现状与冷链政策

中国食品工业协会的资料显示,中国由于冷链的问题造成每年约有1 200万吨水果和1.3亿吨蔬菜的浪费,总值在100亿美元。由此可见,企业不按照国家有关食品冷藏冷冻的规范来操作必须采用冷链物流的食品是一个不争的事实,据非正式的统计,约有80%左右的水果、蔬菜、肉类和水产以传统的车厢(常温和保温车)进行运输。造成这一现象的主要原因有:服务的质量、运输的质量、缺乏可靠的物流服务商(特别是大型区域和全国范围的物流服务提供商)、高费用以及运输和储存等基础设施的不足

中国的冷链物流发展现状如下:

1. 使用价格相对较高的冷链物流对企业是否有好处

这是一个利益的问题,并牵涉到整个价值链上的各方。如果一些供应商想使用正规的车,但是零售商或消费者并没有因此而给予额外的照顾(没有在零售上得到好处),而是与其他的供应商同等对待(如在收货时所执行的标准不同,无法严格执行,从而打击了好的品牌)。由于并没有因为某个供应商提供较好的冷链物流而给予额外的照顾,这样就间接地鼓励了供应商使用非标准的车。而真正能采用冷链物流的供应商则只是少数,这是一个利益的问题,而不是一个物流的问题。最大的阻力在于一些供应商也想使用正规的车,而零售商并没有给予额外的照顾。全国只有上海的一些零售商严格要求使用冷藏车,这在整个中国是对运输要求最高的地区。

2. 政府对有关冷链物流规则的执行力度不大

虽然有相关的法规,但政府更多地关注除冷链物流以外的地方(如产品的产地、卫生问题等),而没有更多地对冷链物流的质量提出要求,故目前那些使用全程冷链物流的企业则是为了树立自己的品牌,而自定标准来运作冷链物流,其中的代表是麦当劳、光明乳业等品牌企业。这些企业沿用国际的认证体系,对全程的冷链物流进行管理。

3. 第三方冷链物流企业的规模不大

提供第三方冷链物流的正规的物流公司规模大的不多,更多的是“游击队”围攻正规部队,一些第三方物流以价格来竞争,无利润来进行投资和扩大规模。在“量”就是王的物流运作中,如果没有足够的量,价格会因物流的高成本而居高不下,便会制止更多的潜在客户使用正规的服务。光明乳业公司所属的领鲜物流公司和夏晖物流公司是分别依托光明和麦当劳两个企业的配送来发展第三方物流,可见如果没有大的客户是较难发展的。

物流企业本身的管理水平提高也是亟待研究的问题,如何能进一步做好为企业的服务也是一个需要研究的问题,因为这毕竟是一个年轻的行业。第三方物流本身也要减低成本和扩大规模,尽快使其成为一个良性循环。同时这也需要有一个较长期的合作过程。因此政府有关部门需要强化食品的供应链规则的执行和监督,引导企业向正规的冷链物流发展,而不能完全靠公司为了品牌而自律。同时第三方物流也需要积极开展工作,大力培养人才来发展和壮大自己。有些企业虽然投入较大,基础设施也非常先进,但是在管理等方面没有达到一定的水平。在这方面,夏晖物流公司做得比较突出,如通过第四方物流,来管理和优化社会上的资源,坚持不懈地按照流程来加强管理并整合社会资源。公司不断地加强管理,使一个建立只有9年的库取得了长足的发展。公司的管理有方,体现在设备的管理和维护等方面,例如,公司的车辆等级并不高,但其领先的管理手段、路线的优化、人员素质的提高、全球质量认证体系的通过等,均在全行业中领

先。因此，建冷库已经不是技术问题，同时，购买冷藏车的企业也可以投资。现在双方的诚信还没有建立起来，不利于长期的合作，而更多的是短期行为。缺乏长期的战略合作也是制约冷链物流行业发展的一个因素。

4. **企业缺乏整体成本管理的理念**

目前，一些企业没有使用整体成本的概念，而比较注重单价成本，没有考虑如何通过使用合格和优质的物流服务来减少货物的损失等。这也是目前中国物流发展过程中较为严重的问题。

根据国务院《物流业调整和振兴规划》的要求，国家发展和改革委员会在 2010 年 7 月印发了《农产品冷链物流发展规划》(以下简称《冷链物流规划》)。《冷链物流规划》在分析我国当前农产品冷链物流发展现状和问题的基础上，提出了到 2015 年我国农产品冷链物流发展的目标、主要任务、重点工程及保障措施等。

《冷链物流规划》提出，到 2015 年，建成一批运转高效、规模化、现代化的跨区域冷链物流配送中心，培育一批具有较强资源整合能力和国际竞争力的核心企业，冷链物流核心技术将得到广泛推广，并初步建成布局合理、设施装备先进、上下游衔接配套、功能完善、运行管理规范、技术标准体系健全的农产品冷链物流服务体系。《冷链物流规划》提出，要进一步提高肉类和水产品冷链物流水平，增强食品安全的保障能力；要求到 2015 年我国果蔬、肉类、水产品冷链流通率分别达到 20%、30%、36%以上，冷藏运输率分别提高到 30%、50%、65%左右，流通环节产品腐损率分别降至 15%、8%、10%以下。

《冷链物流规划》明确了农产品冷链物流发展的七项主要任务：一是推广现代冷链物流理念与技术；二是完善冷链物流标准体系；三是建立主要品种和重点地区农产品冷链物流体系；四是加快培育第三方冷链物流企业；五是加强冷链物流基础设施建设；六是加快冷链物流装备与技术升级；七是推动冷链物流信息化。

为实现上述目标和任务，《冷链物流规划》提出要实施八大重点工程：一是冷库建设工程；二是低温配送处理中心建设工程；三是冷链运输车辆及制冷设备工程；四是冷链物流企业培育工程；五是冷链物流全程监控与追溯系统工程；六是肉类和水产品冷链物流工程；七是果蔬冷链物流工程；八是冷链物流监管与查验体系工程。《冷链物流规划》还要求，中央和地方政府要加强协调、完善政策、整合资源、增加投入、鼓励创新、培养人才、加强法律法规建设，支持农产品冷链物流的健康发展。

7.1.4 任务处理

任务处理如表 7-1-1 所列。

表 7-1-1 任务安排

任务内容	观看冷链物流视频
任务目标	了解国内外冷链物流发展状况；加深学生对中外冷链物流企业的认知
任务安排	下载冷链物流的相关视频，播放冷库的实际操作以及各企业对冷链物流规划出台后的解读，时间为 20 分钟
活动考核	1. 在班级组织一次以小组为单位的讨论——冷链物流的发展前景如何，如果我们以后从事该行业的工作应该具备哪些基本素质 2. 教师根据学生在交流与讨论中的表现给予评分

7.1.5　任务评估

表 7-1-2　任务评估

<table>
<tr><td>交流 1</td><td colspan="3">记录各小组陈述</td></tr>
<tr><td colspan="4">交流人：
交流内容：</td></tr>
<tr><td colspan="4">评估 2　指导教师的分析及综合意见记录</td></tr>
<tr><td>基本概念</td><td>技能掌握</td><td>语言描述</td><td>综合得分</td></tr>
<tr><td></td><td></td><td></td><td></td></tr>
</table>

任务 7.2　冷链物流中心管理

7.2.1　任务导入

日本的农产品冷链物流

1. JA 全农果菜中心爱川集装送货中心

JA 全农的全称是日本全国农业合作联合会。全农果菜中心是该联合会下的农产品直销公司，主要经营 JA 全农的园艺直销业务，是 2006 年独立出来的专业公司。

生活协同合作社（简称生协）是日本非常有特色的组织。生协采取会员制。加入到生协中，可以给日常的生活带来许多方便。考虑到各个生协在业务需求上的共同性，在生协的基础上，又有"UCO-OP 事业联合公司"（以下简称 UCO-OP）的出现。该公司是在 1990 年设立的公司，总部设在横滨市港北区，企业简称"UCO-OP"。其背景是由 CO-OP、海员生协、CO-OP 神奈川、CO-OP 静冈、市民生协山梨、富士胶片生协等 6 个生活协同合作社组成，会员人数超过 177 万（截至 2008 年 3 月），规模之大全国屈指可数。

"UCO-OP"中超过 50 万户的会员利用"门到门"的"上门 CO-OP"服务来享受 1 800 种丰富的生鲜商品送货服务。其中又以"水灵灵送货服务"最具特色。所谓"水灵灵"，即是将早晨采摘的果菜在第二天以最短时间送货上门，从而保证果蔬的"鲜嫩度"。目前这项业务已成为"上门 CO-OP"的主打服务项目。

会员要享受这种"水灵灵"服务，需要每周进行一次订货。在日本，我们见到了每周一期订货用的宣传画册，上面有商品的货号、规格、产地、重量、包装等信息，可以说是一册在手，应有尽有。有了这样的订货信息，送货中心便可以开展"上门 CO-OP"服务。"水灵灵送货服务"需要快捷、高效的物流运作来保证。在过去，集装送货业务是由东京的町田物流中心来承担。在"UCO-OP"承接业务的初期阶段，每年最高峰期也只达到 2 500 万件。而到 2007 年大约增加了 1.6 倍，突破了 4 000 万件。由于货物量的增加，食品入库、加工的工作空间达到了极限。另外，由于当时的货物补充要靠人工完成，因此无论在人员还是在存货空间包括信息传递上都出现了很大的问题。

2. 功能强大、快捷处理的爱川集装送货中心

为了解决这些问题,"UCO - OP 事业联合公司"在神奈川爱川町设立了"爱川集装送货中心",面向送货上门服务的"上门 CO - OP"蔬菜果品集货和送货业务,实现了温度管理,在保持果菜的高质量和新鲜度的同时,送货中心确保足够的工作空间,完善夜间收货体制以及将来物流量增加的应对措施。在物流设备方面,送货中心装配了预先拣选和带自动补充功能的最新式"数字拣选系统",具有较强的处理能力,节省了人力,还增强了商品追踪的功能。

爱川集装送货中心的占地面积为 10 844 平方米,建筑面积达到了 11 297 平方米,为两层结构立体库。仓库的第一层包括入货区和出货区、带泥土(如土豆等)的蔬菜加工区、周转冷藏箱存放区以及包装箱处理室;仓库的第二层为不带泥土的蔬菜加工区、补货区和集货区。仓库内的温度保持恒定:入库区和泥土蔬菜加工区保持在 20—22℃,其他工作区保持在 15—17℃。仓库的运转期间是每个周日到周四,切整、小分拣以及装袋等加工作业是从早 9 点到傍晚 6 点。向"UCO - OP"的 37 处前端配送网点的出货,是从傍晚 6 点到第二天早上 5 点。

中心内的核心物流设备,是公司初次采用的带临时预放台、且具有节拍输送机能的多订货式组合数字拣选系统(CombinationDigitalPiekSystem,简称:CDPS)和自动货物补充系统。CDPS 以 6 箱为一个区间单位进行搬送,在搬送的间歇之间货物放入冷藏箱,临时预放台上总能保有等待拣选的 6 批订货,从而保证了更加准确的装箱,并大幅度地减少了作业的等待时间。此外,凭借高速堆垛起重机的无人操作,以及向拣选"滚轮式货架"供给商品的自动补充系统,中心实现了快捷处理,并节省了占地空间,使补充作业更加简便,保证补充作业"零出错",商品追踪准确无误,构成了精确的系统。同时,采用滑块式分拣系统(J505)和码垛堆积机器人等,积极推进各个工作区的自动化,使货物从放入冷藏箱到出库全过程的各条流水线的员工人数减少到 28 名(各减 7 名),取得了节省人力的极好效果。

中心 2008 年度高峰期的货物为 4 200 万件,2010 年度达到 5 000 万件,货物量不断增加,服务范围也不断扩大,其中,新物流中心起到了至关重要的作用。

问题:

1. 何为"上门 CO - OP"服务?
2. 爱川集装送货中心是如何高效率运营的?

7.2.2 工作任务　冷链物流中心的建设

1. 冷链物流中心的作用

物流中心的出现和形成是社会生产的发展和社会分工细化的结果。食品物流过程中的冷链物流中心的出现,第一是满足降低物流成本的要求。订单的小型化趋势及商品的多元化趋势使集中理货、集中处理、统一送货成为趋势。物流中心为商品的流通节约了成本,为满足客户服务提供了平台。第二是满足食品物流及冷产品货运量急剧增加的要求。食品中的冷产品以超过 10%的速度增长,带动了食品物流的发展,同时食品销售渠道的拓展和销售范围的扩大使物流需求成倍增长。货运量的增加和流通链的加长使冷链物流中心的出现成为一种必然。冷链物流中心可以加快商品的流转速度,为商品的批量运输和订单的快速反应提供了路径。第三,冷藏运输方式和运输工具的巨大变革。以前冷产品的运输只有依靠简单的冰辅助冷却的方式,使运输距离和转移方式都受到了很大的限制。车载冷冻机、船用制冷集装箱和铁路的保温机车等运输设备的出现,不但使冷冻产品的流通更快、更远,同时冷冻产品在运输工具之间的转换也使物流运作变得更加复杂。冷链物流中心可以满足各种运输方式之间的转换。第四,大量新的贸易形式

的出现。在零售行业，随着激烈的商业竞争，超市、仓储超市、连锁商业、专卖店等新的贸易形式大量出现，贴近顾客、低价格销售的营销方式使冷链物流中心应运而生。冷链物流中心的主要服务对象依然是商业企业占据相当大的比例。第五，完善城市功能的需要。为满足城市居民大量的食品供应、多级分拨的商品流通需求，冷链物流中心是必不可少的形式之一。

冷链物流中心的建设是物流战略的重要组成部分。物流中心的位置、规模、形式及设备的选择是一次性的决策，对建成后的运作成本将产生非常大的影响。比如，连锁企业的配送中心距离市中心每增加 10 公里，配送成本平均增加 4%至 7%。所以，从战略角度考虑，物流规划是节约成本的关键因素。

2. 物流中心位置的选择

冷链物流中心位置的选择和一般物流中心位置选择的原理是基本相同的，要考虑所服务的客户的需求、供应渠道的影响、城市发展因素、交通道路规划、政府投资鼓励政策和环境保护等方面的因素。一般的物流中心在规划网络过程中，要考虑物流的配送经济半径，要结合企业或行业的发展战略来规划一定区域内的物流网络分布密度。冷链物流中心多数处于物流链的末端，在考虑位置选择的时候应该根据不同业态的特点有的放矢、精确地分析计算。由于冷链物流成本较高，物流规划中任何一项决定都会对之后的物流成本产生非常大的影响。从扩大配送规模效益出发，在设计商业连锁企业的物流中心时，可以将所有商品的物流网络统一考虑。这样可以增加配送量，同时为多温度商品配送、统一订货提供了运作的可能性。但当出现冷链物流的规模达到一定量、并且任何单一因素的变动都会产生相对较高成本的情况时，对冷链物流中心进行独立建设和操作就是较好的选择。

3. 物流中心规模的设计

物流中心的建设规模是物流中心建设的重要组成部分。建设规模过大，会增加投资成本，使企业面临亏损的风险；建设规模太小，不能满足运作和发展的需要，同样会给企业带来麻烦。冷链物流中心在规划中首先要考虑物流中心的功能。库房要有接货区、验货区、储存区、分拣区、备货区、出货区、回收货品区；要有冷机房、电控制室、员工休息室、运作管理办公室和垃圾处理房等等。以上是对物流中心存货区域存货能力的要求，适用于大卖场等品种众多的物流中心。

4. 物流中心形式的选择

冷链物流中心有不同的建筑形式，按结构形式分，冷库可分为

① 土建冷库　这是目前建造较多的一种冷库，可建成单层或多层，这类冷库的主体结构和地下荷重结构都用钢筋混凝土，其维护结构的墙体都采用砖砌而成。

② 装配式冷库(活动冷库)　这类冷库的主体结构(柱、梁、屋顶)都采用轻钢结构，其围护结构的墙体使用预制的复合隔热板组而成。隔热材料采用硬质聚氨酯泡沫塑料和硬质聚苯乙烯泡沫塑料等。此类冷库还可称为组合式冷库、组合冷库、拼装式冷库、装配式活动冷库。冷链物流中心形式的选择要考虑地理位置、土地价格、商品特性、设备水平和物流中心柔性化考虑等因素。我国 1980 年之前建造的冷库一般是多层楼库。此种结构利于库房保温，节省土地，单位库房存量的建筑成本较低。但此结构不适用于快速流动的商品，特别是现代物流中心的设计一般不采用此类模式。日本冷链物流中心多采用自动化立体库房。它的特点是投资较大，技术要求高，土地利用率较高，运作效率高和管理水平要求较高。目前我国正在建设的冷库较多采用高货架立体库房模式，如北京夏晖食品物流中心所建的冷库。它的特点是土地利用率较高，满足于食品卫生及快速流通的要求，库房柔性化设计和库房综合利用较容易(见图 7-2-1 至图7-2-4)。

图 7-2-1 土建冷库

图 7-2-2 土建冷库

图 7-2-3 钢结构装配冷库

图 7-2-4 拼装式冷库

5. **物流中心设备的选择**

冷链物流中心的设备选择是物流中心建设的重要组成部分,它直接影响运营的成本和效率。冷库最重要的设备是制冷系统,采用集中制冷还是独立制冷对制冷效率有非常大的影响。在冷藏和恒温库中,采用一级直接冷却还是分级冷却对制冷效率和温度波动有直接关系。另外,在人工操作环境中保证空气新鲜和避免冷能的散失也是设计时应考虑的问题。冷库中安装和使用的设备选择在考虑经济性、耐用性和维修成本的同时,要考虑冷环境下的使用要求。考虑材料在低温环境下的物理变化和电控制系统耐低温的能力。

7.2.3 工作任务 冷链物流中心的管理

1. **冷链物流中心流程**

冷链物流中心的运作流程、信息流程和一般产品物流中心没有根本的区别。冷链物流中心的运作流程有以下几点不同:

(1)冷链物流中心的运作流程要尽量短

由于在低温环境中,运作成本较高,工作环境相对较差。所以冷链物流中心的库内运作流程应尽可能减少。比如尽量减少库内搬动作业,不进行拆箱拣货作业,采取增加订货批量以提高机械作业率等措施来避免和减少库房内的作业。

(2)冷链物流中心的流程应以时间为先

多数物流中心的流程是以综合货品流转效率高为原则进行设计。而冷链物流中心的流程设计要重点考虑有特种需求的货品,或快速流转货品的时间要求。按货品到货时间的先后顺序安排拣货、分货,能使单一货品的流转速度最快,占用的功能区域时间最短。

(3)冷链物流中心的作业应尽量集中

分散的作业安排可能会提高单位工时的生产效率,但集中安排各作业环节的时间有利于各功能区域的能量节省。

2. **冷链物流中心运作管理**

冷链物流中心运作管理是由产品特性和行业特点所决定的。在通用干货物流中心的运作管理中所包含的内容,在冷链物流中心同样包括。冷链物流中心的运作管理包括接货、存货、分拣、装车等环节的日常管理内容,也包括库房盘点、防虫防鼠、坏货处理等定期实施的作业内容。冷链物流中心的库房管理所遵循的原则与其他行业物流中心并没有大的差别。库位安排要遵循ABC分类的货品移动距离最短的原则,货品要按照类别、形状及相似性原则摆放,拣货位的安排要按照出货频率来设计,等等。以下几点是冷链物流中心在运作管理中所应强调的。

(1)温度控制与记录

冷链物流中心的温度控制与记录是管理的重要一环。物流中心各功能区域的温度设定和控制方法是根据产品要求、作业模式和设备类型等因素来决定的。随着制冷技术的发展,温度控制实现了自动化,为节省人力、节约电力提供了很大的帮助。温度记录是管理控制的手段,是企业内部管理不可缺少的环节,也是保证产品质量可追踪的必要条件。

(2)作业安全与作业效率

冷链物流中心必须有一套完整的安全管理体系才能保证运作的平稳运行。安全体系应包含组织机构、责任划分、人员培训、应急预案处理程序等。冷库的安全问题是由它的设施、设备和作业环境所决定的,包括冷媒泄漏可能引起的事故、地面结冰可能引起的人员伤害、长时间冷库作业可能引起的人员伤病和设备在冷环境下所出现的事故等等。忽略安全隐患的防范可能带来不可弥补的损失。

(3)物流中心应急系统

冷链物流中心的应急系统是它的系统特点所决定的。冷库可能出现的问题有电力系统中断,冷媒泄漏和运营中造成的事故等。一般冷库有双回路电力系统支持,以最大限度地减少单一路线停电带来的影响。在没有双回路电力系统的地方,应自备发电机,以防万一。冷媒泄漏可能造成长时间的停止运作,冷库员工的操作也可能造成库板、散热器等部位的损坏,因此,快速补充和修复泄漏系统是冷库正常运作的保证。另外,在系统出现故障的情况时,应尽快停止出入库作业,防止冷散失,以最大限度地延长库内低温环境,这是必要的营运应对措施。

7.2.4 任务处理

表 7-2-1 任务安排

任务内容	现场参观南昌双汇冷链物流中心
任务目标	了解冷链物流中心的日常管理与运营流程
任务安排	组织 30 名左右学生包车前往南昌双汇冷链物流中心参观
活动考核	1. 在班级组织一次以小组为单位的讨论——你眼中的冷链物流中心 2. 教师根据学生在交流与讨论中的表现给予评分

7.2.5 任务评估

表 7-2-2 任务评估

<table>
<tr><td>交流 1</td><td colspan="3">记录各小组陈述</td></tr>
<tr><td colspan="4">交流人:
交流内容:</td></tr>
<tr><td colspan="4">评估 2 指导教师的分析及综合意见记录</td></tr>
<tr><td>基本概念</td><td>技能掌握</td><td>语言描述</td><td>综合得分</td></tr>
</table>

任务 7.3 冷链产品的运输管理

7.3.1 任务导入

荣庆物流:最冷的生意

建立覆盖全国的运营网点,荣庆物流(上海)有限公司(以下简称"荣庆物流")掌握了冷链物流行业成功的重要筹码。

2003 年,做了三年多冷链货运后,荣庆物流 CEO 张卓终于等来了第一个大客户。麦当劳有一批冻牛肉需要从上海送至北京,荣庆物流从麦当劳第三方物流合作伙伴夏晖物流有限公司手中分到了部分任务。这后来成了一笔令张卓失意的生意。几十吨牛肉送到北京后，麦当劳全部拒收，理由是“温度不达标”。麦当劳要求冻牛肉全程温度必须控制在−12℃至−18℃，荣庆物流送的牛肉温度是−10℃，而温差一度也会造成细菌快速繁殖。张卓只得掏了七八十万元把牛肉全部买下。“以前送普货即使翻了车，也能找出一部分产品有回头价值。但冷链运输温度稍有偏差，损失的可能就是整辆车的货。”荣庆物流配送部总监李虎说。冷链物流是指食品、药品、化妆品等对温度敏感的产品在生产、存储、运输等各环节始终处在特定低温环境下，以保证产品质量不受损耗。

在给麦当劳送货之前，荣庆物流冷链业务客户多是经营低端水产品的小商贩，对温度要求不高。张卓对冷链的理解停留在“只要牛肉不化冻就可以”。这次教训让张卓意识到，要把冷链的生意做大，必须走得更“高端”一点。如今，荣庆物流的客户名单中，有肯德基、哈根达斯、欧莱雅、巴斯夫、玛氏、不凡帝、PPG、上海医药等30多家大公司。张卓称，2010年荣庆物流总收入10亿元，其中冷链物流业务近4亿，其中80%的冷链业务来自大客户。2011年2月，荣庆物流获得今日资本领投的3亿元第二轮融资。

张卓的老家山东苍山县是黄瓜、辣椒等反季节蔬菜生产基地，他的创业从贩菜开始。张卓最初和父亲张玉荣、叔叔张玉庆一起做生意，把苍山收购的蔬菜卖到上海、青岛、南京等地。蔬菜卖到外地市场后，总是空车回山东，为了减少空驶率，1994年起张卓常驻上海负责回城配载业务。张卓在上海接单的货物很多是胶鞋、电视机等普货。贩菜风险较大，菜市行情不好时经常赔钱。普货运输利润比贩菜高，张卓于1997年注册了苍山县荣庆实业有限公司，在上海设立运营中心专注普货运输。

2000年，荣庆物流已经有了200多辆普货车，业务拓展到十几个城市，但张卓却发现生意越来越难做。普货运输几乎毫无门槛，只要有一辆车就能接单送货。这个市场上有太多的竞争者进入，荣庆的利润率被一再压低。因此，张卓不得不寻找新的收入来源，他看中了门槛较高的冷链物流。有一位北京客户曾向张卓抱怨，他有一批冷冻鸭子要从北京送到上海，运送用的是棉被车，半路发动机坏了，到上海后全车鸭子都绿了。一辆普通冷藏车售价至少在30万以上，当时提供冷链服务的公司多使用不规范的低端车。张卓认为，只要能提供比棉被车更好的车辆就不担心没市场。荣庆物流从海运公司买来一些淘汰的集装箱安在货车底板上，再配上旧的制冷机，自己组装的车成本不到10万元。海运车在生鲜市场上比较受欢迎，但服务高端客户时缺点就暴露出来，箱体多有损伤，保温性能差，帮麦当劳送货时用的就是这种车。

麦当劳事件后，张卓开始对公司车辆大规模修理改造，还请专家设计了GPS温度控制系统，对车内温度实时监测。“温度超标很多是人为原因，驾驶员有时忘了开制冷机，或者为省油中途停掉，实时监控可以提醒驾驶员及时处理。”张卓说。对一家没什么名气的小公司来说，即便能做好温控也很难吸引大客户的注意。张卓的机会来自一场大火。

2005年8月，蒙牛集团在马鞍山市的冷库失火，大量货物急需调运。而与蒙牛集团合作的物流公司运力不足，圈内的朋友向蒙牛集团引荐了荣庆物流。张卓马上从全国各地调集30多辆车赴马鞍山解围。此番张卓自己也贴进了不少钱。“做生意不能老想着眼前利益，你去帮助别人，自己也会有收获。”张卓说。危机过后，荣庆物流成了蒙牛集团的合作伙伴，还相继签下了伊利、光明等几家乳业公司。但合作关系并没有持续多久。蒙牛集团、伊利集团产品运输数量多，开出的运价却不高，招标价逐年下降。而荣庆物流自身管理成本和油价大幅上升，合作几年后因为“无力跟进”，荣庆物流便退出了竞标。终止与蒙牛集团的合作后，张卓重新定位了自己的理想客户：注重品牌价值、产品附加值高、温度要求严格、对运价相对不敏感。这类客户往往已经有了长期合作伙伴,通常也是 TNT、DHL 等大牌。但能拿到订单的企业不少本身没有冷链业务或运力不足,会把部分业务外包出去。荣庆物流接到这样的“二手”订单并不难。张卓以此作为切入点,与一些大客户建立了间接合作关系。

荣庆物流为每一个大客户都配备了专门服务团队。不凡帝、玛氏等公司业务份额大的客户服务团队规模近百人,团队主管一般由公司副总裁或总监担任。“如果遇到临时送货等紧急情况,团队可以自行调配公司资源帮助客户解决问题,不需要请示。”张卓说。“荣庆物流准时准量送达率能达到 90%以上,在物流行业中能做到 85%已经相当出色。”永和大王物流部经理宣晓俊说。这在很大程度上依赖于荣庆物流特殊的驾驶员管理制度。

“很多物流公司不赚钱,原因是管不好司机。这是一个很难管的群体,因为他们普遍文化素质不高,很多企业的司机纪律性和服务意识很差。荣庆物流采用军事化管理,这对管理司机很有效。”今日资本总裁徐新说。荣庆物流的驾驶员几乎全部来自山东苍山,大多受训于荣庆物流在当地的驾校。除了掌握制冷机操作、温度检查等基本技能,每一个负责冷链业务的驾驶员还要接受应急事故处理培训,比如制冷机中途坏了怎样寻找最近的冷库。新人要跟在老驾驶员身边跑一个月后,由老驾驶员打分决定能否单独出车。出车时驾驶员需要填写“行车日志”,记录每一次运送过程中的燃油、车况、客户投诉等信息。驾驶员全程服务细节也有具体考核要求,比如路遇赛车提前告知客户、提货时遵守排队秩序等。客户的评价与驾驶员的收入直接挂钩。荣庆物流的驾驶员是 365 天 24 小时轮班制,全年无休的服务也为荣庆物流赢得了部分客户。2008 年暴风雪时,湾仔码头因合作公司驾驶员回家过年无法送货,他们便找到了荣庆物流。

“全心全意把每一次任务做好,即使你做得不好,人家也会给你改进机会的。”张卓说。荣庆物流的服务最终赢得了大客户的信任,不少客户跳过中间代理商,与荣庆物流建立战略合作伙伴关系。冷藏车质量对张卓来说一直是个头疼的问题。客户投诉大多集中在车辆本身:预冷功能不佳、在途抛锚等。2008 年接受今日资本 2 亿元注资后,荣庆物流更换了高性能的冷藏车,并成为奥运会冷链物流服务提供商。伴随知名度上升,一个明显转变是很多大客户开始主动送标书给荣庆物流。“跟玛氏建立合作后,其他做巧克力的企业也会找来。”张卓说。食品、快消品运输占冷链物流的 70%以上,但目前冷链物流收入前几名企业所占市场份额合计不超过 10%。拥有国内数量最多的运营网点,被徐新视为荣庆物流最重要的竞争优势。国内冷链物流企业多是做专线运输。荣庆物流的冷链物流体系已经进入北京、广州等特 48 个城市,拥有冷藏车 500 多辆,车辆空驶率不超过 5%。“冷链物流是个人力、资金、固定资产都很密集的行业,进入门槛低,想做大很难。轻资产是不灵的,重型物流结构中最值钱的就是全国的网络系统。”徐新说。

2005 年起张卓就开始布局冷链网点。这是个大投入的工程,除了要有足够数量的冷藏车,还要在当地租冷库,建修理厂,北京、广州等大城市要派驻上百工作人员。保证平台运转高效,需要足够的业务量做支撑,各网点都有销售人员负责当地业务拓展。“大客户很多业务分布在各地,也会向二三级城市拓展。网点建设是跟着客户需要走,不冒进就没有风险。”张卓说。

竞争的下一个层级全产业链建设对荣庆物流来说更具挑战性。一个万吨级别的冷库需要上亿元的投入。荣庆物流今年在上海已经建成一家 1 万多平方米的冷库,但这样的扩张速度显然不够快。张卓计划在各个重要网点都修建冷库。荣庆物流如何做大,提高服务水平?公司的实践已证明,切实解决冷藏车性能问题,只做大客户尤其是行业风向标的大客户的业务,引领更多客户,有效管理驾驶员,节省成本,快速扩大运营网,是公司走向成功之路的关键。

问题:

1. 荣庆冷链物流第一次做麦当劳牛肉运输失败的原因是什么?

2. 荣庆冷链物流是如何管理司机的?

3. 荣庆物流不断发展壮大的原因有哪些?

7.3.2　工作任务　冷链运输车辆的选择

冷链运输是冷链管理的重要部分,冷链运输成本高,而且包含了较复杂的移动制冷技术和保温箱制造技术,冷链运输管理包含更多的风险和不确定性。冷链运输包含航空运输、船舶水路运输、铁路冷藏集列运输和公路运输。我们这里主要介绍公路冷链运输,也是冷链运输的主要组成部分。

1. 冷藏车辆形式的选择

冷藏车辆的选择是冷链运输首先遇到的问题。市场上冷藏车辆种类繁多,选择什么形式的车辆最适合本企业的运作模式,是购置车辆首先应该考虑的问题。公路冷藏运输车辆按形式分类,可以分为冷藏集装箱形、冷藏箱式车、冷藏连杆箱式车等;按制冷机的安装及形式分类,可为单机制冷式、双温控箱式等。我国目前公路车辆开始标准化,非标准车辆将受到限制,所以运营单位选择车辆的范围首先要考虑交通部批准的冷藏车辆系列。像国外冷藏连杆箱式车还没有被允许在中国的道路上行驶。选择车辆的形式要根据行业特点、产品特性等因素综合考虑。比如服务于海关的运输企业选择拖挂式冷藏集装箱车,运输单一温度的长途车辆选择冷藏箱式车,而服务于超市多温度产品的运输企业可以考虑双温控箱式车等(见图 7-3-1)。

图 7-3-1　冷藏车

2. 冷藏车辆大小的选择

冷藏车辆吨位大小会影响到运营成本并限制车辆的使用安排。车辆的运营成本由车辆折旧费、燃油费、修理费、人工费、路桥费、保险和养路费等费用组成。在国外,司机的成本占了车辆运营费用的 1/3,是非常大的一块。我国目前人工成本相对较低,但此种现象不会长期延续下去。车辆的费用很大一部分和车辆的行驶距离直接相关,所以加大单位距离的运载量是多数情况下优先考虑的因素。一般来讲,车辆越大单位货物的运输成本越低。这也是为什么国外道路上跑的很多是大吨位的车辆,而国内受多方面条件的限制,选择车辆考虑的因素要多一些。选择车辆大小应考虑以下几方面因素。一是运输业务模式:是批量长途运输还是小批量配送。长途运输应尽量选择大吨位的车辆。二是运输道路限制:一般市内配送受车辆限行的影响,在一定期间内大吨位车辆不许进城,所以城市配送要考虑此因素。三是订单批量:订单的小批量是目前运输企业特别是配送企业面临的主要问题。单位时间内一辆车能送几单货将制约车辆的装载能力。

3. 冷藏车辆制冷能力的选择

冷藏车辆的功能主要是保持货品的温度，而不是降低货品的温度。车辆配备的制冷机的功率大小取决于冷藏箱尺寸、货品温度要求、箱体保温材料及环境温度等。一般而言，在特定的区域内冷藏车辆的制冷机有标准配置。车厢的大小对应相应的温度，有与其相匹配的制冷机，但在货品质量及对冷链控制要求较高的情况下，可以选择高一级的制冷机配置。

4. 冷藏车辆制冷形式的选择

目前冷藏车辆的制冷形式主要分为独立车载发动机制冷、冷板制冷、外接电源制冷和压缩气体制冷等形式。外接电源制冷主要用于船运制冷集装箱，压缩气体制冷形式在日本冷藏车辆上部分使用。在中国公路冷藏车辆中主要是独立车载发动机制冷和冷板制冷两种形式。独立车载发动机制冷形式应用得较普遍，它的优点在于不受时间和运输距离的限制，可调节不同温度范围。冷板制冷的优点在于车厢内温度较稳定，可多次卸货并且没有途中发动机损坏的风险，但缺点是温度范围较窄、需较长的制冷等待时间和不能接力运输等。

7.3.3 工作任务 冷链合理运输与配载

1. 增大订单批量

冷链运输中制约装载量的因素除道路限行等因素外，主要是订单量的大小。在一定时间段内订单数量不足，或订单的量太小，以至于车辆不能满载运输是目前冷链运输特别是城市配送环节面临的主要问题。如何增加订单批量、实现车辆的最大化装载是冷链运输所追求的目标。从客户来的订单，可以通过批量差异价格的方法来化解，即鼓励加大订单量、减少订货次数。也可以对客户的供应系统进行分析，提出合理的解决方案，以加大订单批量，减少订货次数，实现供需方共赢。

2. 路线合理化

冷链运输在城市配送环节的需求量越来越大，客户需求越来越苛刻，运输的环境的限制越来越多。面对如此变化的外部环境，如何控制运输成本就成为城市配送所面临的主要问题。配送的路线合理化是指车辆装载最大化的前提下综合运输距离最短。在订单数量较少、配送店数较少的情况下，可以由人工凭经验来编制完成。但随着订单数量的增加，用 IT 系统来完成配送路线的优化就成为必然的选择。目前车辆管理软件较多，但具有路线优化功能的不多。Menugistic 的 TR3 是具有路线优化功能的运输管理系统。

3. 多温度运输

为了实现车辆运载能力的重量和体积的最大化，并且满足客户减少接货次数和缩短接货时间的要求，冷藏运输可以采用多温度运输的方法。一个车厢可以有两种或三种温度。对于不同温度区域的控制可以采用双温车来满足温度要求，也可以用隔温板加温控器的方式分隔不同的温度区间。国外有连杆车厢的形式，对不同的温度用不同的车厢，但我国目前连杆车厢还没有被批准在公路上行驶。

7.3.4 工作任务 冷链运输温度控制与记录

1. 运输中的温度保持

冷藏车辆在运输途中要保证产品的温度、满足接货的温度要求。长途运输车辆要定时检查制冷机的工作情况，并查看车门关闭情况。城市配送车辆要采取适当的措施，以减少车厢内温度的散失。还要尽量减少卸货次数,以减少开门的次数;要尽量缩短接货时间,以减少热空气的进入。也可采取车厢内隔离或设置单元箱的方式,以减少热空气对产品的影响。

2. 装卸货时的温度控制

冷产品的温度散失非常容易发生在货品的装卸货过程中。货品装载方法会影响冷藏箱内冷空气循环的效率,装货时由于没有车厢预冷,也会影响货品温度。所以,货品装车一定要按照装车指导,在货品的上下前后留下冷循环空间。车辆在装车之前要进行预冷,以防止接触车厢底板和侧壁的货品在短时间内发生过大的温度变化。一般冷冻货品装车温度预冷要达到−5 至+5 度范围内,视产品情况而定。

3. 温度记录与跟踪

运输中的温度记录与跟踪是冷链管理的关键环节。运输中的温度记录是货品交接的质量保证依据,也是货品保险与索赔的证据。如何完整、真实、低成本地记录产品的运输温度是冷链运输管理的任务。海运冷藏集装箱运输在不同的位置要安放国际认可的温度记录仪,作为产品接收的依据之一。公路运输一般采用可重复使用的温度记录仪。目前很多企业为车辆安装了近几年开发的数字式温度记录仪,它的使用成本低、管理方便,记录的数据可在计算机中长期保存。冷藏车辆温度监控系统如图 7-3-2 所示。

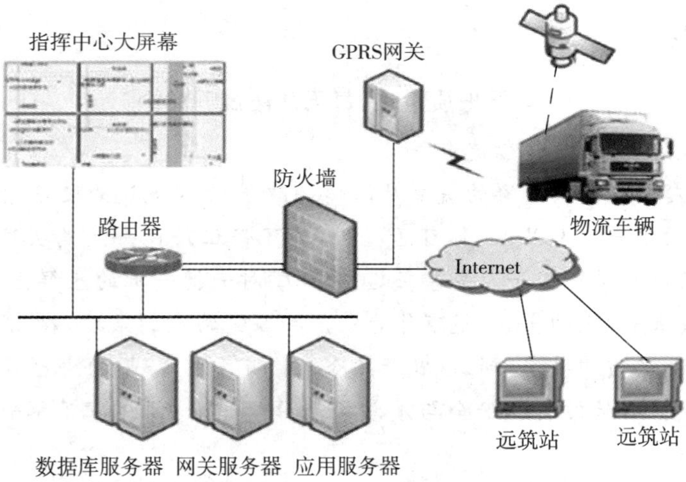

图 7-3-2 RFID 冷链温度监控信息系统

7.3.5 任务处理

任务处理如表 7-3-1 所列。

表 7-3-1 任务安排

任务内容	观看冷链物流运输视频,分组讨论
任务目标	掌握冷链物流企业的运输流程,冷藏车辆的相关功能
任务安排	网上下载两段冷链物流企业运输的视频,大概 20 分钟,组织全班学生观看,并记下相关冷链运输的信息
活动考核	1. 在班级组织一次以小组为单位的讨论——冷链物流运输与普通物流运输的区别 2. 教师根据学生在交流与讨论中的表现给予评分

7.3.6 任务评估

表 7-3-2 任务评估

交流 1	记录各小组陈述		
交流人： 交流内容：			
评估 2 指导教师的分析及综合意见记录			
基本概念	技能掌握	语言描述	综合得分

任务 7.4 冷链产品的储存管理

7.4.1 任务导入

严把质量关，每天从凌晨开始

——探秘家乐福农产品冷链物流流程

当我们每天在超市里购买新鲜的蔬菜时，当我们在超市里挑选着肥瘦适中的猪肉时，当我们在超市里琳琅满目的水果前驻足时，你可否知道，为了保证居民每天购买这些商品的安全与质量，超市负责人和验收人员已经一大早等在超市门口，对一批一批的生鲜产品进行核对与验收。《农产品冷链物流发展规划》的出台，超市作为农产品冷链物流的末端，在配送、分销与零售等环节对产品质量有着高品质的要求，那么《农产品冷链物流发展规划》的出台对其有何影响，记者凌晨走进天津家乐福超市，采访食品安全与质量经理薛靖，听她讲述家乐福超市农产品冷链运作流程。

1. 一票否决权

“这就是验收师傅繁忙工作的开始，超市这边要从凌晨 5 点开始做准备工作，各个供应商最早从 5:30 开始送货，肉类、蔬菜等农产品分批次陆续送到家乐福超市各家门店。”薛靖向记者介绍着。“家乐福超市特别注重产品的质量，特别是食品安全与质量，在零售前层层把关，超市设有食品安全实验室，对 8 大类食品的质量和安全严格把关。天津家乐福食品安全检测中心实验室可以检测农药残留、漂白剂、瘦肉精、猪肉含水量、甲醛、吊白块、亚硝酸盐等七个测试项目，定期检测包含顾客日常所需的蔬菜、水果、肉制品、水产品、粮油制品等五大类百余种商品。”薛靖一边带着记者参观，一边介绍着。

薛靖告诉记者，公司赋予了中心实验室“一票否决权”，即在快速检测实验室的检验过程中，发现不合格商品立即撤架封存，并在与供应商确认后，将样品送至政府认可的实验室进行检测；如果检测结果确认不合格，则所有商品立即销毁，并对供应商实施相应的处罚：轻者限期整改，方可重新入场销售；严重者将停止合作。家乐福超市采取内部抽检、定期送检相结合的方式，进一步确保了食品安全，为广大消费者提供安全、健康的消费环境。

2. **流程细化，更注重细节**

薛靖说："家乐福超市作为中法合资企业，在农产品冷链物流环节很多都参照法国的一些好的经验。先从采购环节说起，家乐福超市的生鲜肉类都采用直采项目，由家乐福超市自己控制产地，对产品的产量与质量进行多方面确认。对于供应商，家乐福不仅核实其身份是否合法，在进门店之前还要经过第三方也就是专门的外资审核公司进行审核，审核通过方可与其签订合同。

对于验收环节，家乐福超市将食品分为各大门类的流程，每个科目都独立设成一个文件夹并用数字进行编号，比如，20科为熟食科，21科为鱼科，24科为肉科等。流程上都有感官的产品测试，例如，21科鱼科的文件夹，打开之后，首先看到鲜鱼的照片，照片下面有文字注释，鲜鱼在保证产地的基础上，眼睛要求澄清，活鱼生猛，必须打氧过来，体表光滑，鱼体没有鳞伤，规格均匀等。这些都为检验的师傅提供很好的依据，加上师傅多年的工作经验，从而保证了产品的品质。

再比如肉类，家乐福超市的要求会更高一些，验收人员首先检查免疫证，用红外温枪测试温度后，再用探针温度计插入到产品中测量产品的温度；然后测试膘的厚度是否合格，合格后出色带，通过色带可以反映收货时间，最后称重、收货。""我们也在不断优化冷链物流的每个环节，比如现在的白条猪要求必须套上塑料袋悬挂装车，让肉与肉之间可以有呼吸，以免发生呼吸不畅，这样肉就不新鲜了。同时，塑料袋包装也可以让猪肉保湿，不会在长途运输过程中发生风干现象。"薛靖一边给记者翻看着一个个文件夹的流程，一边讲解着。

3. **期盼农产品冷链物流的国标出台**

谈到《农产品冷链物流发展规划》的出台，薛靖认为，这套规划出台很重要，特别是对于超市这样的零售行业，肯定会起到举足轻重的作用。从前，每个企业都有一套自己的标准，如今政府出台规划，可以规范整个冷链物流行业，加速物流行业的发展。《农产品冷链物流发展规划》对企业将起到促进作用，家乐福超市也会将这套规划消化，并将各项细则不断更新到流程当中，对产品进行货源监控和产品质量的全程监控。

薛靖告诉记者："我相信，这套规划出台之后，国家陆续会制定更加具有实质性的国标，从而使日益竞争激烈的市场优胜劣汰。比如，前几年，有的物流公司并不规范，没有冷藏车，甚至有的送货车简单到盖着棉被到处送货。随着竞争的日益激烈，有条件的正规化物流公司对常温食品送货改用封闭式车辆，对于冷藏车都装有温控设施，设施的硬件条件也在逐年提高，因为一旦超市发现不合格车辆，我们一定会拒收的，为了保证产品质量，我们绝不放松要求。"

问题：

1. 何为家乐福超市的"一票否决权"？
2. 在具体操作流程方面，家乐福是怎样确保自己的生鲜食品品质有保证？

7.4.2　工作任务　冷链食品的质量变化与温度的关系

食品在储存过程中，往往由于本身的特性和外界环境的影响，会发生各种变化，其中有属于酶引起的生理生化和生物学变化，有属于微生物污染造成的变化，还有属于外界环境温度、湿度影响而出现的化学和物理变化等。所有这些变化都会使食品的质量和数量受到损失。了解食品在储存中的各种变化，找出引起变化的原因，就能确定适宜的储存方法和储存温度条件。食品储存中的生理生化和生物学变化是由食品的特点所决定的，主要包括呼吸作用、后熟作用、萌发与抽薹、蒸腾与发汗、僵直、软化等。

1. **呼吸作用**

呼吸作用是鲜活食品储存中最基本的生理变化，它是鲜活食品中有机成分（主要是糖类）在氧化还原酶作用下逐步降解为二氧化碳和水的过程，此过程中同时还产生热量，实际上是有机物进行的生物氧化过程。从菜、果的储存来讲，不论哪种类型的呼吸作用都要消耗养分，呼吸热的产生和积累往往加速食品腐败变质，造成生理病害，缩短储存期限，所以应尽量防止缺氧呼吸。但是，应该看到，正常的呼吸作用是鲜活食品最基本的生理活动，它是一种自卫反应，有利于抵抗微生物的侵害。所以在食品储存中应做到保持较弱的有氧呼吸，防止缺氧呼吸，这是鲜活食品进行储存需要掌握的基本原理。

2. 后熟

后熟是果实、瓜类和以果实供食用的蔬菜类的一种生物学性质，它是果实、瓜类等鲜活食品脱离母株后成熟过程的继续。果实、瓜类后熟是生理衰老的变化，当它完成后熟后，则很难继续储存，容易腐坏变质，因此作为储存的果实和瓜类应该在它成熟前采收，采取控制储存条件的方法来延长其后熟过程，以达到延长储存期的目的。

3. 萌发与抽薹

萌发与抽薹是两年生或多年生蔬菜打破休眠状态由营养生长期向生殖生长期过渡时发生的一种变化。萌发与抽薹的蔬菜，其养分大量消耗，组织变得粗老，食用品质大为降低。在储存中，延长蔬菜的休眠状态是防止萌发与抽薹的有效措施，而低温可以延长蔬菜的休眠状态。

4. 蒸腾

蒸腾是指由于鲜活商品含水量大，造成储存期间水分蒸发而发生萎蔫的现象。蒸腾过多，会使商品重量减轻，自然损耗大，降低鲜嫩品质；蒸腾过高，水解酶的活性增强，使复杂有机物水解为简单物质。蒸腾对商品储存极为不利，会给微生物的侵蚀提供机会，特别是在商品的伤口部分很容易引起腐烂。

5. 僵直

僵直是畜、禽、鱼死后发生的生化变化，其特点是肌肉失去原有的柔软性和弹性，变得僵硬。畜、禽、鱼类死后僵直，因动物种类、致死原因和温度等不同而各异。一般鱼类的僵直先于畜、禽类，带血致死的先于放血致死的，温度高的又先于温度低的。处于僵直期的鱼仍是新鲜度高的鲜鱼，食用价值大；僵直期的畜、禽肉因弹性差、难煮烂、缺乏香味、消化率低，不适于食用。但是从储存的角度来看，僵直期的肌肉 pH 值低，腐败微生物难于繁殖；肌肉组织致密，主要成分尚未分解变化，基本上保持了肉类和鱼类的原有营养价值，所以适合于冷冻储存。

6. 软化

软化是畜、禽、鱼肉僵直后进一步的变化，其特点是肌肉由硬变软，恢复弹性。软化是畜肉形成食用品质所必需的肉类成熟作用。由于鱼类含水多、组织细嫩，属于冷血动物，带有水中的微生物等原因，经过软化后很快就会腐败变质，因此应防止其死后发生软化。软化是由于肌肉中所含的自溶酶使蛋白质分解的结果，也叫蛋白质自溶现象。一般受温度的影响较大，高温能加速软化，低温能延迟软化，当降温至 0℃时则可停止软化，因此冷冻储存可以防止畜、禽、鱼肉的软化。

7.4.3 工作任务 冷链食品储存涉及的技术

1. 冷藏冷冻技术

冷藏冷冻技术是指使用冷却装置使物品的温度达到低温状态，在流通和储存过程中以保持食品质量为目的的技术。冷藏冷冻技术主要涉及仓库和运输两个方面，包括制冷技术和保温技术。随着科学技术的发展，制冷技术也不断提高，从制冷机械的效率改善到制冷剂的环保性能都得到了发展。目前冷库的设计已经比较成熟，并向着系列化、标准化方向发展。冷库制冷系统的选择、制冷量的计算和控制方式的选择应用了成熟的制冷原理，并结合最新研究的系统设计和控制技术，使冷库向着集约化、环保和人性化方向发展。超市冷藏冷冻食品如图 7－4－1。

2. 食品的预冷

食品在进行低温输送、低温储存时，必须进行冷处理。特别是蔬菜、水果类产品，采摘收获后很快进入熟化过程，并伴随释放呼吸热。如果不进行冷却就装车运输或进行堆放储存，产品间的距离过小，不利于温度交换与散失，蔬菜、水果散发出的热量使温度升高，或是由于车载制冷机能力有限，不能充分快速冷却，会使产品变质。所以，选择适当的温度和降温速度对产品进行预冷处理，是保持产品质量的重要一环。例如对于鲜肉产品的处理，是在屠宰后两小时内放入－18℃环境下使肉表温度达到－7℃，中心温度达到 0℃，然后进行排酸处理。

图 7－4－1　超市冷藏冷冻食品货架

3. 低温仓库与低温物流中心

低温仓库的功能是冷产品的储存，是冷产品流通过程中不可缺少的重要环节。冷库的建设要与铁路相邻，以利于产品的到达。冷库温度单一，符合特定品种货品的要求；采用楼式建筑，可以最大限度地利用空间并利于产品的长期保存。低温仓库作为以冷产品储存为目的的设施，在现代商品流通中发挥着重要作用。特别是在冷产品的生产环节和流通链的前端，产品的储存依然是保障供应和有效流通的必然选择。

随着现代商业的发展，商品的流通越来越表现出快速、准确、小批量的特点。原有的以产品储存为目的的冷库越来越不能满足现代流通的要求，以满足客户需求、多品种配送为目的的低温物流中心逐步发展起来，并发挥着越来越重要的作用。以大型超市的低温物流中心为例，它以满足店面小批量多品种订货为前提，物流中心的温度范围扩大，商品周转速度加快，配送网络设置以系统效率最佳为原则。所以，现代低温物流中心不但需要现代制冷与保温技术的支撑，更要符合现代商业流通对冷链管理的特定要求。

4. 低温储藏的原理

食品变质的原因是多样的，如果把食品进行冷冻加工，食品的生化反应速度将大大减慢，可以在较长时间内储藏而不变质，这就是低温储藏食品的基本原理。食品在变质过程中的矛盾是复杂的，动物性食品的变质过程和植物性食品的变质过程有很大的差异。低温储藏示例见图图 7－4－2 和图 7－4－3。

图 7-4-2　低温冷藏

图 7-4-3　药品冷藏

(1)动物性食品低温储藏原理

动物性食品变质的主要原因是微生物和酶的作用。微生物和其他生物一样，只能在一定的温度范围内生存、发育和繁殖，这个温度范围的下限温度称为生物零度。在这个温度之下，微生物呈抑制状态，但不是全部死亡。对一般的腐败菌和病原菌，在10℃以下它们的发育就被显著地抑制了。所以低温对微生物的生存、发育、繁殖有很大影响，而微生物又对低温产生较强的抵抗力。当食品在低温下冻结时，其水分生成的冰结晶使微生物丧失活力而不能繁殖，酶的反应受到严重抑制，生物体内起的化学变化就会变慢，食品就可以作较长时间储藏，以维持它的新鲜状态而不会变质。多数动物性食品的水分含量都比较高，而且大部分水分都在−1～−5℃的温度范围内冻结。

(2)植物性食品低温储藏原理

植物性食品变质的主要原因是呼吸作用。变质过程中的主要矛盾是呼吸作用和耐藏性的矛盾。耐藏性是指储藏期间果蔬的质量无显著变化，并且其质量损耗也最小；果蔬的耐藏性并非由果、蔬的某一种性质所决定的，而是果、蔬各种物理、化学、生理学、生物化学性质的综合反映。低温能够减弱果、蔬类食品的呼吸作用，延长储藏期限。但温度又不能过低，过低会引起植物性食品的生理病害，甚至冻死。例如，香蕉储藏温度要求在12℃～13℃，如降到12℃以下时，香蕉就会变黑。因此，储藏温度应该选择在接近冰点但又不至于使植物发生冻死现象的温度。植物性食品储藏不仅与温度有关，还与储藏间的空气成分有关。不同种类的植物性食品，有各自适宜的气体成分。因此，在降低温度的同时，如能控制空气中的成分含量(氧、二氧化碳)，可以取得最佳的效果。

气调储藏是当今最先进的果蔬保鲜储藏方法。它是在冷藏的基础上，增加气体成分调节，通过对储藏环境中温度、湿度、二氧化碳、氧气浓度和乙烯浓度等条件的控制，抑制果蔬的呼吸作用，延缓其新陈代谢过程，更好地保持果蔬新鲜度和商品性，延长果蔬储藏期和保鲜期(销售货架期)。气调储藏营造的低氧(一般O_2含量为1%—5%)、适当的CO_2浓度，能有效地抑制果蔬的呼吸作用，减少果蔬中营养物质的损耗，同时抑制病原菌的滋生繁殖，控制某些生理病害的发生；清除储藏环境气体中的乙烯，以抑制其对果蔬的催熟作用，延缓后熟和衰老过程；增加环境气体中的相对湿度，以降低果蔬的蒸腾作用，从而达到果蔬长期储藏保鲜的目的。

经过气调储藏的果蔬所具有的特点：①很好地保持果蔬原有的形、色、香味；②果实硬度高于普通冷藏；③储藏时间延长；④果实腐烂率低、自然损耗(失水率)低；⑤延长货架期，由于果蔬长期受低O_2和高CO_2的作用，当解除气调状态后果蔬仍有一段很长时间的"滞后效应"或休眠期；⑥适于长途运输和外销，果蔬质量明显改善，为外销和运销创造了条件；⑦许多果蔬能够达到季产年销周年供应的要求，创出良好的社会和经济效益。

7.4.4 任务处理

任务处理如表7-4-1所列。

表7-4-1　任务安排

任务内容	参观南昌肉联厂冷库
任务目标	了解食品腐烂变质的原因和冷藏冷冻及保鲜技术
任务安排	组织40—50名学生前往该厂的冷库参观
活动考核	1. 每个参观的学生写一份参观感受，要有描述冷库的具体内容，并与冷链的相关理论对比 2. 教师根据学生的写作内容进行打分

7.4.5 任务评估

表7-4-2　任务评估

<table>
<tr><td>交流1</td><td colspan="3">记录各小组陈述</td></tr>
<tr><td colspan="4">交流人：
交流内容：</td></tr>
<tr><td colspan="4">评估2　指导教师的分析及综合意见记录</td></tr>
<tr><td>基本概念</td><td>技能掌握</td><td>语言描述</td><td>综合得分</td></tr>
<tr><td></td><td></td><td></td><td></td></tr>
</table>

基本训练

一、单项选择题

1. 以下不属于铁路冷藏车运输特点的是(　　)。

A. 能适应铁路沿线和地区的气候变化

B. 可以保持车内储存食品必要的储运条件库

C. 运输安全有保障

D. 速度快

2. 以下哪项不是公路冷藏车运输的特点(　　)?

A. 使用灵活　　B. 建造投资少

C. 操作管理与调度方便　　D. 运输量大

3. 多数食品的水分含量都比较高,而且大部分水分都在(　　)的温度范围内冻结。

A. −1～−5℃　　B. 0～−4℃　　C. −4～−9℃　　D. −2～−10℃

4. 香蕉最合适的储藏温度是(　　)。

A. −5～0℃　　B. 0～8℃　　C. 12～13℃　　D. 18～22℃

5. 鲜活商品含水量大,造成储存期间水分蒸发而发生萎蔫的现象是(　　)。

A. 后熟　　B. 蒸腾　　C. 僵直　　D. 呼吸

二、多项选择题

1. 根据冷藏库结构的不同可分为哪几类(　　)?

A. 土建式冷库　　B. 装配式冷库　　C. 运输式冷库　　D. 临时冷藏库

2. 冷藏汽车可以采用不同的制冷方法,但设计时都应该考虑如下因素(　　)。

A. 车厢内应保持的温度及允许的偏差　　B. 运输过程所需要的最长时间

C. 历时时间最长的环境温度　　D. 运输的食品种类

3. 氨制冷系统的缺点是(　　)。

A. 腐蚀性　　B. 毒性较大　　C. 易燃　　D. 易爆

4. 总的来说,气调储藏可以延长某些果蔬的储藏期限,改善其储藏效果,其优点有(　　)。

A. 抑制果蔬中叶绿素的分解,保绿效果好

B. 抑制果蔬中果胶的水解,保持硬度效果好

C. 抑制果蔬中有机酸的减少,能较好地保持果蔬的酸度

D. 抑制水果中乙烯的生成与作用,从而抑制水果的后熟

5. 中国公路冷藏车辆的制冷形式主要是哪两种(　　)?

A. 外接电源制冷　　B. 压缩气体制冷

C. 独立车载发动机制冷　　D. 冷板制冷

三、简答题

1. 冷链物流的定义及3T原则是什么?

2. 农产品冷链物流的特点有哪些?

3. 冷链物流中心运作管理的主要内容有哪些?

4. 冷链合理运输与配载的措施有几条,分别是什么?

5. 食品后熟的概念是什么?

6. 动物性食品低温储藏的原理是什么?

参考文献

[1] 蔡淑琴．物流信息系统．中国物资出版社,2002
[2] 赵刚．物流信息系统．四川人民出版社,2002
[3] 欧阳文霞．物流信息技术．人民交通出版社,2002
[4] 孙丽芳．物流信息技术与信息系统．电子工业出版社,2004
[5] 吴信才．地理信息系统设计与实现．电子工业出版社,2000
[6] 孙海．物流信息技术．人民交通出版社,2005
[7] 吉龙,江锦祥．物流信息技术．机械工业出版社,2004
[8] 张宗成．现代物流信息化．中山大学出版社,2001
[9] 马士华,林勇,陈志祥．供应链管理．机械工业出版社,2001.
[10] 曾剑,王景锋,邹敏．物流管理基础．机械工业出版社,2005
[11] 李吟龙．物流基础．人民交通出版社,2004.1
[12] 甘卫华,尹春建．现代物流基础．电子工业出版社,2005
[13] http://www.chinawuliu.com
[14] 桂寿平编著．物流学基础理论．广州:华南理工大学出版社,2004
[15] 刘伟主编．物流管理概论．北京:电子工业出版社,2004
[16] 杨茅甄主编．集装箱运输实务．高等教育出版社,2004
[17] 中国国际货运代理协会编．国际多式联运与现代物流理论与实务
[18] 现代物流技术基础．清华大学出版社,2004